建築学科のための

不動産学基礎

須永則明
廣瀬武士
野々垣賢人
安藤美香
前田凌児
藤谷幹
佐竹雄太
山岸亮太
川原聡史
高橋寿太郎
甲斐由紀
本山哲也

学芸出版社

プロローグ
なぜ建築学生が不動産を学ぶのか

建築学と不動産学の融合の始まり

本書『建築学科のための不動産学基礎』の12章を一貫するテーマは、「建築系学科で、なぜ不動産を学ぶ必要があるのか？」という問いに対して、講師と学生が、共に考える、これに尽きます。建築学、すなわち建築計画論、構法、意匠論、構造力学、建築史、環境、設備、住居、まちづくりや都市計画といった、様々な建築の技術や知識の高度な専門性の集積である建築学という伝統的な体系に身を置きながら、「なぜ不動産を学ぶのか？」に、一歩踏み出しましょう。

日本の建築教育は、世界的に見ても高いレベルを有し、長年にわたり高度な人材を輩出しています。その結果、公共建築や商業建築、そして住宅に至るまで、優れた空間環境が誕生し、高い評価を受け、市民に活用されています。しかし文化の成熟やテクノロジーの進化とともに、建築の世界にも様々な課題が浮き彫りになってきました。

日本はこれまで、新しい建築を計画し建てる、つまり新築に重点を置いた社会であったため、多くの建築系学科は、新しく建てるための教育体系が、重厚に発展して来たと言えます。

しかし時代は大きく変わり、すでに日本には846万戸（2018年時点）もの空き家が存すると言われており、さらにビルの空きテナント、学校や病院や庁舎などの空き施設を含めると、1千万以上の空きストックが存在しています。人口が減少していく中で、現在のところストックの増加の歯止めは効かず、課題は拡大します。

課題を解決する不動産思考へ

これまで建築学科のための不動産教育は、本書で紹介されるいくつかの先進的な事例以外には、ほとんど生まれませんでした。いったいなぜでしょうか？　それは学問に限らず、建築と不動産の業界のあいだには、大きな壁があったからです。書籍『建築と不動産のあいだ』（学芸出版社、2015年）で、建築と不動産の業界やビジネスのあいだにある壁について、詳細に論考されました。世間では似通ったものに映るこの2つの領域には、大きなギャップがあります。それは構造的に複雑化しており、法規、国家資格、近代における発展過程、商慣習や文化など、様々な原因があります。その時、「不動産」という概念は「建築」という体系の向こう側に置かれ、言語や文化の異なる異文化として扱われてきたと言えます。

そして、教育もその原因の1つです。教育慣習も、建築と不動産のあいだの壁をつくってきました。そんな渦中に、多くの建築や不動産業界の現場を牽引するイノベーターたちは、様々な新しい取り組みを模索し実践し始めています。その多くが、少しずつゆっくりと、不動産に関わる概念を取り入れようとしているのです。そして建築学科の教育の現場でも、彼らの動きに呼応して、変わろうとしています。

建築と不動産のあいだの壁

そのため私たちはいよいよ、この壁を越えなければなりません。具体的に不動産学を取り込むと、建築学では何ができるようになるのでしょうか？　1つは建築を企画する場所の設定、つまり敷地を探すところから始める設計課題で、土地すなわち不動産の視点による発想の転換があるでしょう。また、ただ与えられた諸室を配置するだけでなく、そもそもその場所で何が求められているのか、そしてその理由は何か、という根本的な問いに対する手段になるでしょう。いわゆる「企画」や「リサーチ」「マーケティング（市場の原理）」といった、不動産の実学に散りばめられたそれらの概念や技術を、建築学として吸収した時、その提案の価値はより高まるでしょう。

そしてこれからの時代には、建築空間の中で行われる、生活やコミュニティ、ビジネスやアクティビティにおいて、持続可能な営みを実現するには、やはり、「経済」や「お金」「ファイナンス」という概念の基礎の部分は、建築系学科で学ぶ間に、センスをつかんでおきたいでしょう。これらも不動産という分野の中で高度に発展していった知識です。

新しい知見をとりこむ

そして不動産の分野には、「民法」といった一般法規があります。例えば建築や不動産の「所有権」や「賃借権」といった概念は、民法で規定されています。民法とは何か。やはりこのテーマも、不動産学に紐づいているため、これまでの建築学の中では扱われてきませんでした。

そしてようやく欧米のように、不動産ストック活用を前提とした「リノベーション」の社会にシフトする時代には、建築設計やまちづくりの分野だけではなく、広く建築学の新たな視点として、不動産の基礎的な部分は学生のうちから学ぶのが望ましいと思います。欧米の建築学科の中には、不動産の基礎はすでに存在しています。

リノベーションの建築技術や法的な体系化が始まる一方で、やはり本書で詳しく説明されますが、先ほどのマーケティングやファイナンスといった側面からもリノベーションを支えないと、多くの人々の恩恵として広がらないでしょう。

不動産学を通じて社会や経済にアクセスする

そして建物が余っているとは言え、良質な新しい建築は、まだまだたくさん必要です。ただしこれまでのように、ただ企業や個人が、その欲求や、経済合理性のまま建てれば良いという時代ではありません。新しい建築を産みだすのであればなおさら、伝統的な建築分野から、社会学や経済学、経営学といった分野に、不動産学を通じてアクセスするのは可能でしょう。

しかしそもそも、不動産学という学問が確立しているかというと、どうやら建築学とは様子が違い、実は日本の大学には不動産学科はほとんどなく、不動産学自体が発展途上であることは否めません。不動産に関する学習は、アカデミーではなく、実学として発展し続けています。そこで1つの提案としては、いち早くこの不動産学の基礎的な概念を、建築学の分野で深めていくことができれば、これからの日本の課題に大きな一手になると思うのです。

建築学をアップデートする

そしてそうした時代の変化をいち早く感じているのは、若者たちです。我々のような専門家よりも、学生や若い建築学を担う人材たちが、その変化の波を感じ、強い好奇心を持っています。私たちが変化するということは、思いのほか大変です。誰しも変化を嫌うからです。しかし常に体系は時代とともに変化し続け、近代からポストモダニズムへ、これからの時代へと私たち自身が方向転換させ、促進していかなければなりません。建築学は、不動産学というエッセンスを少しだけとりこむことで、さらに高度にアップデートさせることができるでしょう。

しかし本書はあくまで「建築学科のための不動産学基礎」ですから、これに触れるみなさんにとってあくまで補助的な役割にすぎません。不動産には不動産の専門家がいて、企画、リサーチ、ファイナンスや民法など専門家たちはその分野に多くいます。みなさんにとって大事なことはそういった関係性の中で、建築の感性が養われることなのです。それによって将来建築の分野で広く社会に出て活躍することができるのです。

本書の構成

本書は、以下のように構成されていますが、気になる章から読むことができます。

1章は、基本的な建築と不動産の関係性を、様々な角度から説明しています。特に、建築学科で取り組まれる各種の設計演習課題を通じて、「建築と不動産の思考の違い」を整理することで、それらの相乗効果の可能性にアプローチしています。

2章から4章は、建築と不動産の分野の「社会背景から不動産実務」までを解説しています。日本の人口や世帯の減少、新築着工戸数や空き家数の変化を押さえながら、不動産の歴史と「所有権」という概念について詳細に分析し、不動産仲介実務での建築と不動産の結びつきを論じています。

5章から8章ではプロローグでも言及された、マーケティングやファイナンスという技術、またオフィスや商業といったビルディングタイプのそれぞれについて、不動産面から深掘りしています。これらは何れも、設計演習課題や実務における「建築企画」に有効な知識と言えます。特に最近台頭する不動産のシェアリングエコノミーについてもここで触れます。

9章から10章では、再生活用や地方創生に関わる知識、特にその課題や可能性を紹介しています。共通して「リノベーションや空き家問題」を扱いますが、これから我が国で拡大する分野、新しいフロンティアとして捉え直し、それらの不動産学の位置づけを試みています。

最後に11章と12章は補論として、「お金やビジネス」についての基礎的な導入知識を紹介しましたので、参考にしてください。

最後に、本書は12名の不動産の専門家の試行錯誤により完成しましたが、実はこの12名は全員が、建築系の学科の出身者です。建築系の学科の出身者でありながら不動産業務を行うメンバーが、これからの建築学科にとって必要となる不動産学の基礎を執筆しました。そして責任を持って、この体系を広げていくことに、私たちはエネルギーをかけたいと思っています。たくさんの建築学科の教育者と学生と、そして建築士や設計事務所のみなさんに賛同を得て、本書はこれを機に、いよいよ建築学と不動産学の融合をスタートさせたいと思います。

高橋寿太郎

目次

1章

建築系不動産学概論

建築学と不動産学のあいだの壁を超える

不動産コンサルタント
須永則明

「不動産」と聞いて、なにをイメージしますか。学生の皆さんがきっとイメージしやすいのは、学生アパートや賃貸マンションの物件探しで、不動産会社に仲介や契約を依頼したときのことではないでしょうか。また皆さんのご実家がアパートやビルを所有しているなら、それを管理し賃貸契約しているのも不動産会社です。そして駅前再開発による、大きなオフィスビルやショッピングセンターをつくる仕事もそうです。意外に不動産の範囲は広く、また建築が関わるところにはほとんど、不動産が関係しています。建築系学科で不動産を学び始めるときの、不動産の位置関係から押さえて行きましょう。

1・1　建築と不動産はコインの裏と表

不動産学を始める前に、まずは、建築設計の演習課題を振り返ってみましょう。

演習では、講師から建築計画、建築設計のための課題が出され、それに対する提案を行います。計画の拠り所を探して、課題文を深く読み込んでいくうちに、こう思った事はないでしょうか。

「そもそもこの敷地が選ばれた理由はなんだろう？」「敷地の周辺環境を分析する時、その具体的なゴールはどこだろう？」「どうしたら社会問題を解決するような建築ができるんだろう」「提案のリアリティはどの程度必要なのか？」「誰が何の目的でお金を出して依頼し、運営していくんだろう？」「まちに対して影響を与えていくための方法は？」。

私たちは建築計画のための敷地分析や、コンセプトを考え始めなければならないのに、次のステップに進むのに時間がかかります。なぜなら、その設計課題の前提条件（本書では「与条件」と呼びます）自体に、建築分野の外側にある「不動産」の概念が多分に含まれ、建築と不動産が混ざりあった状態で、設計課題が組み上げられているからです。

建築設計演習で求められているのは、建築的な思考のトレーニングです。しかし与条件に隠れている事柄は、不動産分野とつながっています。私たちの建築分野と、不動産分野は、どのような位置関係にあるのでしょうか。

建築学と、これから学ぶ不動産学は、それらに従事しない人々からすると、隣り合う、似た分野のはずです。不動産である土地と、建築である建物は一体であり、本来的には区別できません。ところが、それぞれの分野を学んでみると専門性はかなり異なります。図のように、法律、制度体系、資格、教育といった、システムが異なるため、その人材の質やコミュニティの文化といった、ソフトな要素も異なる傾向にあります。

その結果、それぞれの分野に従事する人々の根本にある精神が異なります。教育でも実社会でも、建築という分野には、建築や空間を無から創造する「ものづくり」の精神が根底にあります。私たちはものづくりを通じて、依頼主や社会に貢献するのです。一方で不動産は、安全で正しい「取引」を実現することで、顧客や地域に貢献したいと思っています。

そこが大きく異なるため、2つの分野は隣り合わせでありながら、「壁」があり

建築と不動産の壁

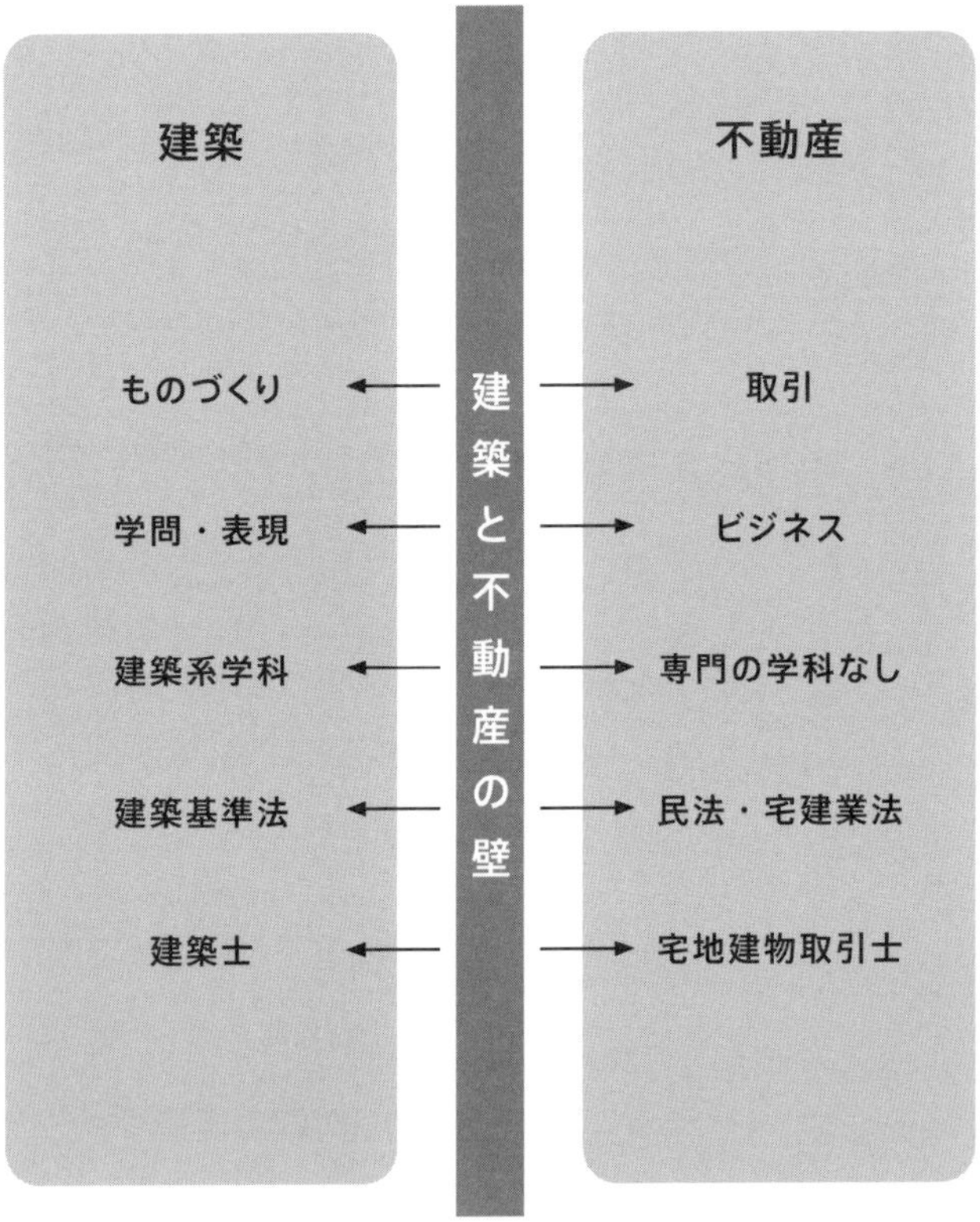

建築と不動産の分野のあいだには、大きな「壁」があります。日本ではそれぞれの専門家は個別に進化してきました。しかし、家や集合住宅、オフィス、店舗を建てたい一般の建て主や企業からすると、それらのあいだに壁があることはおろか、それらの違いすら分からず、不利益を被ります。本書の役割は、この２つの分野の違いを理解した上で、それらをつなぎ合わせる価値観を発見することです。

ます。そのために、それぞれに高められた価値を、うまくバトンパスできません。協力しづらい状況にあるのです。

人の考え方や価値観が異なれば、言語や知識の体系も違った成り立ちかたをします。同じ事柄を認識しようとしても、その内容の理解や優先順位も異なってくるのです。例えば「取引」という言葉は、公正な契約、合意のもとに金銭や事柄をやり取りする、不動産学の中心的な概念の1つです。しかし建築学で「取引」が中心的であることは、まずないでしょう。もしかしたら、ものづくりの本質から外れたネガティブなイメージが湧くかもしれません。

このギャップに、建築と不動産のあいだの壁はますます顕在化されていきます。比較的新しい不動産学という分野は、伝統的な建築学の体系から見ると、壁の向こう側のわかりづらい場所にあります。まずその位置関係を意識しながら、本書を読み進めることをお勧めします。

その壁を超えて、不動産学の技術や知識を自ら用いるか、または互いの相乗効果を高めるセンスを身に着ければ、みなさんが提案する建築の形も変わるでしょう。

建築学と一言っても、長年研鑽され続けた多数の専門分野の集合体です。※1・1 時代とともに各専門分野がアップデートされるか、新しい分野が付加されるかを繰り

※1・1 相当多数の専門分野の集合体
例えば、実務である複合用途のビルを設計するシーンをとっても、全体を統括する役割の設計者（意匠設計者）の他に、構造計算や設備設計の専門家、植栽やランドスケープもその専門家がいる。建材メーカーや施工会社の意見も参考にすることが多い。最近では、コンストラクションマネジメントやプロデューサー、各種専門的なコンサルタントの意見も徴収している。

返しています。

建築設計者は、様々な専門家のファシリテーターという側面もあります。本書で学ぶ不動産学も、建築に関わる専門性の1つとして付加される、と考えると良いでしょう。より良い建築をつくるために、建築と不動産のあいだの壁を、建築側から今後どのように変えて行くか。まさにそれが、建築学科にありながら不動産学を学ぶ理由です。

まずはウォーミングアップとして、普段見慣れた設計課題演習の中で、不動産学に関わるどんなポイントが隠れているかを、次節以降、住宅、集合住宅、オフィス、商業施設という、代表的な4つのビルディングタイプ[※1・2]と、今後ますます建築学でも拡充させていくリノベーション課題を題材に、整理してみます。

その理解が深まれば、不動産や建築企画に関する思考をコンパクトにまとめ、みなさんの主軸である建築の学びの時間を増やすことも可能になるでしょう。

1・2 例えば住宅の設計課題では

課題文：郊外にあるA町では、近年、居住者が高齢化し、建物が老朽化し街

※1・2 ビルディングタイプ
建物の形態や様式、構成や構造、時代や地域による分類ではなく、用途を軸にした分類を意味する。

が変わりつつあります。これからの郊外での住み方を、住宅を通して提案してください。
家族構成は、夫婦と子供2名（年齢設定自由）の4人家族です。敷地と周辺の図は別紙参照。住空間の内部と外部及び、それらの「境界」を意識して計画してください。

これは大学で実際にあった設計演習課題を参考にしています。課題文を読み込むと、家族構成や敷地の場所、敷地形状や面積などの与条件が指定されていると思います。それらを分析しながら、敷地を読み、配置計画を考え、さらに用途やアクティビティを考えながら、スタディは始まります。
また講師から、建築提案にリアリティを持たせるため、与条件に具体的な補足設定を加える指導もあり得るでしょう。

家族の年齢：夫（38歳）、妻（36歳）、子（5歳・2歳）
夫と妻の職業：都心の企業に勤務。通勤時間は1時間。主に土日は休日。
夫婦の趣味：友人を招いてのバーベキューやその道具集め。また料理動画を投稿サイトにアップすること。

設計課題の目標は、講師とのコミュニケーションを通じて、多面的な与条件に対する回答としての計画案をつくるプロセスを学ぶことです。また基本を習得しつつも、常に常識に囚われない提案を行う経験を積むことです。

では次に、住宅設計課題における不動産学的な考え方を紹介します。不動産思考の多くは、まずこのスタートラインにある与条件に関わります。

それは「土地や建物の所有者は誰か?」また「所有者がこの住宅を建てる動機は?」そして「住宅を建てるためと建てた後のファイナンシャルプラン[*1-3]は?」という、所有やお金に関する部分です。

先ほどと同様に、与条件に具体的な補足設定を不動産学的に行う場合は、一例としては次のようになります。

住宅を作る理由は、現在住む賃貸住宅が子供の成長と共に手狭になったため
夫婦の世帯年収は約1000万円。
自宅資金を貯金しているが、土地代金と合わせて、大半は住宅ローンを組む。

※1-3 ファイナンシャルプラン
理想とする将来像を描き、必要となる資金額や将来的なリスクを推測し、必要資金をどのように調達するか、運用していくかなどを盛りこんだ、資産運用や資産形成の計画。

こうした家族の内面を掘り進んでいくのが、不動産学的な思考パターンと言えるでしょう。資金計画、住宅ローンの検討、生活費の棚おろし、将来の生活のビジョン、仕事の将来展望、子供は何人欲しいか、そういった方向性で掘り進んでいきます。こんな家族が住む家を考えつつ、新しい住宅を考えるとしたら、どのような提案ができるでしょうか。

例えば、彼らのライフプランを想定した時に、将来的な家族構成の変化を想定せざるを得ません。おそらく約20～30年後には子供が独立し、夫婦2人だけの住宅になるかもしれない。もしかしたら、この住宅に住むことをやめ、誰かに貸している可能性がある。もしくは、子供が独立後の余った部屋を、別の用途で使うか、賃貸で誰かに貸すことはできないか。将来の変化に対応できる余剰のある空間を考えるというテーマが生まれるかもしれません。

そして重要なことは、このテーマに対して、建築的にスタディを深め、計画案として表現することだと思います。そこにウエイトを置くためにも、与条件に対する建築学的アプローチと、不動産学的アプローチを分けて考えれば､、与条件の整理を素早く行うことができるのです。

設計演習課題と不動産概念①

CASE 1）一戸建て住宅（p.20-）

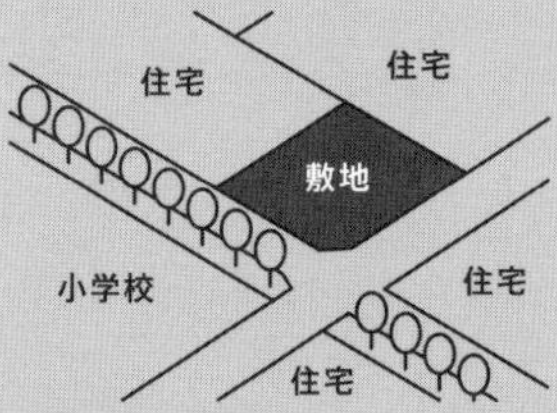

課題文
夫婦と子供2人の4人家族ための戸建て住宅（年齢設定自由）
内部と外部及びそれらの「境界」を意識した住宅を設計して欲しい。

建築学的アプローチ

・周辺環境の分析
・与条件からの配置計画のスタディ
・空間配置のスタディ
・構造種別の検討

不動産学的アプローチ

・「家族の内面」を掘り下げて与条件を作る
・家族のライフプランと家計
・家族の抱える不動産的な課題、悩み
・住宅を建築する動機

CASE 2）集合住宅（p.25-）

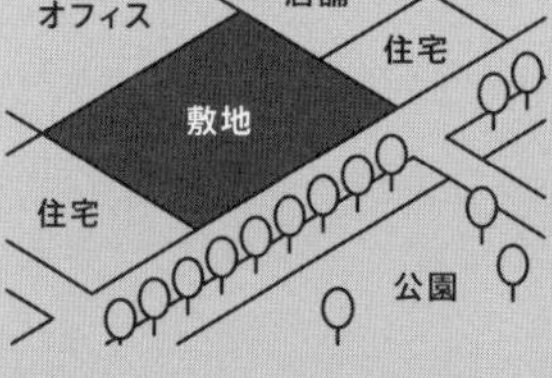

課題文
階数3－5階建て、住戸数200戸以上の集合住宅。まちを刺激し、「集まって住む事」の可能性を模索した新しい集合住宅を提案して欲しい。

建築学的アプローチ

・周辺環境の分析
・与条件からの配置計画のスタディ
・空間配置のスタディ
・構造種別の検討

不動産学的アプローチ

・不動産オーナーの目的の確認
・不動産ファイナンス（収支）の計算
・住宅ニーズの需要と供給（家賃相場）
・社会の本当の課題やターゲットの発見

1・3　集合住宅を考える時の建築と不動産の視点の違い

課題文：国内では地域コミュニティについての課題が顕在化しています。高齢化社会による介護を必要とする人口の増加、子育て、教育、インバウンドによる外国人の増加など、私たちを取り巻く環境に変化が起きています。従来とは異なる状況下で「集まって住むことについての可能性」を模索した新しい集合住宅を提案してください。

課題文には、敷地や計画すべき200戸という大規模な戸数や、3～5階建てという規模が指定されています。しかし往々にして設計課題演習では、企画に大切な条件や根拠の情報が意図的にかくされているケースもあります。この限られた情報から、みなさんは、その場所の歴史や、気候、交通の流れ、隣地との関係、周辺環境などを調査、分析し、その場にあるべき建築の形をスタディすると思います。または集合住宅というビルディングタイプの変遷を把握し、現在、または将来求められている新しい集合住宅のあり方のスタディを始める方もいると思います。

ではそれらの補助としての、不動産学的な方法とは、どのようなものでしょうか。
集合住宅の不動産学を考える時は、5章で紹介する「不動産マーケティング」、6章で紹介する「不動産ファイナンス」の視点は欠かせません。よりその市場価値や収益性についての評価軸が加わるためです。

大切なことは、オーナーが建築を行う目的を考慮した上で、その場所の本質的な需要を掘り起こす事です。街にどのような人たちが住んでいるかというデータや、その地域の売買価格、賃料相場、特徴などを、地道に調べます。最適な家賃とおおよそのターゲットなど、隠れていた条件をうかびあがらせることができます。

不動産的視点で社会やまちを分析することで、社会が要求している本当の課題や新しいターゲットを想定する事もできます。それに加えて、建築的な考察、分析が必要です。これらを併用することで、例えば、200戸という大きなコミュニティの中に、単身者のためのシェアハウス、または高齢者や一人親家庭のためのシェアサービスというリアリティのある提案を付加できるかもしれません。

建築的視点と不動産的視点の2つの眼によって、豊かな空間と経済性が両立した、社会に根付く持続可能な建築を構想することができるのです。

1・4　オフィスの建て主は誰か？

課題文：B町のメインストリートに建つ、近未来のオフィスを設計してください。人口の変動、グローバルな人の往来・交流の促進、ライフスタイルの多様化、テクノロジーやモビリティの更なる進化、コロナ禍による在宅ワークの増加など、働く場所を取り巻く環境が日々変化しています。現代において、近未来のオフィスとはどんな姿をしているでしょうか。そこで働く人々がいきいきと働けるような、新しいオフィスを提案してください。
延床面積3000㎡、8階建て程度、構造は鉄骨造とし、コワーキングスペースやシェア空間を含めて計画してください。

オフィスとは、単に働く場というよりも、時代ごとの人の生き方を表す場ともなり得ます。なぜなら多くの人にとって、働くことは人生の大半を使う行為であり、社会状況や人々の価値観を映す鏡でもあるからです。
近代にオフィスというビルディングタイプが出現し、資本主義社会の中で高度化とグローバル化が進み、そのプログラムや平面計画はまだまだ変化を続けています。

そんなオフィス建築を不動産学的には、「テナントビル」と「自社オフィスビル」に分類されます。

テナントビルは、賃貸集合住宅と同様に5章の「不動産マーケティング」、6章の「不動産ファイナンス」の概念を用いますが、この分類によって分析の仕方が変わります。詳しくは7章「不動産シェアリング概論」でオフィス建築が述べられています。

例えば自社オフィスビルにおいては、「経営的な視点で考える」ことが重要です。与条件を調査、分析するには、その企業が持つ課題やビジネスモデル、事業を取り巻く環境への視点が必要になります。

例えば、ある会社が新しい支社をつくるにあたり、どこに支社を出すべきか、またどのような建築空間であれば、自社の課題を解決し、目的を達成できるのかは、経営論的な思考です。

「社内のコミュニケーションを活性化させたい」「知的生産性の向上」「企業のブランドイメージアップ」が課題だとしたら、空間だけでなく、フリーアドレスであることやオンラインによる在宅ワーク、街に分散する小さなオフィスというアイデ

設計演習課題と不動産概念②

CASE 3）オフィス（p.27-）

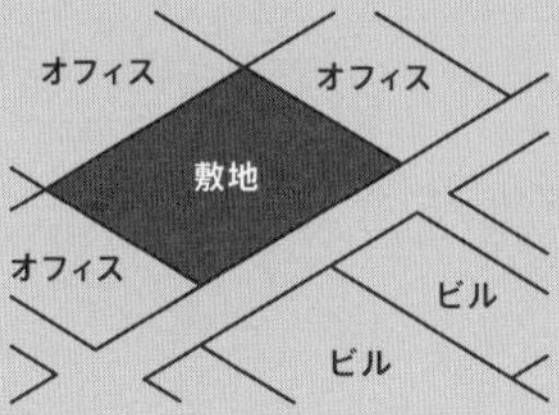

課題文

延床面積3000㎡、S造8階建程度のオフィスビル。コワーキングスペースやシェア空間を含めた近未来の新しい働き方を提案して欲しい。

建築学的アプローチ

- 周辺環境の分析
- 必要とされる諸室の整理
- オフィス事例の収集
- 省エネ、エコロジーについての考察

不動産学的アプローチ

- テナントビルか自社ビルか
- 建て主の目的と経営的課題
- 企業の人材マネジメント施策
- 不動産マーケティング調査

CASE 4）商業施設（p.30-）

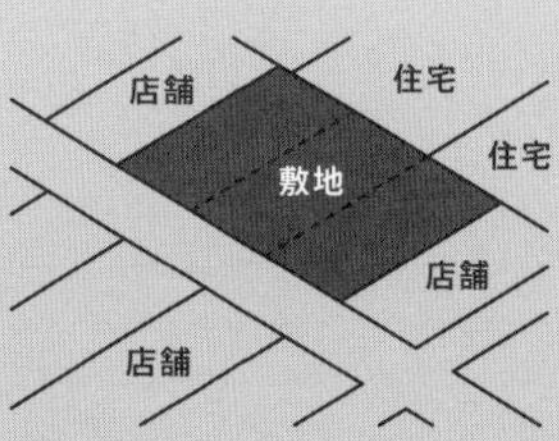

課題文

延床面積600㎡程度（売り場面積は450㎡程度）歴史ある○○町に既存の店舗と調和した商業施設を考えなさい。

建築学的アプローチ

- 周辺環境の分析
- 必要とされる諸室の整理
- 商業施設事例の収集
- 既存店舗やまちのにぎわいの分析

不動産学的アプローチ

- 建て主の目的
- デザイン戦略とビジネス視点
- 不動産マーケティング調査
- 周辺賃料相場とフィージビリティスタディ

アにも不動産、経営的な課題を想定する先に、着想できます。

企業が持つ与条件、課題は多様です。またそれを掘り起こす思考方法も独特です。経営論的な視点については、12章「補論2——経営思考を養ういくつかの視点」も参考になります。この不動産的視点と経営的な視点、建築的な視点を用いる事で、オフィス建築におけるいわゆる「企画」または「コンセプト」に関わる素早い考え方の整理ができます。

1・5 商業施設のデザイン戦略

課題文：C市は昭和の風情を色濃く残す街です。ノスタルジックな風景が人気で観光地としても賑わい、国内のみならず、国外から注目されています。一方で、建物の老朽化による影響から、建替えが進み、中高層のマンションや商業施設が建築され、街の風景や人の動線が変わりつつあります。

そこで、今回の課題はC市の文化や個性を引継ぎつつ、新しい魅力が付加されるような商業施設を考えてください。

延床面積６００㎡、売場面積は４５０㎡程度とします。

商業施設においても、前項のオフィスと同様に、5章の「不動産マーケティング」、6章の「不動産ファイナンス」に不動産アプローチがあります。

そして8章「商業不動産概論――ショッピングセンターの過去・現在・未来」の商業施設の変遷に、大きなヒントが紹介されています。現代の商業施設は、複雑な環境に置かれ、経営戦略も多様化しています。

建築計画学的な動線計画、ゾーニングだけでなく、経営理論から湧き出る情報を介して、検討され、その際に必要になってくるのは、デザイン経営の考え方です。詳しくは11章「補論1――デザインとお金の交差点にあるいくつかの知識」で説明します。

商業施設においては、デザイン経営の考え方はより重要です。なぜなら、他のビルディングタイプと比較して、消費動向、経済状況に左右されやすい性質があるからです。また、店を出せば売れる時代ではありません。詳しくは、8章で触れますが、商品やサービスが優れているだけでは、売れない時代なのです。時代の変遷と共にPRなどの情報伝達の概念もアップデートされています。

経営者は経営理念や自らの売りとなる価値を顧客に伝え、広めていきます。商品パッケージや、社名、ロゴマーク、ユニホーム、ウェブサイトといった視覚要素だけでなく、その経営理念や経営戦略と相乗効果を生むために、建築空間のデザインを欲しているのです。

1・6 リノベーションという側面と不動産

課題文：日本はこれから本格的な「ストック型社会」を迎えようとしています。2018年の日本全体の空き家数は約846万戸[※1・4]と発表されています。これを背景に、「リノベーション」という考え方が、膨大なストックの中から、その建物にしかない魅力を引き出す方法として、年々注目されています。周辺環境を読み解きながら、日本独特な空き家活用の在り方について提案してください。

次は、リノベーション[※1・5]または、コンバージョン[※1・6]について、考えてみましょう。リノベーションとは、不動産学的な、または建築と不動産のあいだにある概念です。続く2章「住宅定量分析概論」で、その不動産的な背景が詳細に解説されてい

※1・4 空き家総数 44頁、2章2節に詳しい。注2・9参照。

※1・5 リノベーション 57頁、2章7節に詳しい。

※1・6 コンバージョン 219頁、9章3節に詳しい。既存建物の用途を変更すること。

ます。

近年、リノベーション分野への関心の高まりが目覚ましく、建築学的な位置付けも今後、定められて行くでしょう。新しい空間へと生まれ変わらせ価値を付加する行為がリノベーションと言えますが、建築的な手段に留まらず、建物管理方法の見直しや、募集ターゲットの刷新といった意味合いも含まれます。

不動産学からみるリノベーションは、「不動産活用」の新たな手法という観点から語られます。不動産的には、その価値は経済的価値に置き換えられると言って過言ではないでしょう。これに関しては、9章「不動産再生概論——保存と継承とリノベーション」で詳しく説明をします。

リノベーションにおける不動産学的なアプローチは、ビルディングタイプによって異なりますが、基本軸の1つは、所有者（オーナー）が置かれている状況に向き合い、その課題解決を行うことです。さらにリノベーションでは、要する工事コストやその資金調達がテーマになります。

それら不動産的な与条件を整理する一方で、最も重要になるのは、本書では触れられませんが、既存建築のポテンシャルや文化的な価値を読み込み、それに価値をどう付加させるかといった建築的な思考と技術です。

これからのリノベーションの時代、建築と不動産の双方から潜在的な価値を分析する事が、豊かなストック活用へつながります。

1・7 建築学科のための不動産学基礎と建築と不動産のあいだの壁

ここまで、建築設計演習課題に隠れた不動産概念について触れて来ました。建て主の目的や社会や、建て主が抱える課題を、不動産マーケティングや不動産ファイナンスの考え方や方法を用いて、ビルディングタイプや用途ごとに「建築学的な視点」「不動産学的な視点」から分析する事で、建築を考えるための与条件が整理されます。

不動産学は、これからの建築学の隣接分野にあって、不可欠なものであることが浮き彫りになって来ました。しかし不動産学が、建築学における、計画、構造、環境工学、法規、材料といった分野と、同じように扱われてこなかったのはなぜでしょうか。1節で解説した「建築と不動産のあいだの壁」や「ギャップ」が、影響していると思います。

そのギャップは、この後に続く章で多面的に探っていきますが、それぞれの分野の成り立ちや発展の過程が違えば、教育現場の人材や文化も、扱う言語も法律も異なります。その違いは、近代から現代へ、長い時間を掛けて、複雑化していきました。

その結果、不動産側には、エンジニアとしての精神や暮らしを豊かにしようとする建築思考が不足しています。また建築側には、残念ながら経済やお金に対する知識で人々を幸せにしようという思考が不足しています。建築教育の中に不動産分野の言語で語られるシーンが増えるのは、まさにこれからです。

建築学は、人文科学、自然科学、または芸術学的な側面で語られることが多く、近代の慣習を脈々と引き継いできました。不動産概念は経営、資産、経済的な価値などの視点で語られ、知識が蓄積されてきました。

学問としての不動産学が扱うものは、建築学の社会科学的な側面の技術や実践、知識の研究です。※1・7

建築学の社会科学的な側面について、不動産学を通して考えることは、建築の周縁に身を置きながら、広範囲な分野と接続していくきっかけになると思います。

「建築学科のための不動産学基礎」は、みなさんの思考を整理し、建築学に役に立つことを目的とし、建築行為へ応用できる技術やその思考方法を学ぶ入口とした

※1・7 社会科学
社会科学とは、経済学、政治学、法律学、社会学、歴史学など、社会現象を分析し、法則を明らかにしようとする研究の総称。対象となる学問は、自然科学。社会科学が扱うものは、経験的事実・現象を対象とした経験科学と言える。

建築と不動産の学問体系

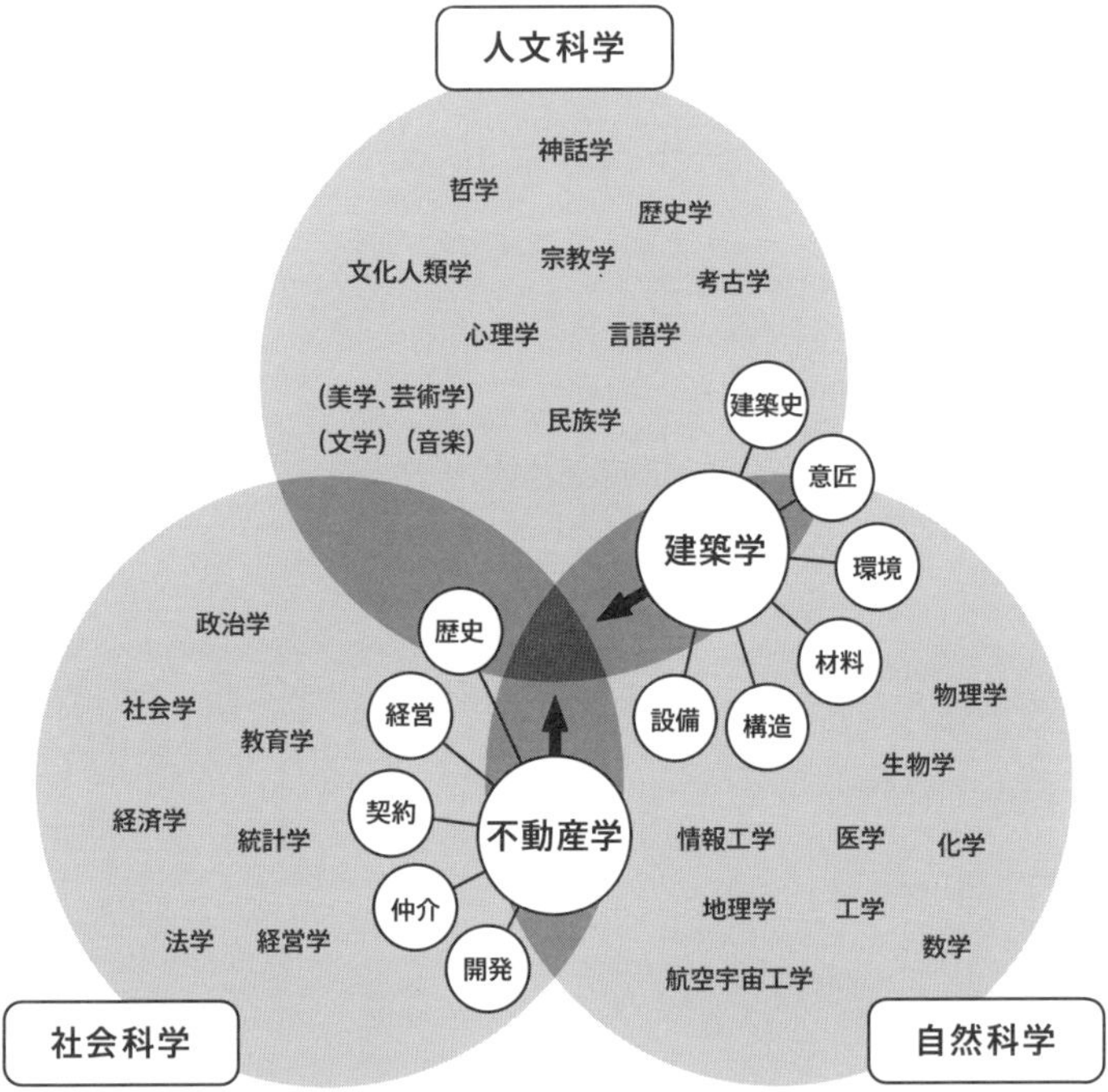

諸説ありますが、建築学は、人間の文化全般を扱う人文科学と、自然の法則性を扱う自然科学のあいだの学問です。一方で不動産学は、自然科学と、政治·経済などを含む社会科学の両方に関する位置付けです。また近年、芸術学を分離させ、学問を四つの体系で論じる傾向もあります。建築系学科に属しつつ、不動産学を学ぶということは、この三つないし四つの体系にまたがる、幅広い感覚を身に着けることに他なりません。

いと考えています。

実際に、どのようなケースに有効か各章で確認していきましょう。

1・8 これからの建築学は不動産学とコラボレーションしよう

建築学では、エンジニアリングが教育の主軸となっています。近代の工学分野の発展が、その要因の1つと言えます。時代背景は、学問に大きな影響を与えるのです。

では現代はどのような時代でしょうか。情報革命、自然環境やエネルギーの課題、防災、空き家問題、地方創生など、様々な時代を表す言葉が挙げられます。

既にこれらの議論が盛んに行われ、現場の前線にいるイノベーターたちは、新しい取り組みを模索し実践し始めています。改革の時代には、専門家たちはその専門性の壁を超え、領域横断的な思考と行動を始めます。不動産学基礎は、それらを建築学とは異なる視点で考えるきっかけや、センスを身に付けるためのもの、と言えるでしょう。そして社会と建築の接点をより明確に意識する事にもつながります。計画学や意匠論とは異なる視点で、建築のプログラムやビルディングタイプの研究

※1・8 建築学における不動産学の位置づけ
従来の建築学における不動産学の位置付けについてのインタビューの中で、東京都立大学の饗庭伸教授は、建築やまちづくりのカリキュラムでは、環境や構造のスタジオのように少し専門的に、時期としては3年後期、4年前期、または大学院になると推測した。建築や意匠設計の基礎的能力を身に着けた後、選択的なステップアップとして位置付ける。また設計演習課題を終えた最後に、付加的なフィードバックとして、不動産的な視点からの合理性や経済性を分析するような不動産学の導入もあり得る、と考察した。

へつながるでしょう。

今こそ、建築と不動産のあいだの壁を超え、この2つの知の体系がコラボレーションすることが、当たり前の時代が始まります。本来的に建築と不動産は地続きです。そして不動産は建築にとって有用な技術と知識を備えています。[※1・8]

少し先の未来に建築の専門家となるみなさんが、不動産という別の視点を少し取り入れることで、より良い建築や社会をつくっていく事、新しい建築を生んでいく事[※1・9]を、私たちは切に望んでいます。

※1・9　新しい建築を生み出す
東京大学で建築構法を研究する松村秀一教授へのインタビューによると、新築の建築プロジェクトが急減すると感じたのは、バブル崩壊後の1990年代であったと言う。その後、すでにある建築をいかにマネジメントしていくかという時代へのシフトが始まる。そして現代の建築設計実務者には、通常の建築設計業務の依頼よりも前段階の相談業務が増加している。松村氏は、そうしたニーズに対応する講義としては、ここでの不動産学基礎の講義を、従来のファシリティマネジメントや、プロパティマネジメント（資産管理）の分野と総合した内容にする可能性について語った。

演習問題1

24頁と29頁の図で、設計演習課題における不動産学視点がどのようなところにあるのかについて述べられています。同様にして、「保育園」や「高齢者施設」などの福祉施設においては、不動産学の観点からなにを検討すべきでしょうか? 図の「一戸建て住宅」「集合住宅」「オフィス」「商業施設」の不動産学的アプローチを参考にして、数名以上で議論してください。

解説は304頁へ

2章

住宅定量分析概論

日本の住宅市場のデータに触れる

廣瀬武士
建築士・建築コンサルタント

建築学においても、住宅生産についての課題や、ストック型社会における建築と不動産の関係を模索する視点は生まれつつあります。その流れから、本章では住宅について、生産プロセスや構法からではなく、経済的なマクロ視点からの全体像を、定量的に学習します。これはこれからの建築学としても、中心の1つに据えておくべき知識であると同時に、売買や管理が伴う不動産の中心的な情報です。単純に言うと、住宅がどの程度存在して、またどの程度使われ、新しい住宅がどのくらい建てられ、また空き家はどのくらいあり、そしてこれらが今後どう変化していくかを数で表現しています。

2・1 減少を続ける人口

世界的に見ても日本は、少子高齢化が進み、人口減少が加速する代表的な国になりました。2008年の約1億2800万人をピークとして、現在では毎年、数十万人が減少しており、2050年には日本の人口が1億人になるという推計が知られるようになりました。※2・1

高齢化は、ここ40年ほどで日本の医療環境などが飛躍的に進歩し、死亡率減少などによる結果※2・2なので、評価されるべきものです。問題は人口が増えない事です。人口が増えない原因は出生率の低下と言われます。その理由は、未婚化・晩婚化などと言われ、そのまた原因は雇用不安・所得格差へと話が拡がりますが、最終的には何が原因か突き詰める事は難しいようです。

しかしその根底には、時代と共に変化する生活スタイルに起因することが想像できます。「生活の器」をつくる建築学を学ぶ人間として、人口推移とその原因を感じる視点が必要です。その中には数値として「定量的」に測る事ができるものと、感動や不安などの様に「定性的」なため測れないものがあります。本章で不動産学

※2・1 2050年の日本人口が1億人
人口問題研究資料第366号（国立社会保障・人口問題研究所資料、2017（平成29）年7月31日より）

※2・2 死亡率の減少
総務省・国勢調査統計より。

日本の人口予想のグラフ

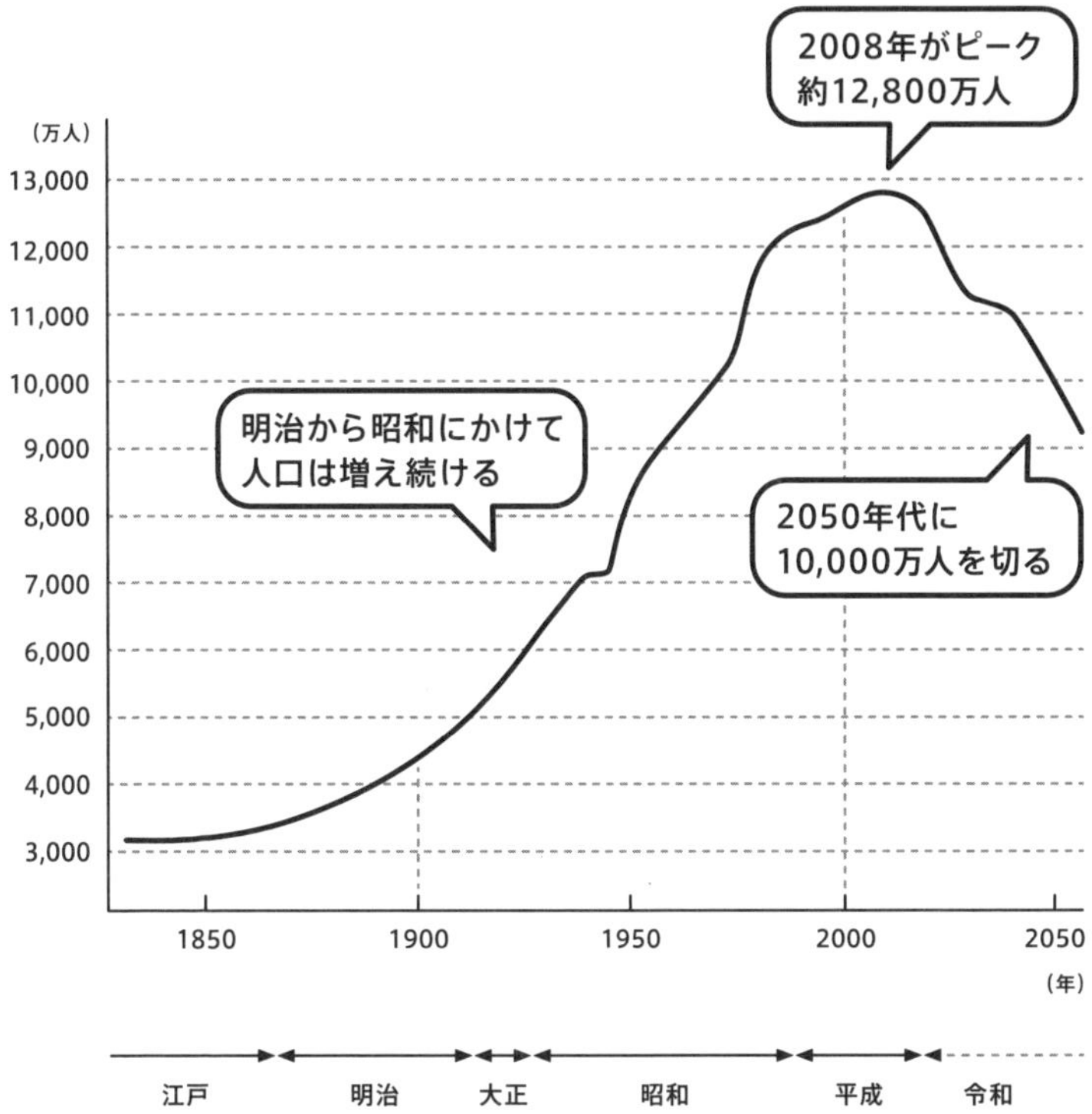

この100年スパンで見ると、日本の人口は急激な増加を続けていました。しかし出生や死亡について仮定を設け、将来人口が推計された結果、2008年をピークに人口は急減する予想が出ました。問題は単に人口が減少することではなく、長期間にわたって増加することを前提としてつくられた社会構造や仕組みが、人口減少によりうまく機能しなくなることです。もちろん建築や不動産もその影響を受けています。

国立人工研究所　http://www.ipss.go.jp/pp-zenkoku/j/zenkoku2017/pp_zenkoku2017.asp
国土交通省　我が国の総人口の長期的推移
https://www.mlit.go.jp/singikai/kokudosin/kaikaku/8/shiryo2sankou.pdf

として扱う知識・情報は、まず定量的に押さえて行きます。

そして重要なのは一時点だけで判断するのではなく、原因と結果と数値を時間軸を動かしながら見る事です。※2・3

さて、この人口減少が住宅市場にどの様な影響を与えるか。まずは現在の日本に存在する住宅の数を見て行きましょう。

2・2 日本に住宅はどのくらい存在するのか

2019年の時点で、日本の総住宅数は約6242万戸※2・4と統計されています。2019年の日本総人口が約1億2600万人なので、平均すると約2人に1戸の割合です。

ここで「住宅」の定義を確認します。総務省の定義では「1つの世帯が独立して家庭生活を営むことができる建物（完全に区画された建物の一部を含む）」とされています。※2・5 一戸建ての住宅はもちろん、アパート・長屋などのように独立して家庭生活を営むことができる構造の場合は、各区画ごとに1戸の住宅と扱います。

かつては住宅不足※2・6で困窮した日本も、すでに平成時代には十分な住宅供給ができ

※2・3 時間軸
『都市をたたむ』（饗庭伸著・花伝社・2015年）第2章では、年齢別の人口構成を、5～20年スパンで異なる時間軸を重ね合わせながらデータを分析する方法が紹介されている。

※2・4 総住宅数約6242万戸
総務省2018（平成30）年住宅・土地統計調査より。既存住宅戸数＋新築戸数－除却戸数。

※2・5 住宅
総務省統計局「平成30年住宅・土地統計調査 住宅数概数集計 結果の概要（平成31年4月26日）」中、「用語の解説」より。一戸建の住宅やアパートのように完全に区画された建物の一部で、1つの世帯が独立して家庭生活を営むことができるように建築又は改造されたもの。

※2・6 住宅不足
1945（昭和20）年11月に設置された戦後復興院では、住宅不足数420万戸と推計されている。

るようになっていたのです。
日本の「世帯数」はどうでしょうか？　2019年の日本の世帯数は約5800万世帯です。※2・7

「世帯」という用語は、法律で定義されていない曖昧な概念ですが、同じく総務省では「2人以上の一般世帯とは、住居及び生計を共にしている2人以上の人の集まりをいい、単身世帯とは、1人で1戸を構えて暮らしている人・間借りして1人で暮らしている人、寮・寄宿舎、下宿屋に住んでいる単身者1人1人をいう」と定義されています。※2・8

これより、総住宅数－世帯数＝約442万戸が、使われていない家、即ち空き家であると考えそうになりますが、そうではないようです。例えば住民票を移さずに、学問や仕事のために部屋を借りている学生や社会人、親名義など他人の資本によって住んでいる人など、単純に1世帯1戸とは考えられないのが実状です。

では、空き家の数はいくつあるのかというと、2019年時点では約846万戸※2・9となりました。ここでの空き家とは、販売中で住み手を待つ居住用の建物（売買用空き家）や、賃貸住宅の入れ替えタイミングで、一時的に人が住んでいない建物（賃貸用空き家）、また別荘などの常時住んでいない建物もカウントされています。

※2・7　世帯数約5800万世帯
住民基本台帳に基づく人口、人口動態及び世帯数のポイント（2019（平成31）年1月1日現在）より。

※2・8　世帯
総務省統計局「平成30年住宅・土地統計調査　住宅数概数集計　結果の概要（平成31年4月26日）」中、「用語の解説」より。1住宅に1世帯が住んでいる場合はその世帯を「主世帯」とし、1住宅に2世帯以上住んでいる場合には、そのうちの主な世帯（家の持ち主や借り主の世帯など）を「主世帯」とし、他の世帯を「同居世帯」とした。なお、単身者が友人と共同でアパートの1室を借りて住んでいる場合など、1住宅に2人以上の単身者が住んでいる場合は、便宜上、そのうちの1人を「主世帯」とし、他の人は1人1人を「同居世帯」とした。

※2・9　846万戸
総務省統計局「平成30年住宅・土地統計調査　住宅数概数集計　結果の概要（平成31年4月26日）」より。

実はこの空き家が、日本では年々増加しています。２０１３年の調査では約８２０万戸なので、５年間で約26万戸増加しています。その原因は人口減少も影響していますが、他にも大きな要因があります。

それを知るにはもう１つ、「新築住宅着工数」とその意味を知る必要があります。２０１９年の新築住宅着工数は90万戸です。※2・10 これは前年比で40％減です。では次に、なぜ空き家が増える要因に、新築住宅着工数が関係するのか、相関関係を分析してみます。

2・3　空き家問題とは

空き家が増えて行っても、それが週末住宅のように活用されていたり、入居待ちの住宅のように経済活動に乗っているならば問題ないのですが、空き家には「その他空き家」と呼ばれるものがあります。「その他空き家」とは何でしょうか。相続関係で整理できず解体もできない、解体する費用がない、持ち主不明などの空き家を言います。※2・11 そしてこの「その他空き家」は、約８４６万戸の空き家のうち41・1%※2・12を占め、この割合は年々増加しています。

※2・10　２０１９年新築住宅着工数
90万５１２３戸。２０１９年国土交通省発表、新設住宅着工戸数参照。

※2・11　その他空き家
総務省統計局「平成30年住宅・土地統計調査　住宅数概数集計　結果の概要（平成31年４月26日）」中、「用語の解説」より（４頁）。ふだん人が居住しておらず、空き家となっている住宅のうち、二次的住宅・別荘用、貸家用、売却用以外の理由で空き家になっている住宅。例えば、転勤などのため居住世帯が長期にわたって不在の住宅や、使用目的がない住宅など。

※2・12　その他空き家率41・1％
総務省統計局「平成30年住宅・土地統計調査　住宅数概数集計　結果の概要（平成31年４月26日）」中、「２・空き家」より。

空き家数と空き家率の予測

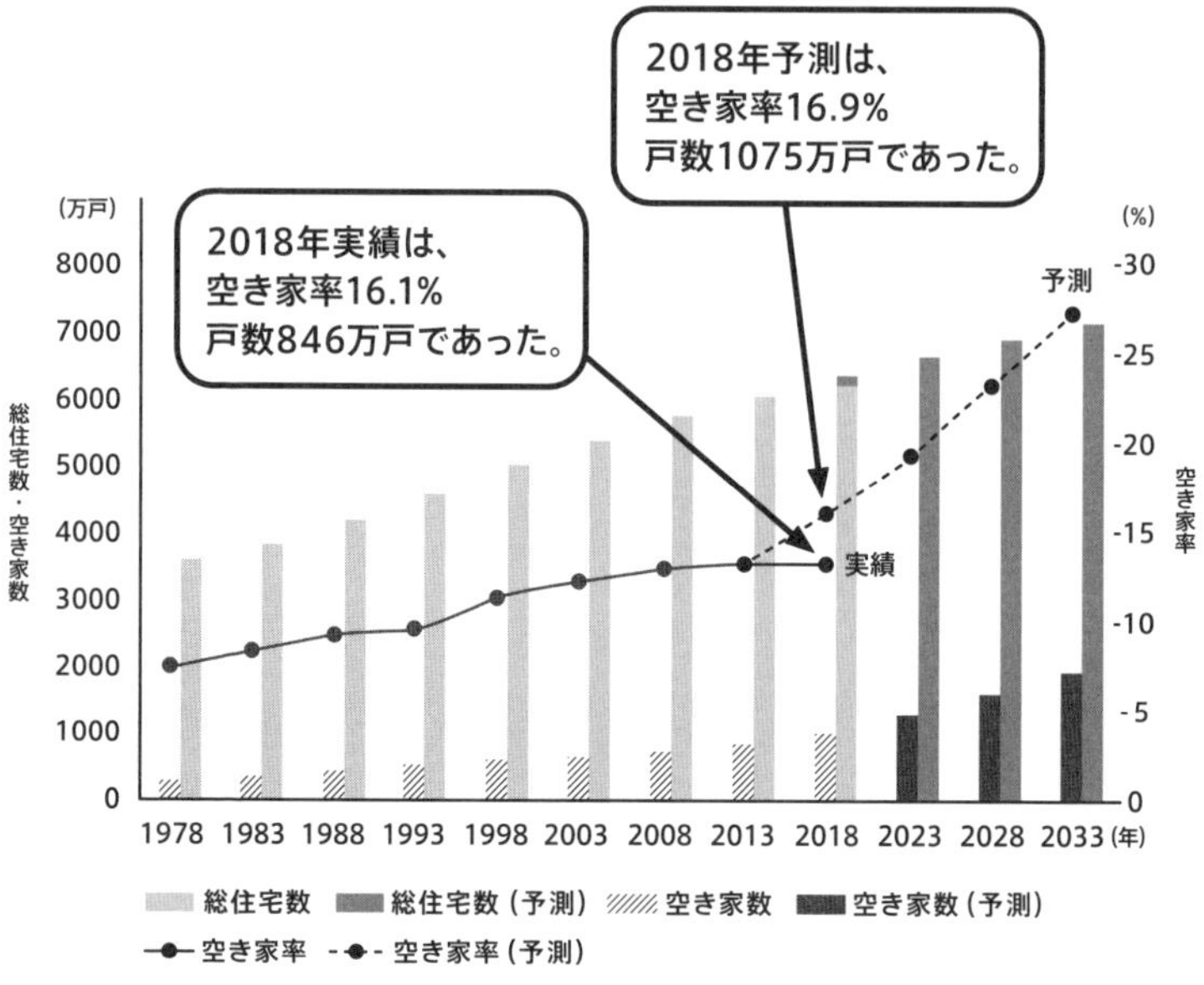

本グラフは、将来の空き家数と空き家率を予測した、有名なグラフです。当初は、2018年に空き家は1000万戸を超え、そしてそのたった15年後の2033年には2000万戸を超えると予測されていました。その増加の速度は、世界に類を見ない衝撃的なものだったと言えます。実際の2018年時点での空き家数は、予想を大きく下回り846万戸と発表されました。根本的な空き家増加の課題は改善されていない中での増加率減少なので実際にはもっとあり得る可能性もあります。空き家計上の困難さが表れています。

野村総合研究所　総住宅数·空き家数·空き家率の実績と予測（2019年）
https://www.nri.com/-/media/Corporate/jp/Files/PDF/knowledge/report/cc/mediaforum/2019/forum276_1.pdf

では、「その他空き家」が増えると、いったい何が問題になるのでしょうか？実際に起きていることとして、「その他空き家」の中には、所有者が遠く離れた場所に住んでいるなどの理由で管理が行き届かず、雑草など植物が無秩序に繁茂しているケースがあります。そして、動物などが敷地内や屋内に住み始めるケースが増加しています。他にも、人が住んでいないことを良いことに、不法な侵入者が勝手に入り込むこともあります。

空き家も管理が必要なのです。何もできないからとそのままにしておくと、火災・倒壊などの危険性があるので、定期的な管理で対応をしなければなりません。そこに行政の税金が使われています。人口減少によって税収が減る中で、「その他空き家」の管理のために支出が増えて行く。これは負のスパイラルです。

空き家が放置されると、朽廃するスピードが早まり、景観が乱れ始め、そして周辺の治安が悪化するケースもあり得ます。

商店街のシャッター街を想像してみてください。街に生気がなく、経済活動も止まり、そのエリアはコミュニティ・集落として機能しなくなります。そうなると人は減り、税収はなくなり、行政区としての存続も難しくなります。日本中でこうなる可能性があるエリアは多数存在し、朽ちて行くのを待つだけになってしまいます。

こうした空き家問題は、不動産市場の定量データとして、問題があり、そして社会課題となりつつあります。建築を学ぶみなさんに直接的に関係することとして、新しく計画すべき建築は多数必要であるにも関わらず、同時にこうした課題に向き合う必然性が生まれています。不動産オーナーの困りごととして、改修計画が増加するでしょう。世の中の困りごとの解決に向かうことも、専門家として、そしてビジネス戦略として、理に適っているのです。

特に地方の空き家問題とその解決の方向性については、10章「地方不動産概論」でより詳しく述べています。

2・4　空き家が増加するメカニズム

しかしなぜ、日本はこの様な課題を認識しているのに、新築住宅を造り続け、結果的に空き家を増やしているのでしょうか？　これは建築ではなく、やはり不動産に原因があると言って良いでしょう。

1つは、賃貸事業を目的としたアパートやマンション建設にあります。その多くが「相続税対策」で計画されるため、実際の住宅需要以上に建てられているのが実情です。

相続税対策とは、土地を更地で所有しているよりも建物を建てた状態にしておく方が、計算上の資産規模が縮小され、節税ができる※2・13というものです。

つまり、土地と建物は所有しているだけで、それぞれに固定資産税※2・14という税金がかかりますが、住宅（自宅または賃貸住宅）であれば、土地の固定資産税が大幅に減免される制度があり、例え空き家であったとしても、この建物を建てた状態にしておく方が良い、という判断につながっています。これは、性能が低下した建物の解体を遅らせ、空き家が増える原因にもなっています。解体が遅れると、古い性能の建物がそのままになり、省エネで環境にも良い住宅への更新が遅れます。ここでも空き家問題と建築が繋がります。この様に空き家増加のメカニズムは、住み手側の問題ではなく、供給者側である「不動産所有者（オーナー）」側の問題が大きいと言えます。ではなぜそうなってしまったのでしょうか？ 不動産学基礎では、所有者（オーナー）について触れるのが大きな特徴の1つですが、ここで簡単に高度成長期を振り返る必要があります。

戦後、日本は住宅不足が著しく、いかに多くの人に安価に住宅を供給できるかが急務でした。建築計画学で「職住分離※2・15」「寝食分離※2・16」などを求めていた時代です。

※2・13 相続税対策による節税
不動産の所有者には、土地と建物それぞれに対して、固定資産税が課税される。ただし、住宅が建つ小規模用地であれば、固定資産税が6分の1になる優遇特例がある。これはかつての住宅優遇政策の名残と言える。

※2・14 固定資産税
土地、建物、権利などの固定資産の所有者に課税される地方税。

※2・15 職住分離
1950年代の高度経済成長期、都市の工業化が進んだことにより大都市に人口が集中。地価の高騰や住宅不足などの問題を解消するために、快適な住環境を求めて郊外での居住が増えた。この様な「郊外に居住して都心で働く」という考え方。

※2・16 寝食分離
小住宅でも食事をする部屋と寝る部屋は別に確保する事を目指したもので、大元は1947年に西山夘三が「これからのすまい」で提唱した考え

設計事務所・施工会社・不動産会社・開発会社などが国策を実現するために頑張り、ついには「戸建住宅を持つ事がステータス」になるようになりました。

この流れを助けるように、国は住宅ローンの低金利拡充や公団による住宅供給を行いました。そのおかげで住宅不足は解消されましたが、業界の流れや5か年計画[※2・17]と呼ばれる政策は2005年まで続きました。

この長年続いた家づくり政策に、業界のビジネス構造は固定化し、建設業界特有の下請け・孫請け構造、用途ごとのディベロッパーによる開発、それに伴う広告など、建設業が巨大なシステムとなりました。そのため、どれか1つだけを変えようとしても、難しい状態にあるのです。

供給者側の問題を述べてきましたが、もちろん住み手側にも問題がないわけではありません。その1つとして古い分譲マンションの解体が進まない状況があります。分譲マンションを支える区分所有法[※2・18]では、建物の維持管理のための修繕・改修・管理規約の変更などは、所有者の一定数以上の合意が必要になります。建物を解体するには5分の4以上の合意が必要になりますが、様々な状況の所有者が集まる分譲マンションでは合意に至る事は難しく、空室だらけの古い分譲マンションが増え続けているのです。

方。1951年の公営住宅標準プラン「51－C型」（吉武泰水・鈴木成文設計）に代表される、公団住宅の代表的な2DKプラン。その後nLDKという住宅プランの型へ続いて行く。

※2・17 5か年計画
旧建設省は「住宅建設計画法」に基づき、1966年、第1期5か年計画を実施した。主には、公団による住宅供給や、公庫による低金利ローンの拡充などによる、住宅不足を解消する政策である。しかし住宅不足が解消されてからも数十年以上継続され、2005年まで続いた。

※2・18 区分所有法
壁や床で区分された独立した箇所を持つ権利を区分所有権といい、その権利について定めた法律。その建物および敷地などの共有や管理について定められている。

またマンションに限らず、相続を重ね続けたために権利関係が複雑になり、全員の所有者がわからず、合意形成ができないために解体できない事例が増えています。

この様に、住宅不足を解消するために、官民一体となってつくり上げてきたシステムが、今では逆に空き家問題をつくり続けるシステムになっています。もちろん改善のために政府や業界も対応を進めていますが、中々効果的な対応はできずに時間との闘いになってきています。

2・5 世界の空き家の状況

ここで、参考にアメリカ・イギリス・フランスを取り上げます。

詳しい数値は図表の通りです。注目して欲しいのは「既存住宅の流通戸数」です。この数値は、年間でどれだけの中古住宅が売買されているかを示しています。世帯数・新築住宅着工数・空き家数などを比較してみると、中古住宅に関しては日本の流通戸数が極端に少ないのがわかります。

なぜ日本では、これほど中古住宅の流通が少ないのでしょうか？　日本の不動産仲介業を知り、中古住宅流通がどの様になっているのかを考えてみましょう。

日本では新築住宅が多いというよりも、中古住宅の売買数が極端に少ないのです。この理由には不動産を取り扱う専門家の建物に対する知識不足と、流通の仕組みや金融（住宅ローン）の制度の未整備があります。

不動産を扱うための資格である宅地建物取引士[※2・19]には、建築学の就学義務はなく、試験にも建築の法に関する内容はありますが、建物構法や建築設計に関するものはありません。これにより中古住宅への理解や評価は浅く、なおかつ正確な情報を得にくい中古物件を避ける様になります。結果的に新築住宅の取扱数が多くなるのです。[※2・20]

ここで再度、他の国を見てみましょう。２０１９年の日本の不動産流通量である新築住宅と中古住宅の売買総量は、94万戸＋16万戸＝計１１０万戸となります。世帯数が日本の半数以下のイギリス・フランスでも、１００万戸前後となり、相対的に両国の不動産流通量が多いことがわかります。

特に新築と中古の流通量比率は、日本と全く逆です。アメリカに至っては流通量・中古住宅の比率とも日本と比較にならないほど大きいです。

※2・19 宅地建物取引士
不動産取引に関わる国家資格。不動産売買に関わる仲介業務（売買契約・重要事項説明）は、宅地建物取引士が行わなければならない。

※2・20 新築住宅の取り扱い
実は不動産取引では、新築住宅の方が、供給会社へのインセンティブが往々にして大きいという売上利益構造も関係しています。それは、不動産分譲会社、不動産仲介会社だけでなく、工務店などの建設会社や、建築設計事務所も同様。

ストックが増加するメカニズム

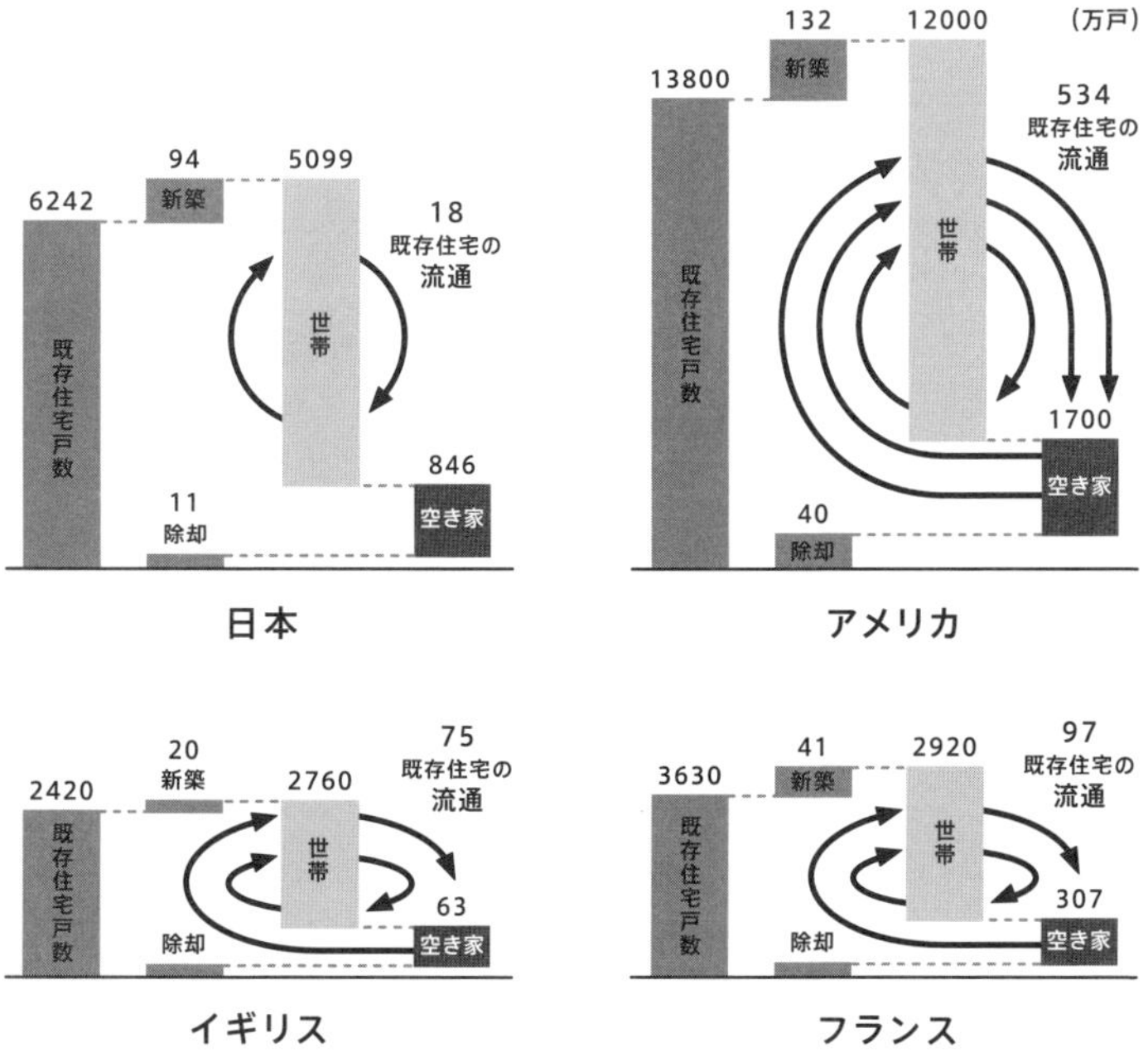

本図は、各国の世帯数と、住宅戸数、新築着工戸数から、空き家が発生するメカニズムを表現したウォーターフォールチャートです。これより、世界的に見ても大量な日本の新築着工戸数は、人口減少と空き家増加の中でミスマッチな現象であることが分かります。それら建物の定量分析に重ねて、渦型の矢印によって不動産の流通量(既存住宅の売買量)の違いを、1つのグラフに同時に表現しています。

日本:総務省　平成30年住宅・土地統計調査
https://www.e-stat.go.jp/stat-search/files?page=1&toukei=00200522&tstat=000001127155
アメリカ:U.S. Census　https://www.census.gov/construction/nrc/index.html
全米不動産協会(NAR)　https://www.nar.realtor/research-and-statistics
イギリス:GOV.UK Statistics at MHCLG
https://www.gov.uk/government/organisations/ministry-of-housing-communities-and-local-government/about/statistics
フランス:Institut national de la statistique et des etudes economiques
https://www.insee.fr/fr/statistiques/3676693?sommaire=3696937

既存住宅流通シェアの国際比較

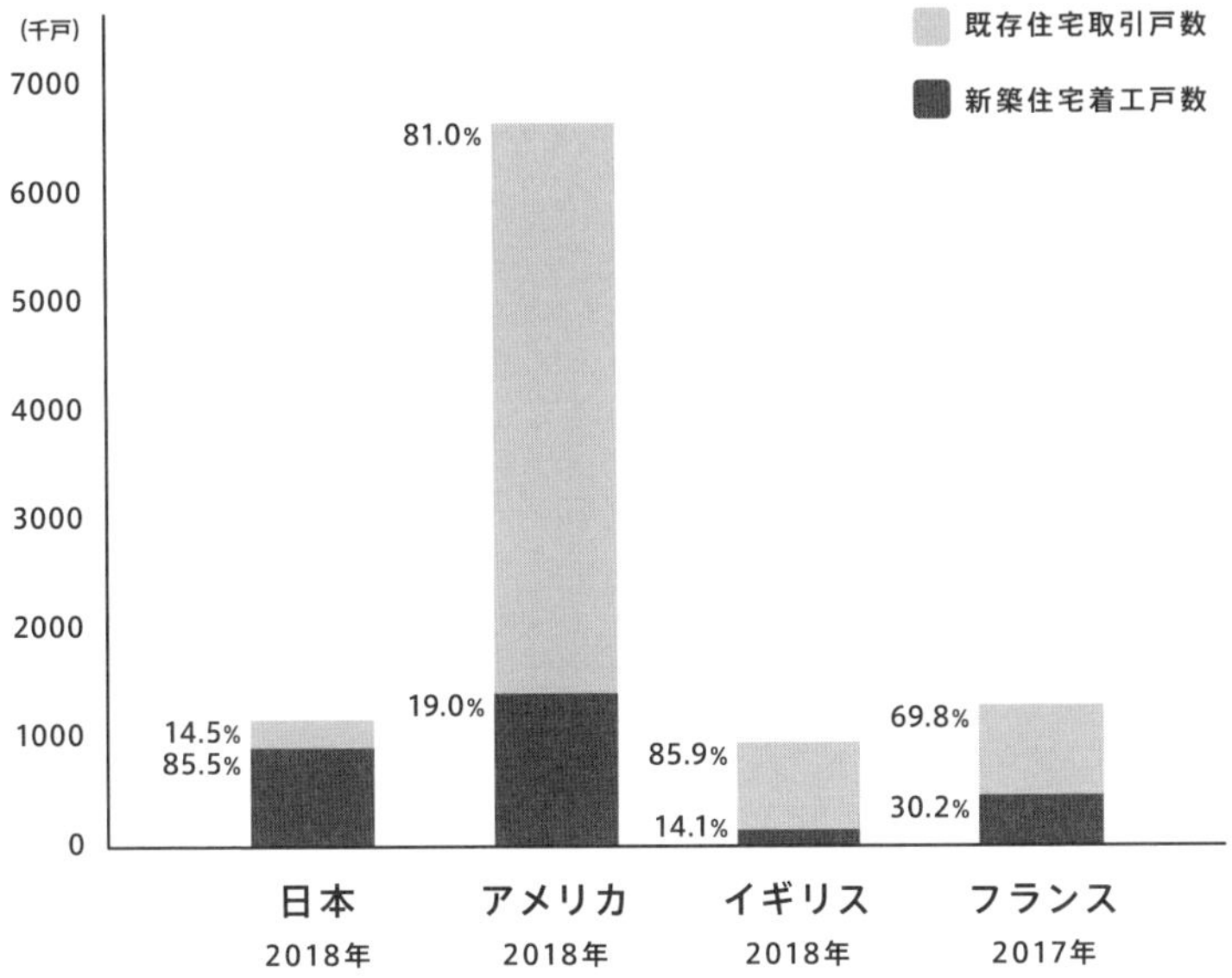

日本とアメリカを比較すると、既存住宅の流通量(つまり中古の住宅が売買されている年間の軒数)の圧倒的な差に驚かされます。また日本と、イギリス・フランスを比較しても、人口が半分程度の二国に対して、既存住宅が売買されている量は、文字通り桁違いに少ないことが計算できます。また日本で売買される住宅のほとんどが新築住宅であることは、2章4節で説明した「空き家が増加するメカニズム」に直接的に関係しています。

国土交通省　既存住宅流通シェアの国際比較
https://www.mlit.go.jp/common/001156033.pdf

2・6 空きビルや空き公共施設の活用方法

こうした空き家の課題は、建築や不動産の将来の課題であると同時に、地方創生やまちづくり（10章参照）の切り口でも、多いに社会的な課題です[※2・21]。この課題を理解する事がこれからの建築学には必要になります。

そして、空き家は、住宅に止まりません。時代に合わない商店街の古い店舗や商業施設（8章参照）、再開発による華々しい超高層オフィスの影でカウントされない雑居オフィス、産業が衰退した地方の工場や倉庫、同様に地方の寺社、また合併が進む学校や役所などの公共施設[※2・22]、あげ始めるときりがないほど、空き家846万戸以外に、多数の空きビルや空き施設が増加しています。しかもその原因はオーナー・地域・法律・税金など空き家より複雑な要因が絡みます。

私たちは、この状況を粘り強く観察し、ただ放置されることを避けるべきです。見えづらい要因を明確にする事で、問題解決を企画からデザインする事が必要です。全国には実に多くの優れた活用事例があります（9章参照）。同じ用途で構成を変える、美術館から商業施設の様に用途を変える事例、古民家をカフェに、住宅をホ

※2・21 社会的課題
広島大学大学院で教鞭をとられている田中貴宏教授は、建築設計においては、建築の空間性が、どのように不動産学のお金や取引と結びついているかを学び、自分たちの設計がどう変化するかを実感することが重要だと述べる。田中教授は、建築学生のモチベーションのシフトについても指摘している。学生は空間的、意匠的なところにもちろん興味があるが、それが、お金や不動産、空き家活用という社会的な側面にどう結びつき、貢献しているのかを知りたいという考えを持ち始めている。その点で不動産学の有効性がある、と述べる。

※2・22 空き家施設の活用事例
『アーツ千代田３３３１』（運営：コマンドA、設計：佐藤慎也＋メジロスタジオ（現：リライト_D）、２０１０年）
『吉本興業東京本部』（運営：吉本興業、設計：荒木信雄（アーキタイプ）、２００８年）
『ONOMICHI U2』（運営：ONOMICHI U2、設計：谷尻誠（サポーズデザインオフィ

テルに、学校を介護施設に、駅舎を店舗になど、建築学を学ぶみなさんの方が私より詳しいと思います。大胆に用途を変え、時代に合わせ、古さを活かした、そんな事例群です。

これからの時代は、この様な再生事例をできるだけ多く知るべきだと思います。ただし建築学科のための不動産学基礎においては、建築的な事例を知るだけでなく「不動産オーナーの利益を追求できているか」「利用者の便益や喜びを実現しているか」「収支が改善しているか」という視点が必要です。

また空き家と同じく活用の可能性がないものは、積極的に解体を促す事で、負のストック増加を回避できるでしょう。

この後、活用の方法論については不動産マーケティング（5章参照）、収支については不動産キャッシュフロー（6章参照）で、基本的な着目点を学んでいきます。

ス）、2014年）
『立川市子ども未来センター』（運営：合人社計画研究所グループ、設計：清水建設、2012年）

2・7 リフォーム／リファイン／リノベーション

空き家・空きビル問題を解決するためには、中古建築の活用は不可欠です。そのまま使用できることもありますが、実際には何らかの修繕や改修を加えることが殆どです。ここで、「リフォーム」「リファイン」「リノベーション」という言葉と、その意味を解説します。

まず何が違うかと言うと、私はそこに文化や思想が含まれるかだと思います。改修工事にどの様な意味を含んでいるかで言葉が変わります。

私の知る限り、建築や住宅の世界で「リフォーム」という言葉は昭和時代から用いられていました。持ち主が変わるため外壁補修をする際、また設備機器や壁紙を新しくする際に、リフォームと呼んでいた記憶が有ります。

元の状態より良くするという意味を持つ「リノベーション」という言葉が表れたのは、1998年頃です。比較的大規模に、間取りなど機能性や、性能を向上させるのはもちろん、既存建物の経年状態（古さ）を活かし、新たな価値を持ったデザインを生むという意味を含んでいると言えます。

同時期に、「リファイニング建築（再生建築）」という概念が登場します。※2・23 これはリノベーションと同じく、既存建物をより良くする、という意味を含んでいますが、しっかりと定義付けされています。このリファイニング建築は、一時的な中古建築の救済ではなく、長期的に繰り返し蘇る事ができる建物を示しています。

リノベーションやリファイニング建築は、建築一棟の再生も可能な手法ですが、

※2・23 リファイニング建築　建築家、青木茂氏が提唱する建築再生手法。構造躯体の耐震性能を、調査、診断、補強を行い向上させるとともに、新築建て替えと比較して6～7割のコストで、大胆にデザインを刷新し、用途変更、設備更新行う。

※2・24 最近のリノベーションについて書かれているもの『不動産プランナー流建築リノベーション』（岸本千佳著・学芸出版社・2019年）、『事例と図でわかる 建物改修・活用のための建築法規』（佐久間悠著・学芸出版社・2018年）『リノベーションの教科書』（小池志保子、宮部浩幸、花田佳明、川北健雄、山之内誠・学芸出版社・2018年）

※2・25 リノベーションの文化と思想　ブルースタジオの大島芳彦氏は2000年よりリノベーション事業を継続してきた中心的な存在であり、「リノベーションとは、つくることにあらず、使いこなすこと」、あるいは「リノベーションは、

マンションの一室の場合などには、リノベーションがすでに広く用いられています。※2・24

リノベーションには、不動産的な文化を変革する挑戦や、その思想があります。※2・25 現在の空き家問題に足りないもの、必要なものを見定め、その先の不動産市場を変える視線があります。それは地域の再創生・コミュニティの創生など、その建物からもう1つ広い範囲まで影響を与える視線です。

賃貸住宅を新築で量産することは、空き家問題の一因でもあると述べましたが、中古住宅でも、その需要が満たされればどうでしょう。ディンクス※2・26やファミリー用の中古住宅は、中古リノベーション物件の販売が一般的になりつつあります。これが賃貸住宅でも一般的になれば、中古住宅の流通は大きく変わるでしょう。

昭和から平成にかけては、「人生すごろく」と称して、一軒家を持つことが不動産的なゴールでしたが、最近では持家でも賃貸でもライフスタイルから問い直し、様々な考え方が出てきています。供給側もその様な多彩なライフスタイルに対応する必要があるはずです。

人・場所・時間に関する潜在能力を最大化すること」と定義づけし文化と思想を示してきた。『なぜ僕らは今、リノベーションを考えるのか』(大島芳彦著、学芸出版社、2019年)に詳しい。

※2・26 ディンクス「Double Income No Kids」の略。子のいない夫婦が2人とも収入がある状態。

2・8 ストック型社会の目指すべき未来

ストック型社会[※2・27]と呼ばれる現在は、新しい「物」をつくり出すことと同様に、新しい「事」をつくり出す時代と言えます。それはすでにある「物」に、新しい「意味」を加えて、新たな価値を生み出すこととも言えます。リノベーションはその最たる例です。不動産的な空き家問題を知ったみなさんが、建築的な課題解決を考え始めることも、新たな価値を生み出す流れにすでに参加しているのです。

不動産学的にも、建築学的にも、増加する空き家に対する取り組みは、まだまだ試行錯誤の段階です。これからも様々な問題に直面するでしょう。その対処について、今から準備が必要です。

その時に世の中から必要とされるものは、建築領域における不動産学の知識と、不動産領域における建築学の知識です。[※2・28]

不動産学で扱う、人口や経済といったマクロ的な視点から、建築を考える思考が役立ちます。同時に空き家問題の様に個々のケースに対応できるミクロ的な対応力も必要になり、都市、まち、暮らしといった、社会の変化の中で、必ず建築の専門

※2・27 ストック型社会
住宅などの社会インフラを長寿命化させることにより実現される、持続可能な社会。不要なスクラップアンドビルドを止め、資源を必要とされる部分に適切に再配分する。新しい建物やインフラを生産することに価値を置くフロー型社会と対比され、フロー型からストック型への移行がとかれている。

※2・28 リノベーションと不動産
椙山女学園大で教鞭を取る橋本雅好准教授は、「最近の教育カリキュラムの中には、リノベーションに関するものが増えてきている。今後、新築は減っていく外部環境の中、リノベーションは有効な手法。しかし、設計課題でリノベーションを扱う場合、新築以上にお金や不動産の分野にも視野を広げ課題に取り組まなければ、リアリティのない計画になってしまう。一方で、建築に関わるお金や不動産の分野は、体系化されておらず、学生がその分野を学ぶきっかけが少ない」と指摘する。

家が求められます。その時に大事なのは、他分野への知識と共通言語です。

建築の専門家が、不動産を知り尽くす必要はありません。しかし、隣接する不動産学を介して、経済や社会の共通言語が増える事は武器になります。その入口として、本章で紹介した様々な知識は、近い将来、再度問われることになるでしょう。

演習問題2

空き家数が増える原因に、中古住宅の流通量（売買される量）が少ないことが挙げられます。ではなぜ、日本では中古住宅の流通量が少ないのでしょうか？　本章の内容を振り返るのはもちろん、図も参考に独自の分析を行ってください。

解説は304頁へ

3
章

近現代不動産史概論

不動産の歴史と所有権

不動産コンサルタント
野々垣賢人

不動産とは何か。つきつめて行くと、建築のような物体ではなく、抽象的な概念です。例えば、土地の所有権の範囲を示す「境界線」。建築設計を始める際にある敷地境界線と同様に、建築する土地の範囲を定義するために、境界線があります。しかしそれは、実際には存在しません。だからこそ、隣り合う所有権者がその線を「合意」します。それが境界線なのです。目に見える形ではないからこそ、合意や契約が必要になります。また所有権や賃借権など、不動産に関わる権利を扱う分野を、「権利関係」と言います。これが近世以降にどのような発展を遂げたか、そこから将来のヒントを探ることにします。

3・1 不動産近代史（江戸～大正）

建築学に「建築史」があるように、不動産学にも「不動産史」があります。しかし、不動産史は建築史のようには体系化されておらず、それを知る機会はほとんどありません。建築の技術やデザインが、近代化や産業の発展とともに変化してきたように、不動産の概念や権利も、国家の興隆や税法の変化にあわせて、進化してきました。この章では、その過程を振り返りながら、これからの不動産を考える上で必要となる基礎を学びます。

今日の日本では、当たり前のように不動産は「所有」できるものです。個人であっても、住宅やビル、そしてその土地を所有しています。この「不動産を所有する」という概念は、いつ生まれたのでしょうか。

詳しくは、本章の5節（「所有権は発明されたもの」）で説明しますが、不動産を売主から購入した瞬間に、「所有権」が移転されます。[※3・1]

しかし、その所有権は、昔から当然に存在していたわけではありません。近代所有権が確立されたのは、江戸～明治時代ごろと言われています。まずは江戸時代ま

※3・1　所有権の移転
現代では、法務局に「登記」されることで、その所有権が公示されている。ただし公示された人物や企業が、必ずしも所有者とは限らない（公信力はない、と言う）。

明治から令和までの不動産史

時代	建築学	不動産・経済の動向
明治	1877 工部大学校造家学科設立 1886 帝国大学工科大学設立	1872 田畑永代売買禁止令の解禁(p.66-) 1873 地租改正(p.66-)
大正	1914 東京駅 1922 市街地建築物法	1919 (旧)都市計画法
	1923 関東大震災	
	1926-1934 同潤会アパート	
昭和	1941 住宅営団設立	
	1945 第二次世界大戦	
	1950 建築基準法 1950 文化財保護法 1960 メタボリズム結成 1964 代々木体育館 1968 霞が関ビル 1970 大阪万国博覧会 1976 住吉の長屋 1981 新耐震基準	1950 住宅金融公庫法(p.67-) 1962 区分所有法(p.68-) 1966 住宅建設5カ年計画(~2005年) ※3·9参照 1968 都市計画法(p.97-) 1972 日本列島改造論(p.68-) 1973 第一次オイルショック 1985 プラザ合意(p.68-) 1986 バブル経済(p.69-)
平成	1990 東京都庁舎 2001 仙台メディアテーク 2003 六本木ヒルズ 2004 金沢21世紀美術館 2005 耐震強度偽装設計事件	1990 総量規制(p.69-) 2000 まちづくり三法(p.202-) 2000 マンション管理適正化推進法 2001 不動産証券化(p.69-) 2002 マンション建て替え円滑化法 2002 改正区分所有法 2008 リーマンショック(p.70-)
	2011 東日本大震災	
令和	2020 新国立競技場	2020 コロナショック(p.180-)

その時代を代表する建築物や出来事の背後で、不動産や経済はダイナミックに動き続けています。表面的には直接つながらなくても、深い部分での関連性を知ることで、建築を多面的に理解することができます。

で遡り、その歴史を見ていきましょう。

江戸時代の土地は、幕府が所有する土地（武家地や寺社地など）と、個人の所有が認められている「町並地《ちょうなみち》」に分かれていました。それらの一部は売買が認められていました。また、建前上は幕府所有の土地でも、実態では不動産取引が活発に行われていたようです。そして、江戸中期になると、貨幣経済の発達と共に、実質的には所有権に近い権利が確立されていたと言われています。

１８６７年の大政奉還により、明治時代が始まります。明治政府は、国家の安定した経営を図るための財源が必要となりますが、それを確保するために、不動産所有のルールを改変します。すなわち１８７２年に田畑永代売買禁止令※3・2を撤廃し、翌年の１８７３年に地租改正条例※3・3を施行します。この地租改正では、不動産を購入した際に、私的所有権が認められました。

政府は、国民に土地の所有を認めることで、その土地の価格を基に地租（税金）を課しました。この地租を導入することで、江戸時代以前は米などで納めれらていた税を、租税という現金に変え、農作物の収穫量に左右されない税収を得ました。

また、土地の所有権が正式に認められたことで、不動産取引が活発になり、不動産業者が登場します。

※3・2　田畑永代売買禁止令
寛永20（１６４３）年に江戸幕府が流布したもの。寛永の大飢饉（１６４０～１６４３年）に際して困窮した農民が、土地（田畑）を富裕な農民に売却することで、土地資産が個人に集中することを防ぐため、土地（田畑）の売買が禁止された。

※3・3　地租改正条例
明治政府が行った土地所有者に地価の３％を税率に金納することを定めた租税制度を指す。江戸時代の生産者に課した米の物納から、土地所有者に対し、その土地の価値に応じた金納に改めた。

※3・4　住宅政策金融公庫法
戦後住宅不足に陥っていた１９５０年に、住宅金融公庫として発足する。２００７年まで個人住宅購入や賃貸住宅建設のための資金貸付（住宅金融公庫融資）を行っていた。２００７年に独立行政法人住宅金融支援機構へと引き継がれ、災害復興融資や社会的弱者に対して融資している。現在はこの他に銀行ローン・フラット35・財形住宅融資など

このように江戸時代〜明治時代にかけて、徐々に所有権が確立されていきました。

3・2 戦後高度成長期からバブル経済へ（昭和）

1945（昭和20）年8月15日、日本はポツダム宣言を受諾し、第二次世界大戦が終わります。戦後の日本は、都心部の多くが焼け野原でした。

戦時中の供給不足も重なり、住宅が極めて不足していました。その数は約420万戸と言われ、壕舎や仮小屋に居住する人もいました。戦後の住宅難に対応するべく、1945年11月に戦災復興院（現在の国土交通省）が設置され、全国の住宅建設の指導にあたります。

1950年代なると、産業構造の変化に伴い、都市へ人口が集中し、さらに衣・食が充足してきたことを背景に、土地の需要が高まります。不動産の取引が活発化するのです。この土地需要の高まりに対応するため、住宅政策金融公庫法※3・4の制定・発足、公営住宅法※3・5の制定、日本住宅公団法※3・6の制定と発足の「公庫・公営・公団の3本柱」が整備されます。

1950年代末〜60年代はじめの東京や大阪では、人口集中による土地需要の増

がある。

※3・5 公営住宅法
地方自治体が低所得者向けに賃貸住宅として貸し出す住宅。1923年の関東大震災後に建設された「同潤会アパート」なども含まれる。1951年には「公営住宅法」が制定され、1998年の改正では従来原則定額であった家賃を、入居する世帯の収入に応じたきめ細かいものとしている。

※3・6 日本住宅公団法
GHQにより解体された住宅公団（旧同潤会）を参考に、1955年日本住宅公団法により日本住宅公団が設立された。住宅不足を解消するため、団地やニュータウンを多数供給した。時代の変化と共に、公団は宅地開発公団、住宅・都市整備公団、都市基盤整備公団、そして都市再生機構（UR都市機構）と変化し、現代に至る。

加、地価上昇、宅地ブーム[※3・7]がおこります。

1962年には、「区分所有法[※3・8]」が制定され、今日の「分譲マンション」の土台ができあがりました。

また、1966年から5年ごとに、「住宅建設5か年計画[※3・9]」が立てられました。この計画は、その後、内容を変えながら8回に渡り計画され、2005年まで続くことになります。

1980年代は、いわゆるバブル経済が始まります。1985年にニューヨークのプラザホテルに主要国が集まり「ドル安を進める協調介入」の合意[※3・10]がなされます。このプラザ合意によって各国がドルを売り、自国の通貨を買うことで、ドルの価値が下がりました。結果、日本は急激な円高ドル安になり、輸出産業が大きな打撃を受け、景気は悪化します。

それに対応するため政府は、「公定歩合[※3・11]」(金利)を下げることで、企業や個人がお金を借りやすくし、市場にお金が流れるように誘導します。その結果、企業の設備投資も増加しましたが、経済が低迷していた当時の日本では、設備ではなく、土地や株にお金が流れ、土地価格が高騰します。土地の価格が実態価格を超えた資産価値に吊り上がり、土地の値段は上がり続けるという土地神話を誰もが信じて、不

※3・7 宅地ブーム
昭和40年代後半になると、1971年のドル・ショックとこれに続く金融緩和、1972年の田中角栄の日本列島改造論に刺激され、土地ブームが起こる。不動産業者や個人が土地購入に走り、地価は高騰した。

※3・8 区分所有法
壁や床で区分された独立した箇所を持つ権利を区分所有権といい、その権利について定めた法律。その建物及び敷地などの共有や管理について定められている。

※3・9 住宅建設5ヵ年計画
旧建設省は、「住宅建設計画法」に基づき、1966年、第一期5か年計画を実施した。主には、公団による住宅供給や、公庫による低金利ローン拡充などによる、住宅不足を解消する政策である。しかし住宅不足が解消されてからも数十年以上継続され、2005年まで続いた。

※3・10 ドル安を進める協調介入の合意
「協調介入」とは、各国間で

動産を買うというバブル現象が起きたのです。

3・3 バブル崩壊から不動産証券化へ（平成）

1989年、日銀はバブル抑制のため、公定歩合の引き上げ（2・5%↓6%）を行いました。その後さらに、大蔵省が総量規制を行い、不動産向け融資が沈静化したことで、地価が大幅に下落しました。これがバブル崩壊です。

バブル崩壊後の日本は「失われた20年」と呼ばれ、長らく不況が続きます。多くの企業が経営難に陥り、融資の返済が滞ると、銀行は担保として押さえていた土地や建物を売却させ、融資の返済に充てようと動きます。しかし、バブル崩壊後は土地の値段が大きく下がったため、売るに売れず、結局は融資を回収しきれませんでした。

2001年になると、日本でも不動産投資信託（REIT）[※3・12]が登場します。REIT（リート）という言葉を聞いたことがある方も、いらっしゃるかもしれません。REITとは、不動産証券化されたオフィスビルや住宅、商業施設などの保有物件から賃料収入、売却収入を小口に分配する仕組みです（6章9節参照）。も

協議を行った上で、一定水準の為替レートを変動させるために市場へ介入すること。当時、アメリカ合衆国レーガン政権を主体としたG5（フランス、アメリカ、イギリス、西ドイツ、日本）がドル安＝円高・マルク高へと誘導した。

※3・11 公定歩合
日本銀行が、資金を民間銀行に貸し付けする際に用いる標準的な金利を指す。かつては経済政策として金融市場調節を行う政策金利であったが、1994年に各銀行が普通預金金利を自由に設定できるようになり、預金金利の直接的な連動がなくなったことで、2006年に「基準割引率および基準貸付利率」と変更されている。

※3・12 REIT
不動産投資信託（Real Estate Investment Trust）の略。日本のリートは、J-REIT（ジェイリート）と呼ばれ、2016年現在、50以上の法人が設立、運営されている。個人投資家は、株式と同じように、それぞれの商品を選択、購入し、定期的に分配金を受ける

ともとはアメリカで1960年にスタートし、1992年以降に急拡大します。その後、2000年に日本への導入が決まり、2001年より「J－REIT（ジェイリート）」という名称で、不動産投資信託市場[※3・13]を創設しました。

J－REIT開設後は、日本銀行のREIT買い入れや、ゼロ金利政策などの国策の後押しもあり順調に市場は拡大します。しかし、2008年のリーマンショック、2011年の東日本大震災などにより、REITの価格は急落し、2012年秋まで低迷が続きます。2012年以降は、アベノミクス[※3・14]の効果もあり再び市場が拡大しています。

ではなぜ、REITが日本にも導入され、なぜ拡大したのでしょうか。不動産証券化とは、国土交通省HP「不動産証券化の解説」によると、「投資規模を小口化し、多種多様な投資家ニーズに応じた商品提供を行うことで、不動産への資金流入による市場の活性化を促進するために有効な手法である」とあります。通常の不動産投資の場合、実際に購入する不動産の調査や契約、買った後の賃借人の募集、その後の建物管理など煩雑な手間がついて回ります。また、不動産を購入する際には、大きな投資額が必要です。J－REITは、これらの不動産投資の課題を解決し、不動産市場を活性化させました。

ことができる。6章9節159頁「新しい資金調達方法—不動産投資信託（REIT）とは？」参照。

※3・13 不動産投資信託市場
2000年の法改正によって投資規模が小口化し、投資機会がつくられ、不動産市場への資金流入を促し、不動産市場の活性化が図られた。これにより不動産投資信託が可能になり、不動産の投資家、所有者、経営者が分かれて市場に介入している。

※3・14 アベノミクス
2012〜2020年までの第2〜4次安倍政権で実行された経済政策の通称。バブル崩壊以降続いたデフレ経済などの課題を克服するため、大胆な金融政策、機動的な財政政策、民間投資を喚起する成長戦略などを掲げ、日本経済の好循環を目指した。

不動産を証券化することによって、少額での不動産投資や、分散投資ができるようになりました。また、証券は換金性が高く、不動産投資へのハードルが低くなったと言えます。

3・4 基本的な権利関係（所有権・賃借権・借地権）

ここからは「権利」について、学んでいきましょう。一言で権利といっても様々なものがあります。不動産に関するもので言うと、「所有権」「賃借権（借家権）」「借地権」などがあります。あまり聞き慣れない言葉かもしれませんが、不動産を扱う上で権利という概念は重要になりますので、1つずつ見ていきましょう。

「所有権」とは、「この土地は私のものである」などと言うように、私たちの日常でごく普通に使われている社会の基本的な概念です。所有権とは、特定のものを法令の制限内で自由に使用し、収益を上げ、処分することの権利をいいます。3・1でお話ししたように、江戸の後期〜明治時代にかけて、所有権が確立されました。不動産の場合、登記を行うことで所有権が法的に認められます。

所有権については、次節でさらに詳しく解説します。

物権と債権とは

物権

所有権

ものを全面的、排他的に支配する権利です。時効により消滅することはなく、その円満な行使を妨げられたときには、返還、妨害排除、妨害予防などの請求をすることができます。土地の所有権は、建築基準法や都市計画法などの法令の制限内において、その上下、つまり上空や地中にも所有権は生じるとされています。

地上権

「工作物や竹木を所有するために、他人の土地を利用すること」です。所有権のように物を全面的に支配できる物ではなく、限られた範囲で、支配できる権利です(制限物権)。土地の地表だけでなく、地下や空中のある層の一部など、上下の範囲を定めて地上権を設定することもできます(区分地上権)。

債権

借家権

建物の賃借権のことです。建物の賃借権は、通常の賃借権と異なり、借家人を保護するために特別の取り扱いを受けます。例えば、登記がなくても家屋の引き渡しを受ければ第三者に抵抗できる、家主の解約には正当事由がなければならないなど、借家人を保護する内容になっています。なお、定期借家権については、原則としてこのような保護の対象ではありません。

借地権 (借地借家法第2条)

建物を所有することを目的とした地上権と土地の賃借権を指します(借地借家法第2条)。建物を所有することを目的としているので、資材置き場や平面駐車場などの目的で使用する場合は、借地権に該当しないとされています。

権利の大きな分類として、物権と債権があります。これらは民法で規定される重要な概念で、大きな違いは、物権は「1つの不動産に1つの権利」を前提としていることです(「排他性がある」と言います)。この不動産学基礎で特に繰り返し登場する「所有権者」は、図中のとおり物権に含まれます。また「賃貸借契約」に表される建物の賃貸借の権利は、債権に含まれます。

「賃借権（借家権）」とは、賃貸借契約によって得られる借主の権利をいいます。みなさんにとっては、一番身近に感じられる権利かもしれません。アパートやマンションを借りる際に、契約書にサインした方もいると思います。この賃貸借契約に基づいて、借主は契約の範囲で目的物を使用し収益できる一方、貸主に賃料を支払う義務が発生します。賃貸借契約には、大きくは普通借家契約と定期借家契約[※3・15]があります。

また、近年の借地借家の供給促進の観点から、新たに定期借地権、定期借家権が創設され、賃借権の多様化が進みつつあります。

「借地権」（借地借家法第2条）とは、建物を所有することを目的とした地上権と土地の賃借権をいいます。借地権は、建物を所有することを目的としているので、土地の所有者から土地を借りて、建物を建てる場合は、借地権に該当しますが、資材置き場や平面駐車場などの目的で土地を借りる場合は、借地権に該当しないとされています。

このように不動産は、様々な権利のもとに成り立っているのです。

※3・15　普通借家契約と定期借家契約
建物の賃貸借契約にはおおまかにこの二種類があり、契約の期限が定められているかどうかで異なる。募集条件に「2年」と記載されている場合、それが普通借家契約の更新の期間なのか、定期借家契約の契約終了の期間なのかで異なるため、注意が必要。定期借家契約は、契約更新されることはなく、継続するためには、再度賃貸借契約を締結することとなる。

3・5 所有権は発明されたもの

所有権は、私たちの日常生活では、当たり前のように存在しています。例えば、今持っている本にも所有権が発生していますが、普段はあまり意識することもないでしょう。

その所有権を学ぶ前に、その大枠である民法から見ていく必要があります。[※3・16] 現在の民法は、ドイツの民法を基に、1898（明治31）年に施行されました。

民法には3つの原則があります。所有権絶対の原則（所有権は絶対的なもの）、契約自由の原則（誰とどんな内容の契約をしても自由）、過失責任の原則（他人に損害を与えたとしても、故意・過失がなければ損害を賠償しなくて良い）の3つです。そのうちの1つに所有権が明記されているということは、所有権は民法上でも、鍵となる概念であることがわかります。

前節でも解説した通り、所有権は、「物を全面的に支配しうる権利」のことであり、所有者は、自分の所有物を自由に使用したり収益をあげたり、また、処分することができます。しかし、土地の所有権の使い方を無制限に認めてしまうと、町中

※3・16 民法について
民法について、明治大学建築学科で建築マネジメントの教鞭をとり、不動産学からアプローチする田村誠邦教授によれば、「所有権や契約などの不動産や民法に関する知識を学ぶことは、建築学の領域で戦うための根本的なルールを知ること」という。不動産学はより民法に強く影響を受けている分野であるため、不動産を学ぶことは、その民法の精神に触れることにもつながる。田村教授の企画演習課題では、古い建物の再生をテーマにしている。学生は建築学的な機能性や意匠とは別に、周辺の賃料相場の調査、投資回収率などの収益性といった多面的な要素を押えるトレーニングを行っている。『05世界で一番くわしい建築・不動産企画』（田村誠邦＋甲田珠子著、エクスナレッジ、2011年）

の建物が混乱し、鉄道や道路など交通が無秩序になり、上下水などのインフラ整備もできません。そこで、民法では、所有権を法定で制限できると定めています。建築関係であれば、建築基準法、※3・17 消防法、道路法など各種法定により、所有権を制限しているのです。

所有権は契約を基に成立します。契約とは簡単にいうと「約束」のことです。例えば不動産の場合、買主が3000万円を払い、売主が対象の不動産を引き渡す契約をしたとします。この場合、買主は対象不動産と引き換えに、3000万円を支払う約束をしたことになります。

契約というと、書面で契約書を交わすことをイメージされる人も多いと思いますが、原則的には、当事者間の合意だけで契約が成立します（諾成契約）。また、不動産の中には、当事者間の合意だけでなく、不動産の引渡しなどの行為がないと成立しない契約もあるとされています（要物契約）。

今日の日本では、当たり前のように不動産は「所有」するものです。不動産流通研究所によると、〝所有権とは、法令の制限内で自由にその所有物の使用、収益および処分をする権利をいう。物を全面的に、排他的に支配する権利であって、時効により消滅することはない。その円満な行使が妨げられた時には、返還、妨害排除、

※3・17 建築基準法
建築を建て、維持するための中心的な法律。建物の敷地、構造、設備、用途について定め、国民の生命・健康・財産の保護を図り、公共の福祉に貢献することを目的とする。

妨害予防などの請求をすることができる。〃とあります。また、日本の所有権は、目的物が存在する限り永久に存在するものです。

私たちの住む日本では、当たり前の「所有権」ですが、海外ではどうでしょう。例えば、中国では土地の「所有権」は認められていません。土地の売買は禁止されており、土地を使用する権利を、国の許可を得られれば、取得できます。ただ、この使用権は居住用の場合、70年という期限付きです。

イギリスでは、Freehold（フリーホールド）と呼ばれる権利があります。土地や建物を所有する権利があります。永久的にオーナーに所属することを言い、日本の所有権に近いと言えます。

そんな日本の所有権も、3・1の不動産近代史で解説した通り、明治政府が財源をつくるために発明されたものと言っても良いでしょう。地租（現代で言う不動産取得税）を課し、その代わりに国民が土地を自由にできるルールをつくり上げたのです。その大原則のもと、私たちは不動産と建築を学んでいることを、頭の片隅に置いておいてください。

3・6 不動産オーナーの目的を理解する

権利関係の感覚を習得した上で、建築設計や課題では「所有者は誰なのか」、そして、その所有者は何を求めているかを、不動産学的には意識しなければなりません。

伝統的な建築学では、建築企画や建築構想に際して、その社会的な意義や、利用者の行動を深掘りすることは行われていますが、その「所有者」を明示したり、その要望や期待、目標などは語られてきませんでした。

建築物には、例外なくその所有者がいます。東京スカイツリーや各地の展望台から見える、無数のビルに驚いたことは誰にもあると思います。そのビルの数だけ、不動産オーナーがいます。

彼らの本当のニーズはなにか。建築プロジェクトは彼らのニーズから始まるといっても過言ではありません。その始まりのニーズを知ることなく、建築学科のための不動産学基礎は習得できません。

単に、オーナーの要望を聞くだけでなく、オーナーの年齢、家族構成、資産背景、趣味趣向、思想を理解し、言葉からは発せられない目的まで踏み込まなければなりません。目的は、利回りか[※3・18]、相続税対策か、街の価値の向上なのか、そのオーナーの目的を正しく汲み取れなければ、全く方向性の異なる提案をしてしまう可能性もあります。

利回りを一番に優先するオーナーに、いくら街の価値の向上に寄与する建築を提案しても、納得しないでしょう。逆もまた然りです。では、不動産オーナーとは、どのようなことを考えているのでしょうか。あくまでも一例ですが、図でご紹介します。

建築に際して、不動産学的な視点から得られる不動産オーナーの目的やニーズは押さえつつ、さらに今後は、中長期的な目線で、賃貸市場やユーザーの目線からも考えなければなりません[※3・19]。

3・7 不動産は見えない権利のデザインである

みなさん、不動産（土地）の販売広告を見たことがありますか。一般的には、販売価格や土地の面積、接道状況、各種法令関係などの情報が掲載されています。そ

※3・18 利回り
不動産投資などで、その投資効率についての代表的な指標。投資額に対する、年間収入の割合を指す。「利回り5%」のように表現される。

※3・19 市場やユーザーの目線
設計演習課題では、リアリティから創造性が生まれることがある、と京都工芸繊維大学の木下昌大助教はインタビューで話した。しかし「建築を建てる事業者」をイメージしないまま、課題が進んでいることは多い、と指摘する。卒業設計に取り組む学生に問うと、事業者には自治体や行政をイメージしていることが多く、つまり公共サービスとして存在している建築ということになる。しかしこれからの小さな行政を目指す社会では、やはりリアリティに欠ける。その提案が成り立つ「仕組み」を考えるのは、従来は不動産ディベロッパーの仕事だったが、そこが建築学に問われるようになっている、と分析する。

不動産オーナー(所有者)の特徴

①個人・専業

個人でアパートやマンション、その他の不動産を所有し、その収益で生計を立てているオーナー。物件の管理(入居者とのコミュニケーションや、建物の掃除、家賃の集金など)を、オーナー自らが行っている場合もある。

②個人・兼業

不動産運用を行いつつも、別の仕事(会社勤務や個人事業者)と兼業しているオーナー。物件の管理業務は、不動産管理会社に委託していることが一般的。サラリーマンオーナーと呼ばれる不動産投資家も含まれる。

③個人・相続人

上記の個人オーナーの中には、親が取得または建築した不動産の相続を受けたオーナーがいる。引き続き家賃収入を受けている場合もあれば、古い空き家や性能的に問題のある物件を引き継ぐことになり、課題解決が必要な場合もある。

④企業・不動産会社

不動産を保有し収益を上げる企業。いわゆるディベロッパーなど、不動産開発事業を行う企業も含まれる。多数の不動産を所有している場合、長期的に保有せず売却益を目標にする場合もある。

⑤企業・一般

それ以外にも、大小さまざまな企業が自社ビルや自社店舗、工場や社員寮などの不動産を保有している。その本業を支えるための建築を所有している場合もあれば、不動産会社と同様に不動産収益を目的にしている場合もある。

⑥自治体

役所庁舎の他、学校、図書館、美術館、医療福祉施設等の公共施設は、都道府県や市区町村が所有することが多い。近年は、民間企業が運用管理しているケースも増加している。

土地や建物は、必ず個人か企業等の所有者が存在します。そして、その不動産を所有する目的があります。建築は、まずその所有者の目的達成のために貢献し、その利益を守るためにあらねばなりません。不動産学的な思考を取り入れるためには、その所有者像をより具体的にすることから始めます。

して、土地の形状がわかるような簡単な敷地図も必ず掲載されています。

現地を見に行くと、確かに図面と同じような土地があります。その土地の境界を示すものは様々です。隣地との境にブロック塀やフェンスがある場合、擁壁がある、境界杭[※3・20]、また、境界を示すものが何もない場合もあります。

本章の冒頭で述べたように、土地の「境界」とは、実際には存在しません。あくまで境界によって分けられた土地の所有者の合意によって決まるものだからです。

建築学生のみなさんは、課題などで敷地図を見るでしょう。道路と敷地の境界線（道路境界線）と、隣地との境界線（隣地境界線）により建築する範囲が定義されたものです。不動産学的には、それに加えて所有権の範囲とも言えます。従って、現地に見える塀や擁壁などの境界（のようなもの）は、必ずしも所有権の境界とは限りません。

実際には、「測量図[※3・21]」を元にし、建築設計は開始されますが、測量図には大きく分けると3種類あります。

①現況測量図（実測図）：現地を測量したものだが、隣地境界や道路境界が合意されているものとは限らず、不正確な図である可能性がある。

②地積測量図：法務局に備え付けられている測量図だが、道路境界については合

※3・20 境界杭
隣地や接道との境界線を示すために打ちこまれた杭。コンクリートやプラスチック製の杭の代わりに、金属プレートや金属鋲が打たれることも多い。

※3・21 測量図
土地の測量図は、建築士ではなく、土地家屋調査士（測量士）が作成する。「確定測量図」「地積測量図」「実測図」があり、その性格は異なる。

意されているとは限らない。

③確定測量図：隣地境界や道路境界が、隣接所有者の立会と合意を経て、確定されたもの。

これらは、不動産業務では、売買取引の根幹に関わる基礎的な知識ですが、建築設計の実務では、深く扱いません。しかし、設計を進める上で、例えば、手元の測量図が「現況測量図」だった場合、これを敷地図として信頼して進めてはいけません。

建ぺい率や容積率をぎりぎりいっぱいまで計画している場合、後から敷地の面積が変わると、設計内容を大きく変更しなければいけなくなる可能性があります。不動産の契約書や重要事項説明[※3・22]、測量図の種類などを確認し、敷地の境界の権利関係がどのように決まっているかを、十分に確認する必要があります。

3・8　相続・世代を超える思考が求められている

本章では所有権という、日頃当たり前すぎて意識しない権利について、改めて考えていきます。所有権は買ったり借りたりできるものですが、もう1つ、引き継ぐ

※3・22　重要事項説明書
取引対象の不動産の詳細情報が記載された書面。売買契約の前に国家資格者である宅地建物取引士が買主に重要事項説明をすることが宅地建物取引業法で定められている。

こともできます。それが「相続」です。

相続とは、亡くなった方の財産（現金、不動産、株など）を家族に引き継ぐことです。相続と聞くと、一部の富裕層にしか関係しないような印象を受けるかもしれませんが、そうではありません。2015年に相続税法が大きく改正された[※3・23]ことで、対象となる人が増えました。

相続人が複数いる場合、現金など、比較的分けやすい財産の場合、相続は容易です。しかし、家やマンションなどの不動産の場合は、どうでしょうか。集合住宅を建てる場合、3・6でご紹介したように不動産オーナーには様々な立場・目的があります。その1つが相続税対策です。

なぜ、不動産事業が相続税対策になるかについて、簡単に解説します。相続税は、相続される資産の額によって決まりますが、現金資産よりも不動産で持っていた方が、相続税上の資産評価額が、大幅に下がることが多いからです。[※3・24]相続税額は基本的に、評価額に比例しますから、節税のためには、このように評価額を下げることが有効です。

このように現金を不動産に替え、適切に運用することで、相続税対策になるのです。しかし実際には、相続税を考慮し誰もが不動産を買った方が良いとは限りませ

※3・23　2015年の相続税法の改正
相続税を計算するための基礎控除額が5000万円から3000万円に減少するなど大幅に改正された。また相続税率が見直された。これにより相続税の課税対象者が増加したと言われる。

※3・24　資産評価額が下がる
例えば、相続時に現金を1億円持っていた場合、1億円が評価額となるが、その1億で土地を購入した場合、実際の売買価格と関係なく、評価額は半減する。さらにその土地を貸していた（またはアパートなど賃貸住宅を建てた）場合、さらに評価額は減少する。

ん。家族構成や家族のライフプラン、その不動産収支が成り立つかなど多面的に検討しなければなりません。

人口増加時代には、最大容積の床面積を獲得できれば、うまくいったかもしれません。しかし、人口減少時代、また、空き家対策が求められる時代には、「将来予想」と「中長期的価値」を確認した上で、事業ごとに戦略を立てなければ、数十年後には周辺の物件との価格競争に巻き込まれてしまいます。

ところが多くの建物が、この相続税対策を動機として計画されているという不動産の現実があります。そしてすでに「人生100年時代」と言われ、さらに人の長寿命化が示唆される現代、建築学的に相続システムにまつわるこれらの状況はどう受け止められるでしょうか。

演習問題3

79頁で、不動産の所有者を分類しました。そこで、これまで取り組んだ設計演習課題（個人住宅以外）の建築物の所有者は、このどれに当てはまるか、改めて考えてみてください。はっきりわからない場合は、フィクションとして想定してください。79頁の図の①〜③の個人であった場合はその事業者を、④⑤の民間企業であった場合はその企業を深堀りしてください。どんな所有者像と、どのような事業目的が描けるでしょうか。

解説は304頁へ

4章

不動産仲介概論

不動産仲介の仕事の全体像

ここでは、不動産の実務の概要を扱います。不動産の代表的な分野は、「開発／仲介／管理」に大別されます。それぞれの特徴に触れつつ、本章ではその中でも、仲介(媒介)という役割について、特に分析的に解説します。

仲介とは、不動産の買主と売主、または貸主と借主をつなぎ合わせる仕事です。町を歩くと見かける不動産会社の多くがこの仲介業に従事しています。この伝統的で、基本的な役割は、今後ますます重要度を増すでしょう。そのつなぎ役にも、次第に高いスキルが求められるようになります。そしてインターネットは、その仲介の仕組みをさらに変化させようとしています。建築からみた不動産の未来には、どんな可能性があるのでしょうか。

建築士・不動産コンサルタント

安藤美香

4・1 不動産業界の分類

不動産業の代表的なものは、次頁の図のように分類されます。

「不動産開発」という仕事は、企業が資金を投じて自ら土地を取得し、建物をつくり上げ、それを販売するか、保有するものです。ディベロッパーとも呼ばれます。大手ディベロッパーによる駅前の大型再開発事業から、オフィスビルや分譲マンション開発、鉄道沿線の住宅地の分譲販売、また比較的小規模な企業でも行う区分所有建物[※4・1]の買取再販[※4・2]なども、すべてこの分野に属します。まず事業を企画し、資金を調達、設計者や施工者に依頼し、企画を実現させます。不動産開発は、言い換えれば「街づくり」の始まりであり、建築と密接な関わりを持った分野といえます。

「不動産管理」は、つくられた建物の設備の清掃から、利用者のトラブル対応、また家賃や経費などのお金を管理する仕事です。こうした仕事は、大きなビルはもちろん、小規模な賃貸アパートでも重要度を増しています。不動産オーナーだけでは相当な労力がかかるため、それを専門的に行う業務です。こうした管理技術も、ますます高度化、複雑化しているのです。

また近年は、公共施設の管理や、コミュニティ運営を担う仕事も少しずつ増えて

※4・1 区分所有建物
壁や床で区分された独立した箇所を持つ権利形態を、区分所有権といい、その権利を有する建築を区分所有建物と呼ぶ。代表的には、いわゆる分譲マンション。1つの建物に複数の所有権者が存するため、その建物や敷地の共有や管理のルールについて定められた区分所有法がある。

※4・2 買取再販
売主から買い取った不動産物件を、新たな買主に販売する不動産業態。特にリフォームまたはリノベーションをすることで価値を高め、付加価値を付けることが一般化しつつある。建物の性能やデザインを刷新する建築的な知識と、差益を計り、買主とマッチングさせる不動産的知識の両方を兼ね備える必要がある。中古区分マンション、中古戸建て住宅、一棟建物などで行われる。

不動産業の分類

開発

企業が自ら資金を投じて

- 土地を取得する
- 建物を建築する
- 販売する　又は　保有する
- 既存建物を購入し、バリューアップ、再販する

仲介

つなぎ合わせ役

- 不動産を購入したい人（買主）⇆不動産を売却したい人（売主）
- 不動産を貸したい人（貸主）⇆不動産を借りたい人（借主）
- 住宅ローンや事業融資をコンサルティングする

管理

建物を長く、気持ちよく使っていくために

- 建物や設備の清掃
- 入居している賃貸人の対応
- 家賃の管理

不動産業は大きく「開発」「仲介」「管理」に分類されます。それぞれの分野に、建築の設計や施工の技術が深く関係しています。不動産開発では、ディベロッパーが事業企画する分譲マンションやオフィスビルの設計や施工は、設計事務所やゼネコンに発注されます。不動産管理における、建物や設備のメンテナンス計画や修繕工事も同様です。また不動産仲介と建築の関係性については、特に本文で詳しく述べています。その他、総務省の分類では貸家、貸間（いわゆる「大家業」）も不動産業です。

います。誰もが建物を長く、気持ち良く使っていくために、かつ不動産所有者の建物運営に欠かせない存在となるのが、不動産管理分野です。

そしてもう1つが「不動産仲介」です。以下詳しく解説します。

4・2 仲介という重要な役割

仲介とは、不動産を購入したい人（買主）と売却したい人（売主）を、または貸したい不動産オーナー（貸主）と借りたい人（借主）をつなぎ合わせる仕事です。

例えばみなさんが、実家を離れ大学の近くにアパートを借りたいとします。まず始めにインターネットを使って、希望に合った場所や間取り、賃料などを検索するところから始めるでしょう。インターネット上でいくつか物件候補を絞ったら、今度は実際にその部屋を見学し、画面上ではわからない情報を収集します。この時に初めて問い合わせるのが、不動産会社であり、貸主と借主をつなぐ仲介人ではないでしょうか。この仲介人に物件を案内してもらい、実際の部屋を見学することで、そこで住まうイメージを膨らませ、ここに決めた！　となれば申込、契約へと進んでいきます。

また例えば、住宅を建てたい人の例です。都心か地方かにもよりますが、土地と建物を手に入れるために数千万円、またはそれ以上の費用を支払います。しかし、そんな大きな買い物の仕方を、義務教育では全く習いません。いざ、実際に家づくりを行う段階になって、初めて専門家や住宅会社から教わる人がほとんどでしょう。

それも、様々な専門家から情報収集をするでしょう。買主として、例えば土地の良し悪しや、不動産の価格相場について、住宅ローンや返済計画、建物の築年数や耐震性、各種契約について。自分たち家族の生活や保険のこと。企業であれば、発注スキームや事業性、収益性、さらにリスクマネジメントについて、一生で最も高額な買い物になるかもしれませんから、インターネットを含めて慎重に学習しますが、それはそれは膨大な情報量であり、とても簡単な作業とは言えません。

これらについて、広い知識や経験から買主を導く役割が、不動産仲介の仕事です。土地やマンションの情報だけではなく、不動産取引や契約に関わる法律、住宅ローンや税金など各種お金のこと、学校や病院やスーパーなどの日常生活に関わる地域のこと、そしてこれから建物を計画する場合は、その流れや段取りなど幅広い知識が必要になります。言わば道先案内人か、様々な専門家のファシリテーター※4・3のような仕事です。

※4・3 ファシリテーター
会議や打合せ等で、中立的な立場で、その効率を高めるため、参加者の意見を吸い上げ、進行・サポートする人。司会進行やかじ取り役。

物件の案内：建て主に土地を案内する

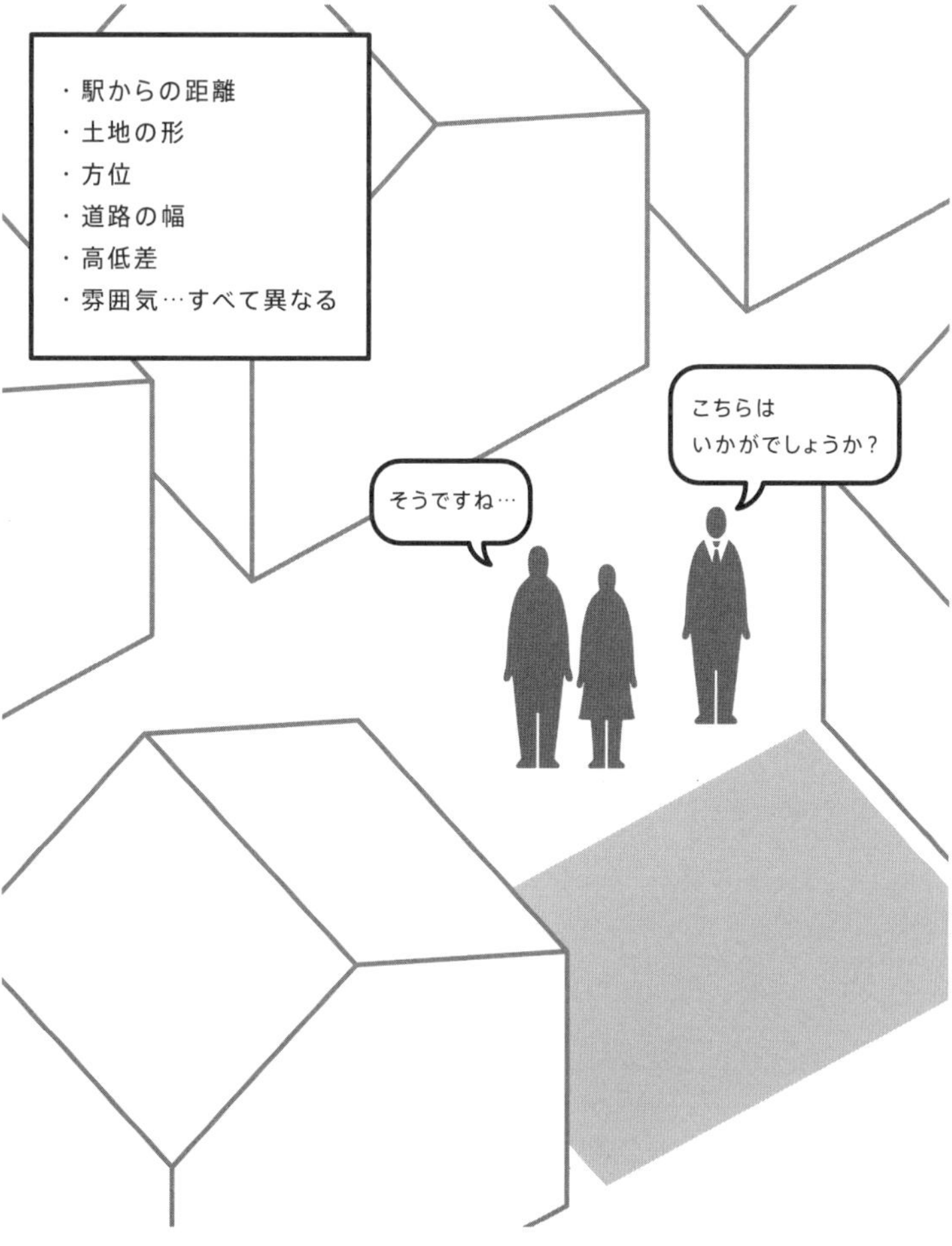
・駅からの距離
・土地の形
・方位
・道路の幅
・高低差
・雰囲気…すべて異なる
こちらは
いかがでしょうか？
そうですね…

不動産の売買仲介人の最初の仕事は、土地の案内です。買主が希望するエリアで、建てたい住宅の床面積から逆算される大きさの土地を、実際に紹介します。不動産的な良し悪し（周辺環境や交通の便など）に加え、土地の形や方位は様々で、同じものがありませんから、そこにどういう住宅が計画できるのか、建築的な知識も求められます。

本来、建築設計者は、様々な専門性を取りまとめるファシリテーターでもあるので、この不動産のファシリテーターである仲介という業務を知ることによって、さらにその能力を拡大し、提案することができるようになります。それが本章での、建築系学科が不動産仲介を学ぶ理由です。※4・4

4・3 家づくりの最初は土地を手に入れること（売買仲介）

家づくりや建築事業において、不動産仲介の仕事は、「土地やマンションの売買物件の仲介」（売買仲介といいます）です。全国の駅前にチェーン展開する大手企業から、地域密着の小規模会社、そして最近ではインターネット上のみで販路を広げる会社など、様々です。

売買仲介の業務ステップは、①物件の案内、②融資手続きのサポート、③不動産の売買契約書類を作成し締結する、この3点です。これらを宅地建物取引士（以下、宅建士）や営業マンがサポートします。不動産仲介のアドバイスのもと、いくつか見て回るうちに気に入った土地があれば、案内してくれた会社に「売買の仲介（宅建業法では「媒介」と言います）を依頼し、売買契約の準備に入ります。

※4・4　不動産仲介を学ぶ理由
新築の建築プロジェクトが減少する、またはほとんど建たない時代が来ると仮説をたてると、私たちが考えるべきことの多くが、自然と不動産に関わる内容になってくる、と東京大学の松村秀一教授は言う。松村氏はその多数の著書の中でも『「住宅ができる世界」のしくみ』（彰国社・1998年）などの中では、建築構法や建築生産の研究分析を主軸にしながら、『建築―新しい仕事のかたち』（彰国社・2013年）、『建築再生学』（編著・市ヶ谷出版社・2016年）では、次第に不動産領域を含めながら、将来あるべき建築領域の可能性を示唆している。

一方で、土地を所有している「売主」にも「媒介契約」を結んでいる仲介業者がいます。一般的には買主の仲介者は買主の味方として、売主の仲介者と様々な交渉(価格や契約内容など)を行います。

当然、不動産の売買において、売主はできるだけ高い金額で売却を目指しますし、逆に買主は安く抑えたいのですが(これを利益相反と言います)、ただ両者が衝突していては取引がまとまりません。双方が相手の状況を理解しつつ、満足した契約を取りまとめるためには、仲介人には不動産の法律や手続きの知識が必要になります。

ちなみに日本では、その売主、買主双方の仲介者が2社ではなく、1社である場合も認められています。また売主が不動産会社で、直接土地やマンションを販売している場合は、仲介会社がいないことがあります。建築設計の立場からは、この取引にどういう人物が関係しているかを知るために、次の図のパターンは知っておきましょう。

仲介人は、建て主の話をよく聞いて、分析し、建て主が本当に欲しいものや、メリットを追求します。また買主や売主の取引リスクを回避する助言をし、安心安全な売買契約を実現する、そんなマインドを持っています。

優秀な仲介人ともなると、不動産に関する法律や「契約」や「お金」に詳しいの

売主・買主・仲介会社の
3つの関係パターン

仲介の基本形

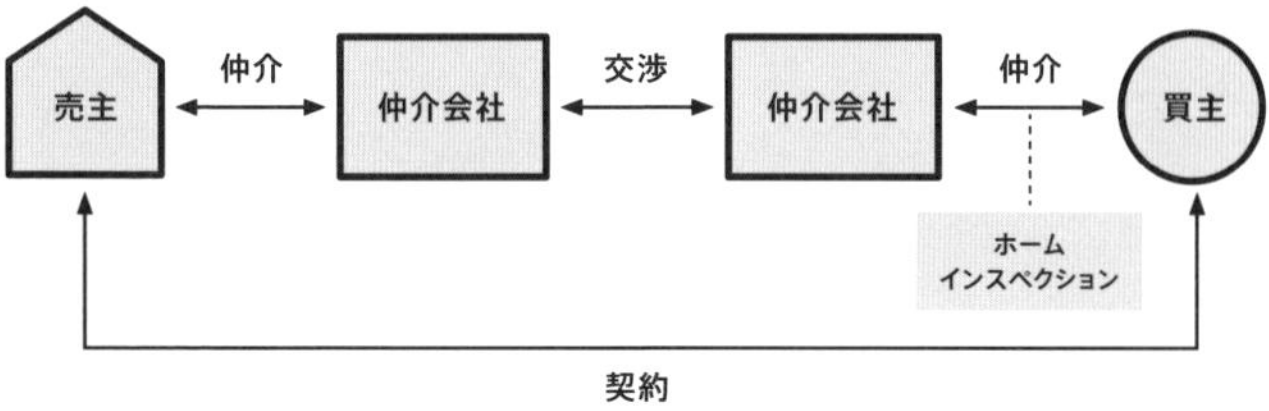

仲介会社が1社の場合

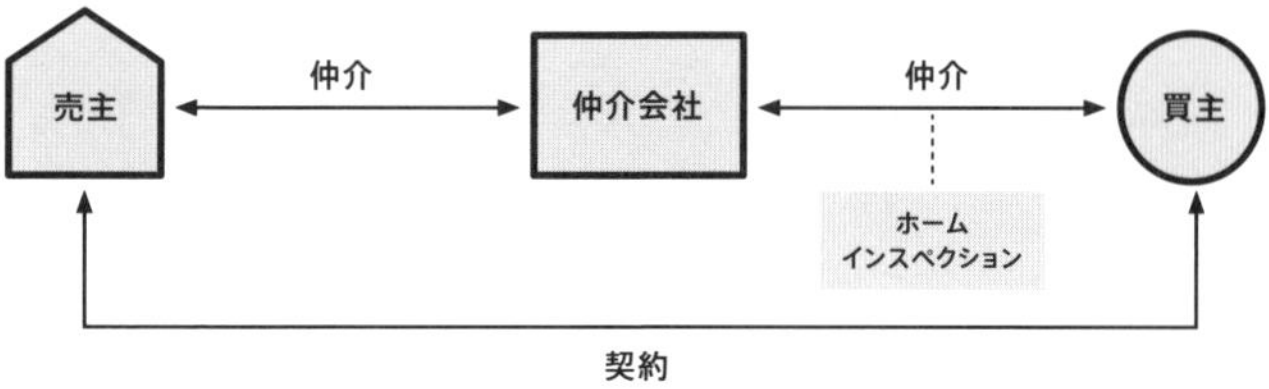

直接売買

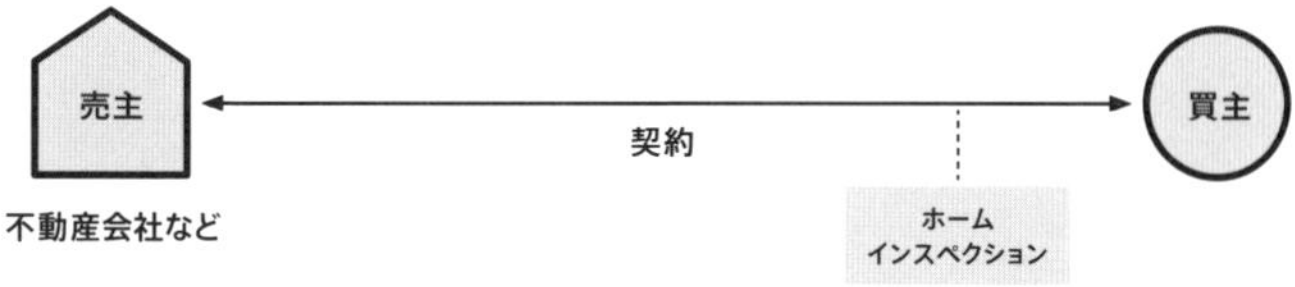

売主・買主と、仲介会社の関係は3つパターンがある。
どういう体制で契約しようとしているのか、よく知っておこう。

※ホームインスペクションとは　※4-12参照

はもちろん、建築士顔負けの「建築の基礎知識」を持っています。例えば、建築基準法で定められた建ぺい率や容積率、また用途地域ごとに建てられる建物の種類について、ベテランは土地取引を経験している数が数百件を超える場合もあるため、その意味合いや建築物との関係をとてもよく知っています。

しかし建て主からすると、そうした仲介人を、見分けるのも選ぶのも、難しいのが現実です。これは日本の不動産の取引商慣習では、「仲介人を探す」よりも「物件を探す」ことにウェイトが置かれてきたことに関係します。知り合いに信頼できる仲介人がいれば幸いですが、多くの場合、物件を探す中での偶然の出会いに頼らざるを得ません。物件は検索できても、人と人とのつなぎ役である仲介人を検索することは、今の日本ではできないのです。しかし欧米では、買主が不動産エージェントを探すのは一般的であり、日本でも不動産を、「物件」と同時に「人」から探す商流が今後始まるべきでしょう。

4・4 住宅ローン手続きは不動産仲介の仕事

建て主や建築設計者にとって、最もイメージしづらい不動産実務が、このローン

（融資）に関する手続きだと思います。家づくりや建築事業を行う建て主のほとんどは、銀行などの金融機関から「住宅ローン」や「事業ローン」によって資金調達を行います。

住宅ローンとは、買主が自ら居住する住宅を取得するために、銀行などの金融機関が行う融資の方法です。多くの銀行が、それぞれ独自の住宅ローンのサービスを行っています。返済期間は35年までと長いのが特徴で、また金利[※4·5]は低く抑えられています。一次取得層[※4·6]の住宅取得の場合は、一般的には、買主は年収の数倍以上で、住宅取得費の大半を住宅ローンで組むため、家づくりに必要な最も重要な知識のうちの1つと言うことができます。

ローンについては、続く6章のファイナンス論で詳細に解説しますが、ローン手続きは建て主にとって重要なステップであり、住宅ローンの知識と実務的な実行力が最も高いのは、日本ではやはり不動産仲介人です。

住宅ローンの場合、まず仲介人は、建て主の職業、年収、自己資金から、どのくらいローンの借入が可能かを計算します。日本の一般的な住宅ローンは「年収主義」ですから、勤務先と年収で、だいたいの借りられる額はわかります。

ただし、「借りられる金額」と「借りて良い金額」は異なり、めいっぱいまで借

※4·5　金利や返済方法
金利とは、預金や貸付に対する利子のことをいう。住宅ローンにおいては、借入額に応じて支払う利息のことをいい、変動金利や固定金利などがある。返済方法には、元利均等返済、元金均等返済などがある。元利均等返済は、月々の返済額を一定にすることができ、返済予定が立てやすい方法である一方、返済当初は利息の支払額が多く、元金の減り方が少ないのが特徴である。元金均等返済は、借入金額を返済期間で均等に割り、借入残高に応じて利息を上乗せして返済する方法。借入当初の返済額が多く負担が大きいが、総返済額は、元利均等返済より少なくなるのが特徴である。

※4·6　一次取得層
新築、中古を問わず、初めて住宅を取得する人を一次取得者と呼ぶが、国土交通省の調査では、主には30代が最多というデータがある。参考に、二次取得者とは、既に住宅を所有しており、何らかの事情で買い替えを検討している人を言い、主には60代が最多となるケースが多い。

りるのか、抑えた額にするのか、適切な金額は建て主の個別の資金力や将来展望次第です。本来なら「ファイナンスプラン的視点」が欲しい所です。たとえ、仲介会社に実際のファイナンス力を越えた借入を進められた場合も、しっかり自分たち家族の中長期的なビジョンを軸に置いて、判断しなければなりません。

借入は、大きすぎず、小さすぎず、適切な考え方が必要なのです。説明した通り、住宅ローンは不動産売買契約と大きく絡みます。契約までの限られた時間で、複数の金融機関に打診（事前審査への申込み）するため、購入したい土地の情報、建てられる間取りの図面や建物価格、申込者の身分証明書、源泉徴収票や住民票など、たくさんの資料を大急ぎで揃える作業です（本審査ではもっとたくさんの資料が必要になります）。

あまり知られていませんが、仲介人は、建て主の売買契約の前後は、銀行の担当者と頻繁に連絡をとっています。それほどローン手続きは仲介人の大事な仕事なのです。

このステップを経て、いよいよ不動産の契約が可能になり、建物づくりが急に現実的になっていきます。

4・5 不動産契約と、宅建士から設計士へのバトンパスの落とし穴

ローン審査が通る前後で、買主はいよいよ「不動産売買の契約」のステップに進みます。不動産仲介人の仕事としては、ここがメインイベントです。実際には以下の手続きが行われています。

①重要事項説明（不動産会社から買主へ）
②売買契約（売主と買主間で。売買代金の一部を手付金として支払う）
③ローン本審査（建て主から金融機関へ）
④金銭消費賃貸借契約（ローンの契約。建て主と銀行間で）
⑤決済（引き渡し、所有権移転と売買金額の支払い）

いよいよ契約というタイミングで、買主は①重要事項説明書の内容を確認します。これは不動産売買契約と一体になった、この土地の詳細情報が記載された書面です。契約の前に、国家資格者である宅地建物取引士から買主に説明を行うことが法律で[※4・7]定められています。

そこには土地の面積や、測量図[※4・8]の種類、建築基準法や都市計画法[※4・9]上定められた制

※4・7 宅地建物取引士
不動産取引に係る国家資格で、こうした不動産売買や賃貸に関わる仲介業務（売買契約・重要事項説明）は、宅地建物取引士が行わなければならない。

※4・8 測量図
土地の測量図は、建築士ではなく、土地家屋調査士（測量士）が作成する。「確定測量図」「地積測量図」「実測図」があり、その性格は異なる。

※4・9 都市計画法
都市の健全な発展と秩序ある整備を図るため、都市計画に関し必要な事項が定められた法律。市街化を推進する「市街化区域」、市街化を抑制する「市街化調整区域」を定めるなど、都市や建築の開発、不動産の利活用を規定している。

限やその種類、各種条例、ガス管や水道管などの埋設配管の状態、道路・隣地との権利関係、売買価格やそれ以外の金銭の授受、契約の解約条項…、その他、特に注意すべきことが網羅されている重要資料です。付属資料を含めると数十ページ以上になります。建築設計を行う上でも重要な情報がたくさん詰まっているのが、この重要事項説明書なのです。

法的には、宅建士の国家資格上の独占業務は、この重要事項を説明することと記名押印すること（と契約書に記名押印すること）ですから、不動産会社内でも、責任者や法律や契約を扱う部署が念入りに確認します。重要事項の説明は、宅建士の職能と言えます。すべてを確認した買主は売主と面会し、契約書を読み合わせます。署名、押印し、手付金を支払い、ようやく②売買契約の成立となります。

しかしこの段階では、まだ完全に土地が手に入るかどうかは確定していません。あくまで「契約＝約束」ですから、それが実行される⑤決済まで、不動産仲介人は気が抜けません。

そこからも建て主と仲介人は、③ローンの本審査を提出し、審査が通れば④金銭消費貸借契約※4・10を建て主と金融機関が締結し、契約から通常は1～2か月程度で⑤決済を行います。決済は、買主、売主、仲介人、司法書士が融資を行う銀行に集合

※4・10 金銭消費貸借契約　住宅ローンを借り入れる場合に、借主と金融機関が締結する契約。借入期間や、金利、その他条件が定められている。

し、ローンの実行、売買代金の授受、買主への移転登記の手続きを行う土地取引の最後のイベントです。

以上が不動産会社で建て主が経験することです。どうでしょうか。不動産会社での案内、住宅ローン、契約決済は、家づくりのプロセスにおいて、その性格を決定付けるほど重要、と先述した理由は明確になったでしょうか。

当たり前ですが、この段階ですでに、建物を建てる「土地」と「予算」が決定しています。ところが建て主の事業はまだまだ始まったばかりです。デザイン志向の強い建て主であれば、これから本格的に、設計者や住宅メーカーに建物の相談を始めます。つまり、ここで初めて家づくりのバトンは不動産仲介人から、建築の専門家へと渡されるのですが、実はここに大きな落とし穴があります。

例えば、先に説明した土地の情報が詰まった「重要事項説明書」を、設計者は確実に手に入れなければなりません。そして重要事項説明を読み込み、設計の与条件を整えます。しかし、その書類の存在を十分に知らされていないケースも多いようです。

全力で走ってきた不動産仲介人から、設計者へのバトンパスは、うまくいっていない場合がほとんどです。これは1章の通り、建築と不動産業務が、制度的・法的に、縦割り[※4・11]だから起こりうるのですが、ではなぜそういう状況になっているのか？もしかしたら、この当たり前と思い込んでいる手順を考え直すことで、より良い建物づくりができるのではないでしょうか。「買主」は、いつからか「建て主」へと変わります。不動産業務から、建築士へとバトンをパスするのではなく、建築と不動産がタッグを組み[※4・12]、並走することで、建物づくりの世界は大きく変わるのではないでしょうか。

4・6 インターネットとマッチング

世の中を大きく変えてしまったインターネットの登場は、2000年辺りを境にして、建築と不動産の住宅業界をも改革しました。

それまでは、雑誌や広告を通じて得ていた、建築士や住宅メーカーの情報が、パソコンやスマホを使って、より簡単に、より多く、いつでもどこでも得られるようになりました。消費者の関心は、住宅に関わる会社だけでなく、設備（例えば、キッチンや浴室）や、建材（フローリングや壁材）についても広がり、特定の分野に限ると、一般人の方が専門家よりも詳しくなっている場合もあります。

※4・11 縦割り教育の解消
学校建築や学習空間を研究する東京理科大学、垣野義典准教授からは、建築教育における不動産学の位置づけについて以下のようなコメントが寄せられた。「建築がますます高度化、個別化、多様化する現代にあって、建築に関わるすべての人に、不動産をふくめた多角的な視点が必要になっています。建築教育においては、「不動産」は住宅計画や都市計画で断片しか扱わず、体系的、実践的視座を得られる機会はほとんど皆無です。不動産学が、例えば郊外、過疎地、都心など、エリア別の敷地の読み方の違い、集合住宅における不動産的要素（価格や収支）といった見方を提示できるとすれば、建築の設計手法に広がりと深度を与えるでしょう。本書のような内容を、ぜひ、大学院で「不動産学」に触れる機会として提供したいと思います」

※4・12 建築と不動産のタッグ
宅地建物取引業法が2018年に改正され、ホームインスペクション（住宅診断）への

こうした消費者が無限にデータを収集し、比較する現代のことを、本章では「大比較検討時代」と呼びます。しかし、選択肢が増えることで消費者の課題が解決する場合もあれば、更に悩みを深くする場合もあります。選択肢や窓口が増え続けるため、一般消費者では、結局その良し悪しがわかりにくくなる時代なのかもしれません。大比較検討時代は、良いことだけではないのです。

例えば、消費者が住む家を探そうと思った時、オンラインで物件情報を検索することから始めるのがスタンダードになりました。今では若者から熟年者まで、インターネットで検索してから店舗に行くのが一般的です。普及した理由は、単に便利だからというより、消費者の心理には、「不動産業者のペースではなく、自分のペースで探したい」という、業界特有の背景もあったのではないでしょうか。

かつては、住みたい場所の最寄りの駅前にある不動産会社に行き、そこで勧められる物件を案内され、気に入れば契約する、という時代もありました。そこでは図のように顧客と物件が本当にマッチしているかどうかは、不動産会社の属人的な手法に頼らざるをえません。不動産会社が出す情報の良し悪しや選択の幅がわかりにくく、消費者にとっては、その市場がいわばブラックボックスなのです。これは、売り手のみが専門知識と情報を持ち、買い手はそれを知らないなど、双方で情報と

対応が規定された。ホームインスペクションとは、建築士などが第三者的立場で、建物の劣化の状況や欠陥の有無などを調べ、修繕や改修、メンテナンスをするべき箇所やそのタイミング、費用の概略などをアドバイスするもの。アメリカやイギリスなどでは一般的であったこの制度が日本にもようやく導入され、不動産取引の透明性に向けて建築技術が期待されている。これも建築と不動産がタッグを組む仕組みの1つと言える。

インターネットで変わった情報の取得

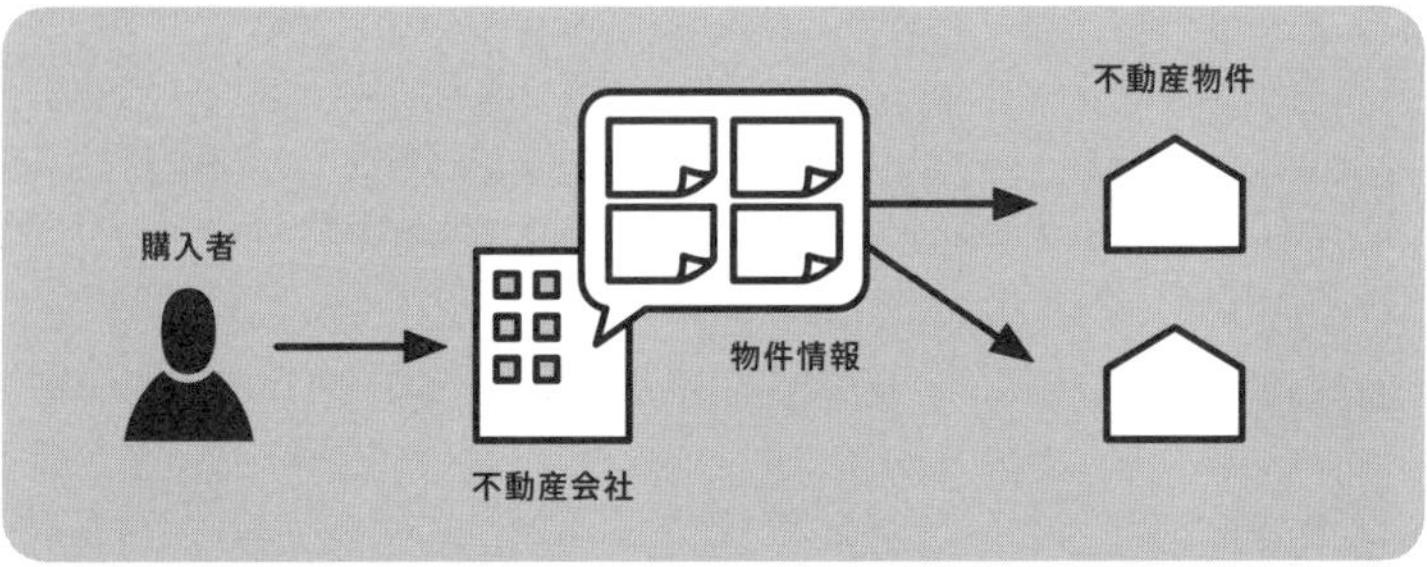

▼

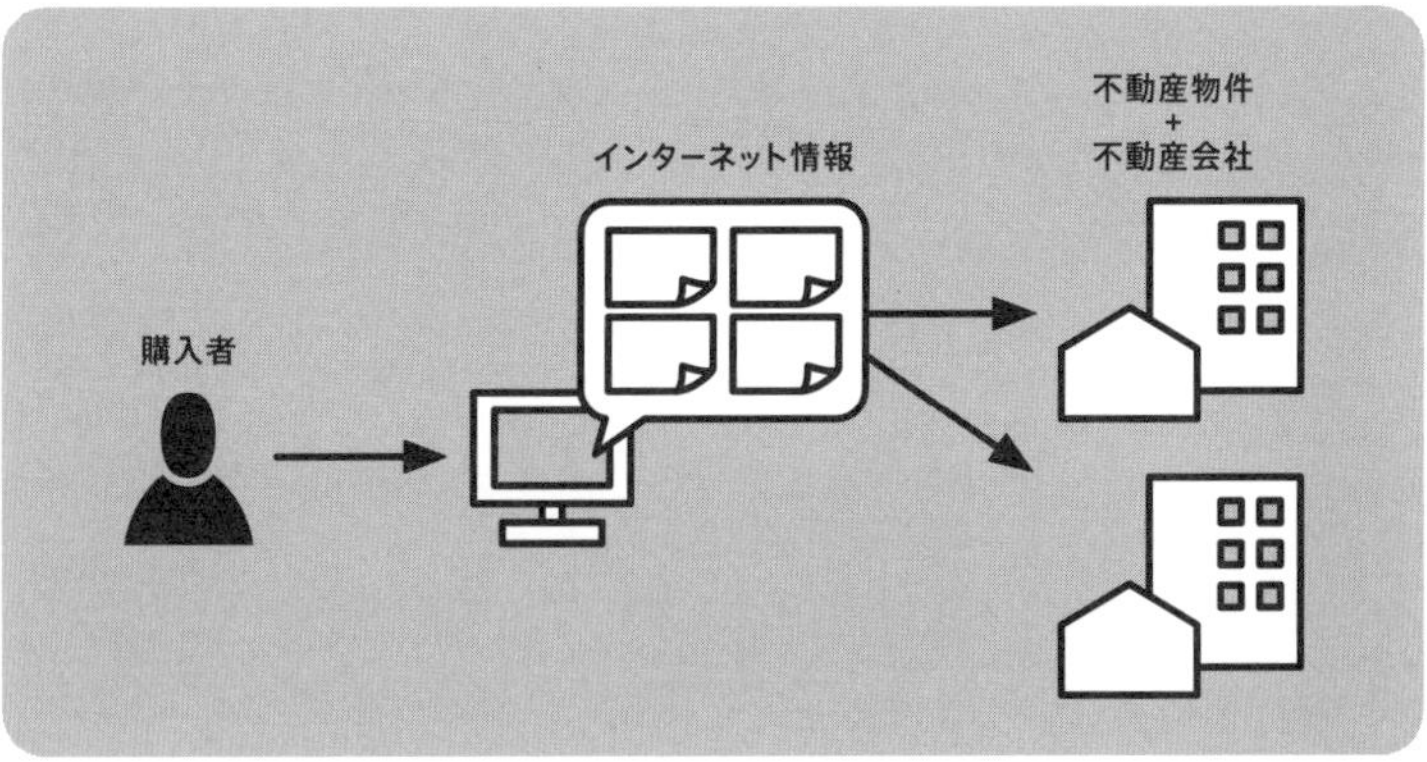

かつては上図のように、住みたい地域の最寄りの駅前の不動産会社に行き、そこで勧められる物件を気に入れば契約する、という流れでした。顧客と物件が本当にマッチしているかどうかは、不動産会社の属人的な手法によります。近年では、下図のように、ネットで不動産情報を検索するのが、あたり前になりました。

知識の共有ができていない状態があったからです。

これを改善するべく、次節で解説する「不動産ポータルサイト」が登場しました。その検索機能は大いに活躍し、透明性は増してきています。買い手自らが、自らの感覚で情報を収集できるようになり、売主と買主のマッチングが、よりスムーズに、より身近なものとなりました。

また不動産仲介業は、よく情報流通業と言い換えられます。顧客や市場が流通業界に求めるのは、もっと根本的な透明性です。透明性こそが、不動産流通を促し、価値ある建築物を後世に残すのです。

4・7 不動産ポータルサイトとは

不動産ポータルサイトとは、様々な不動産情報をわかりやすく、検索しやすく掲載したウェブサイトであり、オンラインで不動産のマッチングを促すビジネスです。それ自体が不動産業を営んでいるわけではありません。不動産業者がそれぞれ持っている情報を掲載し、一般の方は、サイト内の検索エンジンを使って自らで条件を簡単に整理し、膨大な物件情報の中から必要な情報を、自らのペースで探すことができます。一般の方と不動産会社をつなぐための始めの窓口となる、今やなくてはならない重要なツールです。

しかしここで、「仲介人を探す」よりも「物件を探す」ことにウェイトが置かれている日本の不動産仲介業の、対ヒトではなく、対モノから始まる物件探しにはいくつかの課題が残っているのです。

本来は、物件を選定するための条件1つずつを見出していくことも、仲介人の役割であり、職能でもあるのではないでしょうか。そして仲介人には、不動産の知識だけでなく、建物に対する知識も必要不可欠です。建築と不動産は、いつだって隣り合わせにあるのです。

一方で不動産業界には、「レインズ」[※4・13]と呼ばれる不動産情報の標準化、共有化を目的として構築された、不動産会社が閲覧できる全国の物件データベースがもともとあります。全国の不動産会社が加入する公益法人により運営されており、宅地建物取引業法や規定に基づき、売却の依頼を受けた不動産業者が、その物件情報を入力し、購入の依頼を受けた不動産会社がそこから検索をする、というシンプルなプラットフォームです。

不動産会社はインターネットを介し、ネットで現在販売されている全国の不動産

※4・13 レインズ
REINS = Real Estate Information Network System の略。不動産情報の標準化・共有化を目的として、1990年に構築された全国の物件データベース。国土交通省から指定を受けた不動産流通機構が運営している。登録している不動産会社のみが利用できる。市場に出ている物件を検索したり、過去の成約価格なども検索することができる。

物件を検索します。そのため土地や建物の売買を、より迅速かつ円滑に行うことができます。不動産を仲介する会社は、日々このサイトで売却や賃貸の物件情報を収集しています。そこからダウンロードできる物件情報を顧客に提供し、現地を案内する基本形が定着していますので、日常業務でかなり重要なツールです。これが不動産流通市場の輪郭を形成しています。

レインズがインターネットでサービスを開始したのが、1990年頃です。そうしたサイトがなかった時代は、物件情報を人力で不動産仲介会社間を紙で配送していた業者がありました。アナログな方法ですが、そういう動きがあって初めて、不動産業者間で情報を流通させることができたのです。人力で紙情報の配送からファックス、ファックスからインターネットへと大きく変化しました。

レインズは、広く全国の不動産会社に、フラットに情報を行き渡らせることで、業者と一般顧客の情報格差をなくすことを目的としていました。しかし、レインズに物件情報を登録するのは不動産仲介会社の社員であり、そこには個人差が生じ情報の格差が生まれています。インターネットで流通を促すのは、そう簡単なことではないのです。

また例えば、人口数千人から数万人の地方では、土地価格が低下し、不動産を仲介した時の報酬（仲介手数料）が極端に低額になり、地方の不動産業者にとって積極的に不動産を流通させても意味がない、という現代的な課題もあります。

これは都心部でも起きていた現象ではありますが、手数料の小ささから地方が顕著であり、結果、空き家物件が多いはずの地方での不動産探し[※4・14]が、容易ではなくなってしまっています。

4・8 不動産仲介の未来

以上のとおり不動産を仲介する仕事は、「所有権[※4・15]を流通させる」という実務的なものでした。不動産を買いたい人への地道な情報提供や案内、そして売りたい人への調査レポートなど、この不動産仲介という分野は、日本ではこれまで高いレベルに発展してきました。そして将来に向けて、インターネットの役割や透明性についての課題も多々見えてきました。これから過渡期に差し掛かっていきます。

すでに将来予測の中には、今後ＡＩ[※4・16]によってこうした不動産仲介業はなくなるのではないか、という論調すらあります。ＡＩにとってかわられる仕事は不動産仲介に限らず多々あると言われ、また併せて働き手は年々減少しています。果たして

※4・14 地方での不動産探し
10章4節244頁「不動産価格の低下と不動産業者の撤退」参照。

※4・15 所有権
土地や建物のような不動産など、特定の物を、法令の制限内で自由に使用、収益、処分することができる権利のことをいう。目的物が存在する限り永久に存在する。3章5節74頁「所有権は発明されたもの」参照。

※4・16 ＡＩ
AI = Artificial Intelligence、人工知能のこと。様々な産業でＡＩの活用が始まっているが、日本では、超少子高齢化社会が到来し、労働者が圧倒的に不足すると言われる社会環境の影響も大きい。ＡＩによる生産性向上や不足する労働力の穴埋めは不可避であり、不動産も例外ではないと言われている。

人間は、仲介をしない方が良いのでしょうか。人間だからこそ可能なことはないのでしょうか。みなさんはどう思いますか。

私たちが考えなければならないのは、仲介業のどの部分をオンライン化し、どの部分をリアルに人が担うべきか、線引きを考え直すことではないでしょうか。

人との関わりの中で生まれる感情や感覚は、人間にしか感じることのできない最大の強みであり、それは決して簡単にＡＩに代わりができることではありません。仲介業は、言い換えれば、人と人との対話から解を導いていくものではないでしょうか。相手がその時何を思い、何を考え、何を感じ、何を求めているのか。これを考え、行動に移し、繋いでいくのが仲介人の役目だと私は思います。

先に紹介したポータルサイトであれば一見、条件は出揃っているように見えますが、そもそもの選択肢を繊細に決めるのは、本来は人間の仕事であり、それは人と人とが対話することで見えてくるものではないでしょうか。

実社会では、様々な業界ですでに、簡単な会話を行うチャットＡＩが存在します。そして、やはり不動産以外では査定ＡＩなども進んでいます。比較的計算しやすいマンションでは、ＡＩ査定が始まるのも時間の問題かもしれません。ＡＩができること、人間にしかできないことを明確に分類することで、限られた時の中で最大限のパフォーマンスを実現する近道になるのではないでしょうか。より効率的な仲介をする上で、定量的であるべき部分と、定性的であるべき部分を見極める必要があることを、どうか忘れないでいてください。

さて、本章の最も重要な概念は、この「所有権が流通する」ために、建築をいかに流通させるかです。[※4・17] それは不動産や建築の知識に限らず、建築と不動産のあいだの壁を越えて、建築と不動産の、どちらの知識も兼ね備えた人材が、対話の中から流通すべき解を導き出し、建築の価値を正しく後世へと繋いでいくことにあるのではないでしょうか。この建築学科のための不動産学基礎は、その流通という概念を知るために、今こそ学ぶべきものなのです。

※4・17 建築の価値を繋ぐ
建築物も、売買されるときは、不動産として扱われる。『建築家住宅手帖』というサイトは、不動産サイトでありながら、建築家住宅の建築的価値や、所有者の記憶を丁寧に紹介することで、建築家住宅が短命で解体されることなく、長期的に住み継がれていくことを目指している。

演習問題4

本章の終盤で問題提起された、身近な存在である不動産仲介の仕事が、今後どのように変化するべきかを、インターネットやＡＩが行う範囲が確実に増加することを前提にして考え、議論してください。手がかりとして、以下の分類を意識して検討してください。

「賃貸仲介／売買仲介」「都心／地方」「戸建て住宅／分譲マンション」「新築住宅／中古住宅」

解説は305頁へ

5章

不動産マーケティング概論

不動産マーケティングという概念

前田凌児
不動産コンサルタント

本章では、「不動産マーケティング」という手法を紹介します。これは不動産の世界でも、まだ広く形式化されていない方法論です。マーケティング[※5-1]という経営学的アプローチが、不動産に根付くのは、まだまだこれからです。そしてその方法は、設計演習課題や卒業設計にも応用ができます。建築設計が始まる前の、いわゆる「企画」についての部分です。企画とは、どんな場所にどんな用途の建物をつくるのかという、まさに不動産分野の検討と言えますが、現代では建築設計においても外しがたい概念となりました。

5・1 与条件への向き合い方と未条件の収集

1章で少し触れた、設計演習課題に取り組む際の、最初の向き合い方について、簡単に振り返ってみましょう。※5・2 課題文には、取り組むべき建物の用途（集合住宅、オフィスなど）や、テーマ（地方に集まって住む可能性、近未来のオフィスなど）が示されています。もちろん敷地形状やその寸法をはじめ、必要諸室やその面積、想定利用人数など、建築の「与条件」が示されています。設計演習課題で求められるのは、それら与条件に対する回答としての建築案です。

世の中で活躍する設計者も、基本的には依頼者からの細かな与条件に対する回答を精緻に組み上げ、設計を行っています。他者からの要求に対し、それを建築という形にし、空間で表現することは、設計者にとって欠かせないスキルの1つです。

一方で、年次が進むと設計演習課題も、その課題文には明記されていない「余白」が表れることも多いと思います。具体的な用途だけ示し、テーマ設定や敷地の選定さえ、みなさんに任される例があります。

その最たるものが卒業制作です。通常の課題より長い期間が与えられ、自らが取り組むべきテーマと、ふさわしい敷地を考えなければなりません。そして建築や私

※5・1 マーケティング
企業と顧客を結ぶ、情報や方法に関わる分野の総称。顧客への提供価値を生み出すための戦略や仕組みを指し、さらにその企業理念や哲学までを含んだ概念と言われる。売り手志向の1・0、顧客志向の2・0、価値主導の3・0、自己実現の4・0と、時代とともにマーケティングの概念は変化している。

※5・2 設計演習課題の向き合い方
1章3節25頁「集合住宅を考える時の建築と不動産の視点の違い」、1章4節27頁「オフィスの建て主は誰か?」、1章5節30頁「商業施設のデザイン戦略」などを参照。

※5・3 課題の実践性
設計演習課題においては、ただリアリティが高ければ良いというわけではないが、近年は課題自体が実社会に接続していることの重要度は増している、と東京藝術大学で教鞭を執る藤村龍至准教授は説明する。2002〜03年、藤村先生がオランダのベルラーヘ・インスティチュートに留

たちが直面する現代的なテーマをふまえて、表現することが求められます。※5・3

実社会でも、社会やテクノロジーの変化が加速する中、様々な業界ごとの、確たる「成功の定石」はなくなりつつあります。完全な与条件が、プロジェクトの始めに提示されること自体、現実的に難しくなってきています。与条件にはない課題をみつけ提案を行うことは、重要度の高いむしろ実践的なことなのです。※5・4

ではどのようにすれば、社会や町の課題を発見できるのでしょうか。それは地道に、敷地とその周辺よりもう少し大きなエリアを「リサーチ」することで、与条件には示されていない町に潜む「未条件」を集めることから始めます。そして、与条件と未条件から、建築に何ができるのか、「目的」と「仮説」を立て、それが上手くいくか検証を行います。建築設計でのスタディと同様に、企画においても仮説と検証を繰り返し行うことで、本質的な課題と提案が見つかるのです。このような町や社会との接続を考える手掛かりとして、「不動産マーケティング」という視点が活用できます。「不動産マーケティング」とは、不動産オーナー（土地と建物の所有者）と、その建物を利活用するプレイヤーを結びつけるための活動全般のことです。

学していた頃は、実際の政策に関わる課題設定が行われ、また課題を指導するチューターが、講評会に市長を招聘するなど、良くも悪くも実践的だったと振り返る。現在は自身も実践的な設計課題の組み立て方をしている。行政が縮小する中で、政策と連動し、対話しながらプロジェクトを進めていく感覚が求められる。また教師に求められる能力も、プロフェッサー・アーキテクトとして設計の実務経験を有する人から、事業経験がある人にシフトし、学生もそこに関心を置き始めている。

※5・4　課題の発見
町や社会には、様々なテーマや課題が存在する。それらを発見した時、与条件を作り直す必要に迫られる。向き合う課題へ考察の深め方、またその解答方法は多数あり、課題に取り組む者によって、立ちあがる建築像は異なってくる。『建築と経営のあいだ』（高橋寿太郎著・学芸出版社・2020年）1章「経営コンサルタント×建築士の誕生」参照。

不動産マーケティングのイメージ

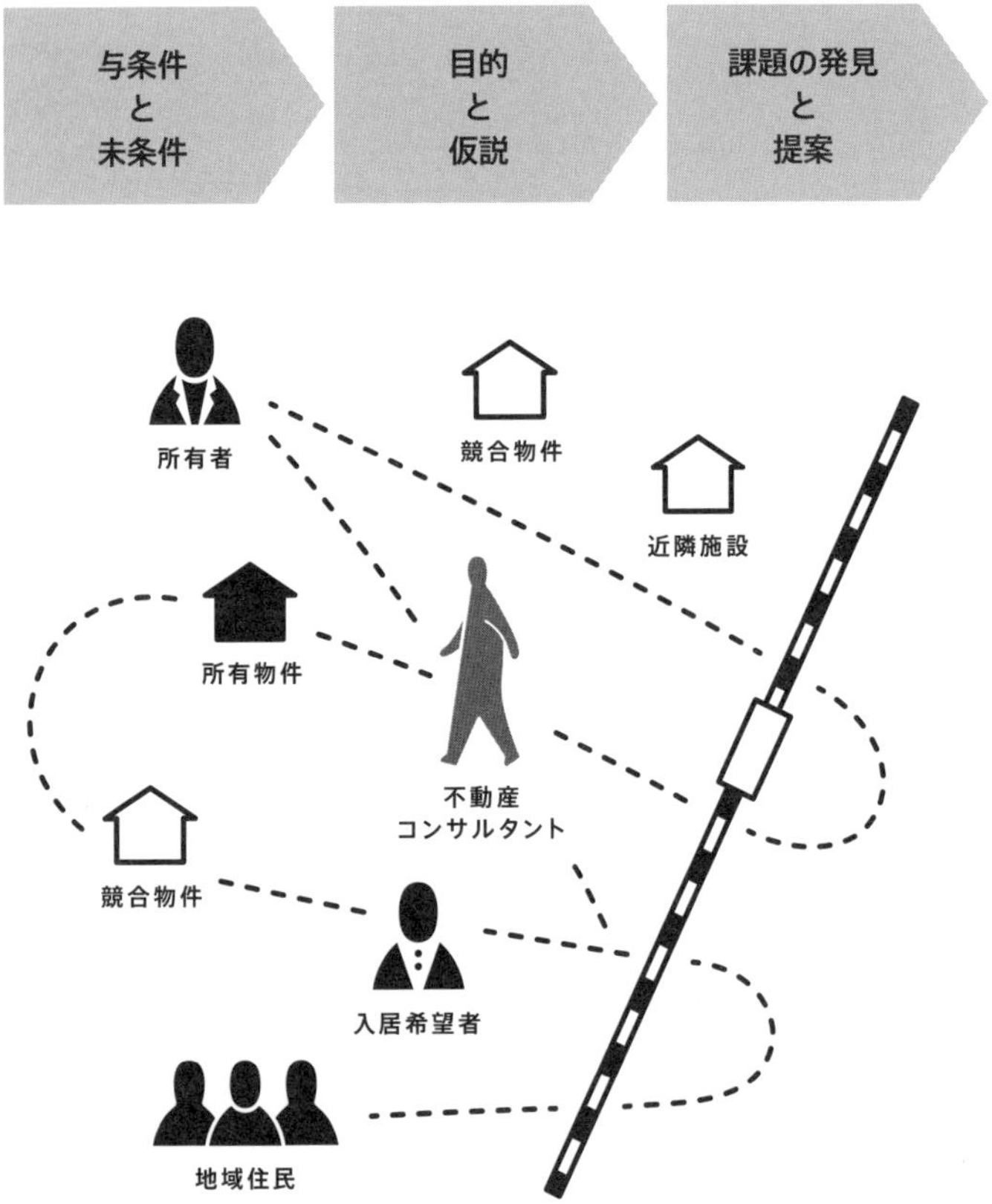

不動産の所有者（建て主）と、その建物を利活用するプレイヤーを結びつけるための考察や活動全般を指す「不動産マーケティング」。設計演習課題で求められる「リサーチ」も、これに含まれます。資料やWebから収集される情報も必要ですが、実際に現地を歩きヒアリングして得られる情報は、より重要です。これは地味で地道な作業ですが、不動産の権利から導き出される価値の軸を明確にし、同時に建築の与条件だけに縛られない未条件の発掘を可能にします。

5・2 不動産マーケティングの本質

「マーケティング」と聞くと、商品やサービスを売るための市場調査と思われがちですが、本質的には違います。マーケティングの方法論を用いてリサーチすると、社会や地域が要求している本当の課題や新しいターゲットを想定することができるのです。決して、いかに安く部屋数を確保したプランにするかなどの経済合理性のみで、建築の計画がされるべきではありません。※5・5

重要なことは、社会やまちの変化に対して、「提供すべき本当の価値」とは何かを、思考の主軸に置くことです。世の中の風潮や固定概念にとらわれず、社会の一員として、まちの住民として、当事者の立場で何が必要かを見極めます。

例えば、人口減少や空き家問題を背景に、これからは新築が減ってリノベーション※5・6の時代だと叫ばれたりしますが、これが常に正解かはわかりません。「提供すべき本当の価値は何か」という視点から、あらゆる選択肢をフラットにならべ、その時々の最適解を探していきましょう。

また、不動産マーケティングでは、本質的な課題や提供すべき価値をみつけるの

※5・5 経済合理性のみに依らない計画
呉工業高等専門学校の谷村仰仕先生は、「これからの建築学では、〝エリア意識〟が大事になる。これまでは、人口増加・供給不足なので、建てることに対して無批判で良かったが、これからは、エリア全体を俯瞰した上で、建てるべきかどうかの前提から疑う必要がある。前提といえば、エリア間の人口流動の問題も併せて触れてほしい。安易なコンパクトシティ化や再開発は人口流動を加速させ、市町にとって命取りになる。エリアを持続的に運営していくためには、市民の〝当事者意識〟が重要になるが、〝歴史的建造物〟は注目に値する。地域の日常には異物であり、手のかかる弱い存在だからこそ、多様性を包含し、愛着や長期的な視点をエリアにもたらす可能性に気付いてほしい」と述べた。

※5・6 リノベーション
2章7節57頁「リフォーム／リファイン／リノベーション」参照。

と同時に、社会の中でこれを外すと成功しない、という絶対に外すことができない「成功要因」※5・7をおさえておきましょう。これだけは押さえておかなければ失敗する、という類のものです。どんなに新しい課題をみつけ、斬新な建築を提案したとしても、それが社会に根付かなければ意味がありません。「成功要因」をいかにおさえるかは、新しい課題を見つけることと同様に重要です。

本当の「価値」を追求し、見えない要求を浮かびあがらせ、成功に欠かせない要因をおさえるために、マーケティングの考えを有効に利用することができます。これらは与条件には書かれていない、見えない本質的な課題です。

5・3 不動産マーケティングの5つの鍵

では、不動産マーケティングの視点を導入する時、具体的には、何をすれば良いでしょうか。またそれをすると、どう計画に良い変化が生まれるでしょうか。鍵となる方法は次の5つです。

①地価や賃料を調査する

②敷地周辺をリサーチする（人口や交通量から町の歴史や雰囲気まで）

※5・7 成功要因
その業界でこれを外すと成功しないという要因のこと。例えば、アパレル製造販売業であれば、成功要因はそのデザイン性ではなく「在庫調整力」、ファッションであれば「ブランド力」、かつての百貨店であれば「営業販売力」、ITプラットフォームビジネスであれば「より大量のデータ」、食品業界なら「カテゴリシェアトップ」など、時代によっても異なるが、イメージとは異なる業界ごとの成功要因がある。ここでは、ある土地で不動産コンサルティングを行う際の、より一般的で根本的（ベタ）な成功要因を指している。

③まちの住民やお店にインタビューする
④所有者や関係者にヒアリングする
⑤ストーリーを紡ぎあげる

これらはそもそも、設計要綱に記載することが難しく、自ら調査・分析することで引き出していく必要があります。大事なのは、市場というマクロな視点からの情報とまちの生の声といったミクロな視点からの情報の両方を収集することです。これら2つの視点から得られる情報には、ギャップがある、または矛盾することがよくあります。どのような立場や視点から見るのかによって、意見が変わってきます。※5・8

プロジェクトにおいては、マクロな視点とミクロな視点の両方からの情報を見比べることで、社会や町に提供すべき価値を、偏ることなくみつけることができます。

また注意点として、まちを観察する際の、建築的視点と不動産的視点は、少し異なります。建築的な視点でまちや建物をみる時、その建物の空間、構成、動線、構造、素材、ディテール、アクティビティなど、実際に目に見えるものや体感できるものを捉えていると思います。一方、不動産的視点では、賃料相場、建物用途や企業、行き交う人々の属性、そしてそこから見えるエリアの特性など、建物や人々の背景にある見えない部分の規制や動きを捉えることが大事になります。

※5・8　2つの視点のギャップ
例えば、「地域にはどんな世代がいて、特徴あるコミュニティはあるか」というテーマに対して、行政のデータには「高齢化が進み若年層が少ないが、古くからのコミュニティがしっかりしている」という共通認識があるが、ある住民へのインタビューでは「最近は若い人が増えてきて、連携して独自のまちづくり活動を盛んにしている」という異なる意見が聞かれる場合がある。

これら建築的視点と不動産的視点は、どちらか一方が重要で、もう一方は必要ない、といったものではありません。2つの視点を使うことで、豊かな空間と経済性が両立した、社会に根付く建築を目指すことが大事です。おそらく、今までは、建築的視点でまちや建物を見てきたのではないでしょうか。では、不動産的視点で町や建物をみるとは一体どういうことなのでしょうか。不動産マーケティングの鍵について、詳しく見ていきたいと思います。

5・4 賃料を調査する本当の意味

まずは、周辺環境のリサーチ（調査）※5・9を行います。国や市町村のウェブサイトでは、人口や都市計画、まちづくりなど、様々な情報が閲覧できるので、まずは周辺の情報のインプットを行います。

課題内容や指導教官にもよりますが、建築は特定の敷地があるので、その場所の特性によって建ち上がる建築は変わります。そのため、この初期リサーチを入念に行えば、提案にリアリティが増すでしょう。また、敷地の選定を行う必要がある設計課題では、初期リサーチが、その手掛かりになってきます。設計に充てる時間を

※5・9 敷地分析
そのまちの特徴、歴史、インフラや人の流れ、気候など、建築を創造するための多面的な敷地分析も行うが、これは建築的な内容と言えるので、ここでは深く掘り下げない。『初めての建築設計ステップ・バイ・ステップ』（川北健雄、花田佳明、三上晴久、倉知徹、水島あかね著・彰国社・2010年）よりstep1「敷地を読む」参照。

十二分に取るために、ここは素早く行わなければなりません。

ここで有効な不動産マーケティングの手法として、「賃料調査」があります。例えば集合住宅の課題であれば、周辺にはどのような競合物件があるのかを知るために、周辺物件の賃料の調査を行います。これは不動産学的には、「不動産オーナー（所有者）」の状況や要望に応えるために欠かせない最初の作業です。

空き家活用のまちづくりの課題であれば、関係者の活動がボランティアで、費用がかからないものだったとしても、周辺では誰がどのような家賃で暮らし、働いているのかを知った上で、何が可能かを考えます。そのために賃料調査を行います[※5・10]。

これは、賃料という定量的な数字から、課題を取り巻く「人」の存在やそのリアリティを、もっと捉えようとする活動です。現実味を持たせるのは、設計演習課題を実務に近づけようとしているのではありません。もちろん、演習課題における創造性や個性をしぼろうというものでもありません。

不動産学の要素を、ほんの少し参照することで、または不動産所有者や入居者のリアリズムに触れ、現実が多様性と不確実性に満ちていることを学び、それをより建築的な想像力に活かすのです。

※5・10 賃料調査の意味
その他にも、比較的都心のオフィスの課題であれば、周辺の競合や、入居者がどういう規模の企業かをイメージできる。学校やメディアセンターなどの公共施設の場合は、賃料調査は直接的には影響しないが、周辺住民の所得層がわかることもあり、何かしらのヒントが得られる可能性はある。不動産マーケティングとはそういったヒントを得るための活動でもある。

リサーチ項目一覧

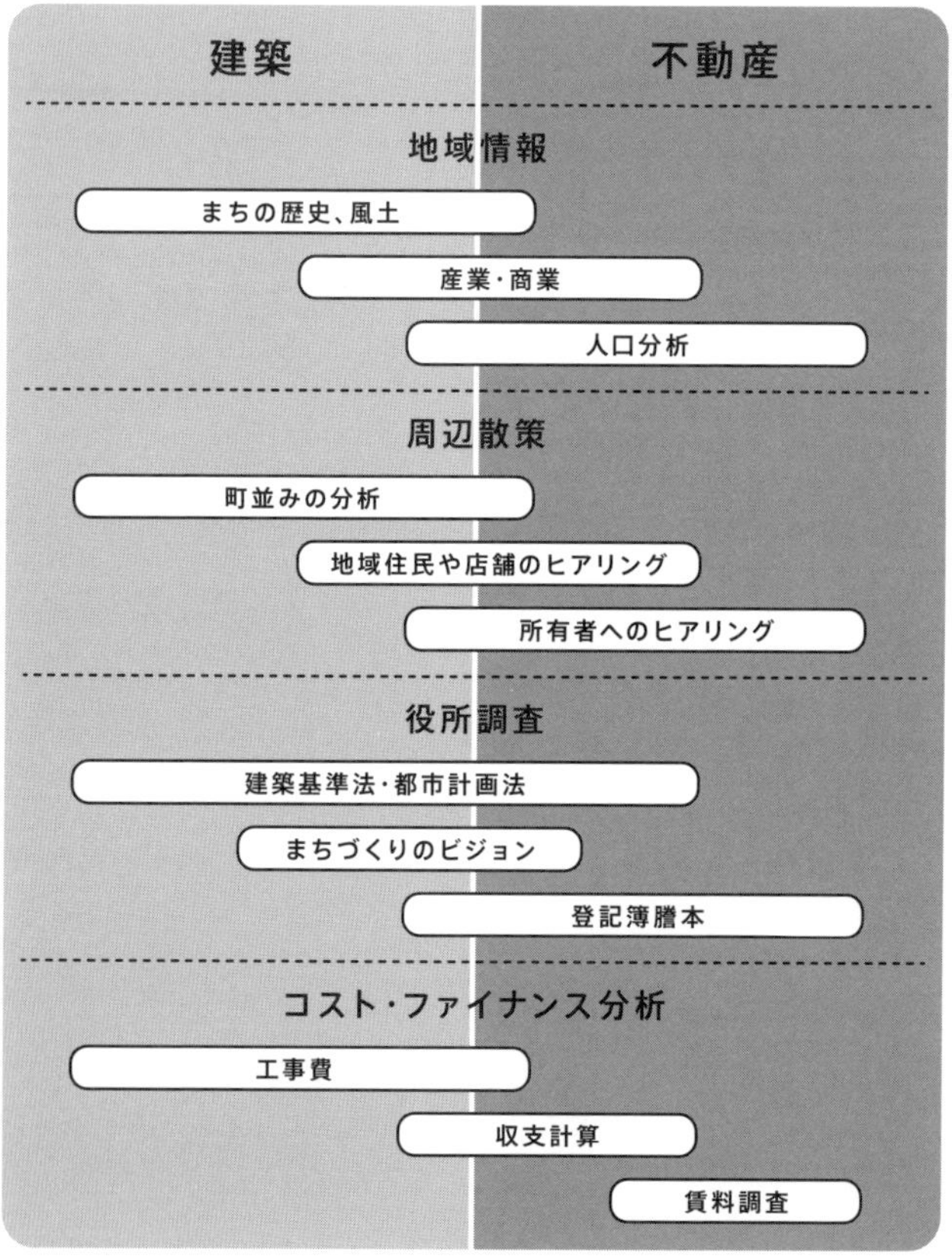

例えば卒業設計では、社会的問題や自身の課題に関わるテーマを掲げ、そして自らその敷地選定を行う、というプロセスが多いと思います。そして地域や敷地の分析を行うために、初期の段階で行うリサーチは、その目的と仮説の設定のもと「何をリサーチするのか」を考える必要があります。建築的なアプローチは、一般的には表の左側が多いと思いますが、その目的と仮説によっては、右側の不動産学的アプローチが有効になる場合もあります。ビジョナリーに大きな課題と向き合いながら、一般論に終始しないリアリティのある構想を練り上げるためです。

5・5 周辺リサーチから得られるリアルな生活者像

こうした不動産の賃料情報については、「ポータルサイト」※5・11と呼ばれる物件掲載サイトで、簡単に検索することができます。4章の不動産仲介概論で説明した通り、不動産ポータルサイトは、不動産会社から掲載依頼された情報が集まった、一般の方も閲覧可能な不動産のデータベースです。

不動産ポータルサイトを利用し、敷地周辺のワンルーム、1LDK、ファミリータイプ、事業用（テナント・オフィス）といった、一般的なタイプの賃料の調査※5・12を行います。これをマッピングした図をつくることで、不動産的視点からまちを分析することができます。

この結果を踏まえ、そのエリアの特徴や需要がわかることもありますが、単に賃料分析するだけでは何も生まれません。大切なことは、そこから、不動産オーナー（所有者）や、その建物を利活用するプレイヤーへの想像力や仮説力を働かせることです。普段は考えない、他人の家賃やお金というフィルター※5・13を通して、どれだけ、まちや、そこに息づく人々をリアルに想像できるか、これが不動産マーケティング

※5・11 ポータルサイト
4章7節103頁「不動産ポータルサイトとは」参照。不動産会社から掲載依頼された情報が集まった、不動産サイト。一般ユーザーも気軽に賃貸物件や売買物件の情報を閲覧することができる。

※5・12 賃料単価
賃料調査では、賃料を専有面積（単位：坪または㎡）で割り戻した「面積単価」を用いる。一般的に都心部では、事業用（テナント・オフィス）＞ワンルーム＞1LDK＞ファミリータイプの順に、面積単価は安くなる。

※5・13 家賃やお金というフィルター
賃貸住宅の賃料は、給与の手取りの3割以下が1つの目安と言う説がある。高所得になるにつれ、その割合は低下する傾向がある。そうした指標を参考に、賃料から年収を逆算で想定することができ、そのエリアに住む世帯層の経済状況をイメージする手掛かりの1つになる。

賃料相場マッピング

(坪単価・築年数・延床面積・賃料・階数を示した)

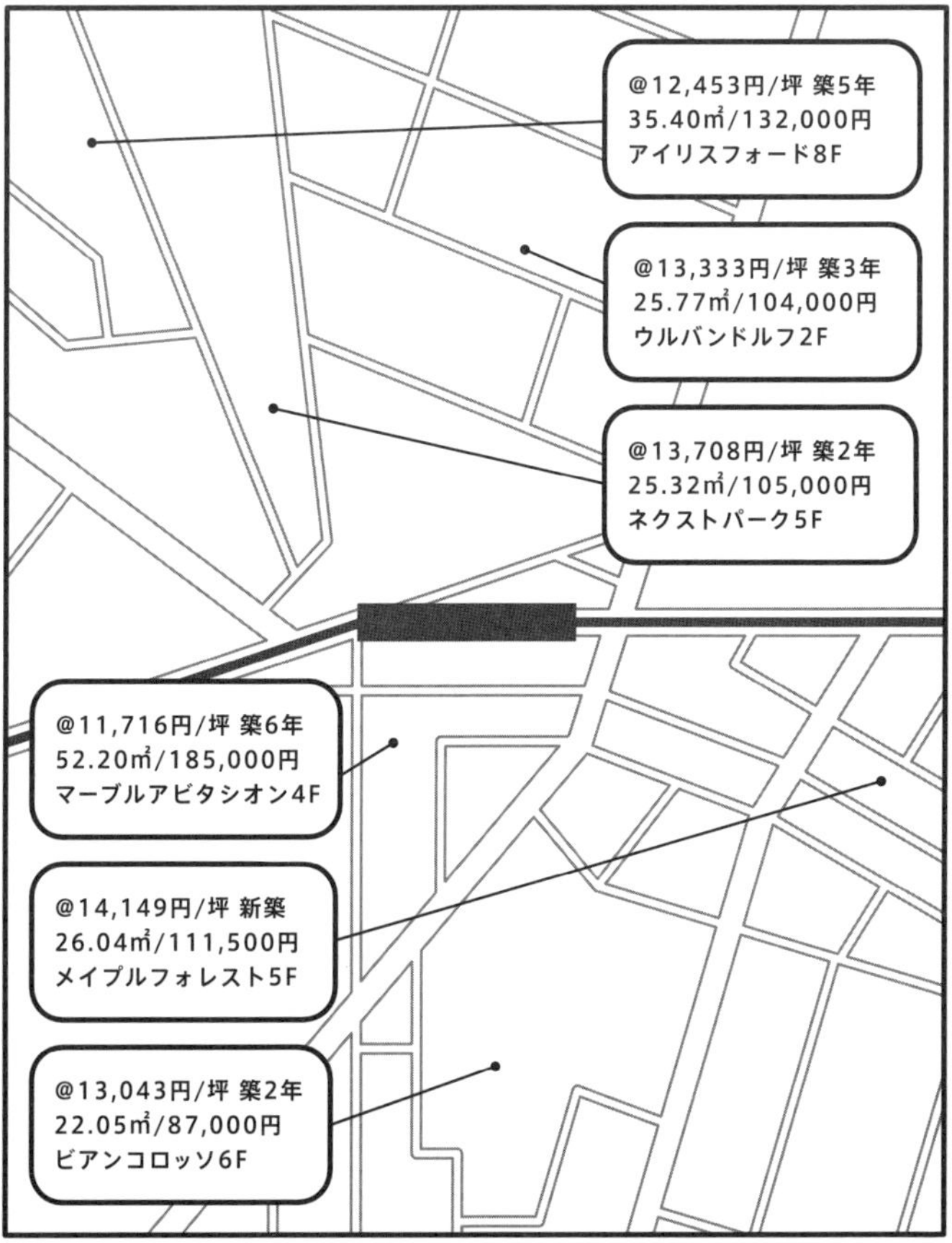

賃料相場(住宅や店舗の家賃分析)は、本来は建築企画に欠かせないデータであり、敷地周辺の地価や経済活動の水準、住民の所得層を綿密に把握するために行われます。インターネットを活用し、誰でも比較的容易に行うことができます。現在は建築学としての設計演習課題や卒業設計において、必ずしも求められるものではないでしょう。ただし計画される用途によらず、常識やイメージによらないその場所の特性、そして地域住民や土地所有者のリアリティに触れるための手段として、有効です。

の最重要スタンスです。

また、不動産的視点では、敷地とその周辺のすべての道を網羅的に歩きます。用途や法規、年代、収益性など建物を見て回りながら、その背景を読み取っていきます。多くの情報は、インターネットで取得できますが、現地に足を運びまちを歩くことによって、導き出す仮説の質が変わります。

今までは、建築的な視点からまち歩きを行ったこともあるでしょう。次から、不動産的な視点を加えて社会やまちを見てみてください。きっと今までにない気づきが得られます。

5・6 まちの住民やお店にインタビューする

実際にその地域を良く知る、まちの住民やお店の方にインタビューを行うことは、建築学的な視点からも行われてきました。ワークショップ[※5・14]における手法がその代表例です。住民に意見や要望を出して頂き、それをまちづくりや建築のデザインへ反映してきたと思います。これは、計画の与条件を探るためのインタビューです。

地域住民の方には、地元への思いや思い出のある場所はどこか、といった質問を

※5・14 ワークショップ　参加者が主体的に関わることができる講習会や、勉強会を指すが、建築やまちづくりの分野では、住民参加型の意見交換会を指すことが多い。特に公共施設の設計をはじめ、まちづくりに関わるアクションを行う際に、前提条件について、住民から意見を集めるために開かれる。

投げかけてみます。地域に期待していることや、そのまちにとって重要な企業、暮らしに欠かせない施設などは、そのまま、まちが持つ潜在的な価値の手掛かりになります。

また、お店を経営[※5・15]する方には、ストレートに、どんなお客様が多いか、その特性を聞いてみてください。きっと、色々教えてくれると思います。

さらに経営者には、今後のビジョンについて伺ってみてください。今のまま地域に根付き経営を行う方がいれば、同じ場所でインターネットビジネスと組み合わせて新しい展開を画策している方や、都市中心部へ引っ越そうとしている方など様々だと思います。こういった話を伺うことで、将来のまちの変化がイメージできます。市町村が考えている大きなビジョンとは大きなギャップがあり新しい課題やテーマが見つかるかもしれません。

不動産的視点のインタビューによって、単に要望やニーズを聞くだけでなく、まちの潜在的な価値へとつながる手掛かりを引き出していきます。

※5・15 店舗経営者
都心部であれば、飲食店から物販店まで、様々な店舗が軒を連ねている。古くからの商店や、町を見守ってきた喫茶店や食堂、クリーニング店や地元スーパーマーケットのテナントにヒアリングすることで、地域の商いを通じた町の像が浮かび上がる。比較的広域のチェーン店の場合は、ヒアリングの窓口が変わることが多い。

5・7 所有者や関係者にヒアリングする

また、不動産的視点の特徴として、「不動産の所有者」を確認し、彼らやその関係者にもヒアリングを行うことが重要です。所有者とは各章で触れているように、土地や建物を所有している人や会社のことです。また、関係者とは、その不動産の賃貸管理や仲介業務を行っている人や会社で、主に不動産管理会社がこれにあたります。住民やお店の人と違い、より長くまちと接している人が多いので、特に過去から現在に至る長い時間軸でのまちの変遷や可能性について聞き出していきます。

所有者にも、住民やお店の方と同様に、土地や建物をその場所に所有することになった経緯をきいてみます。所有者によって、少し前に新しく土地を購入されていたり、親から引き継いだものであったり、土地は借りているけど、建物は自分で新しく建てて所有していたりと、様々な答えが返ってくると思います。また、話を続けていると、その土地や建物が、家族と暮らす住まいとして購入されていたり、投資対象として所有されていたり、元々田んぼを所有していてそれをアパートに変えていたり、今の土地や建物は売って別のところに新しい土地や建物を買い替えようと思っているなど、様々な回答が得られます。

同様に、関係者である不動産会社にも、エリア特性や賃料感、世帯層といった、そのまちの不動産的特徴を伺ってみてください。不動産会社は、そのまちのことを良く知っており、丁寧にその情報を教えてくれます。一方で、不動産会社によっては、単身者用のワンルームを得意としている、ファミリー向け物件や高額物件を中心に扱っている、オフィス専門の会社であるなど、それぞれに強みがあります。そのため、時に偏った目線での回答を得ることが多いので、その点には注意してください。複数社からヒアリングを行い、意見の偏り※5・16を精査する必要があります。

また、みなさんが普段何気なく歩いている道にも所有者が存在します。その経緯を知ることでまちの構造や変化が見えてきます。道には不動産的評価の基準値が定められています。これは「路線価※5・17」と呼ばれ、それぞれの道に面する土地に値段がつけられているようなイメージです。土地の所有者にとって、その土地の価値は道の特性によって大きく関わるので、ヒアリング前に見ておきましょう。また、この路線価図をみることで、不動産的視点からその敷地のポテンシャルや課題、敷地周辺のまちの状況がみえてきます。

設計演習課題での敷地選定のヒントや、選定した敷地周辺の隠れた声の調査とし

※5・16 バイアス（意見の偏り）
個々の立場や経験が反映された、主観的な、偏りのある意見のこと。例えば、単身者のワンルーム賃貸を比較的多く扱う不動産会社は、駅からのアクセスの良さといった通勤・通学の利便性や、サラリーマンや大学生への需要については、日頃よく見ているので、街の需要として過大評価する傾向があり、一方で例えば家族向けのハイグレードな賃貸住宅のニーズについては、過小評価する可能性が高い。

※5・17 路線価
道路に面する宅地の、1㎡当たりの評価額のこと。課税価格を計算する基準になる。相続税や贈与税の基準となる相続税路線価と、固定資産税や不動産取得税などの基準となる固定資産税路線価がある。単に「路線価」と言う時は相続税路線価のことを指すことが多い。国税庁のホームページで公開されており、誰でも閲覧できる。

※5・18 ターゲット
計画を進めるうえで想定し、

ても利用できるので、調べてみてください。

5・8　目的はストーリーを紡ぎあげること

　こうした不動産マーケティングを用いたエリア調査で得られた情報をもとに、この場所にあるべきアクティビティの仮説を立てます。それは地域の物語（ストーリー）のシナリオづくりです。

　エリアの特性から得られた情報を基に、ターゲット[※5・18]は誰なのか。ペルソナ[※5・19]は誰なのか。町に住む人の所得はどのくらいなのか。新しい建築を建てるべきか、それとも空き家を利用しリノベーションを行うべきか。不動産学的には、その所有者像を把握（または設定）しなければなりません。その立場にたった時、敷地はどこが良いのか。どのような用途が入ると良いのか、賃貸住宅かそれとも店舗か。集合住宅の場合は、どのような住戸タイプにすると良いのか、店舗にはどのようなお店を誘致すると良いのかなど、建ったあとの物語のシナリオを設定していきます。

　それぞれのピースがカチッとはまり、シナリオの整合性がとれた時、単に流行にのった経済原理に消費されてしまうものではない、まちに根付く、そこにあるべき

照準を合わせる利用者層のこと。敷地や周辺環境、規模や用途、そしてそのコンセプトなどから想定する。一般的には、年齢や性別や家族形態などで表現される。不動産事業を企画するうえでのターゲットは、時間経過による社会や周辺の変化に対応できる、長期的なものであるべきである。

※5・19　ペルソナ
00年代から、マーケティングの世界で使われ始めた概念。商品やサービスのターゲットとなる顧客像、消費者像を指す。単なる「ターゲット」とは異なり、そのユーザー像を綿密に具体化するプロセスを取る。例えばある有名人を想定するか、または年齢、性別、職業、年収、ライフスタイル、思想、趣味、価値観、家族構成など、詳細にそのキャラクターを設定し、そのピンポイントの人物に向けて、商品やサービス開発をする方法。漠然としたターゲット像を、鮮明にする利点があり、一時期流行したが、却って顧客像が一般化する場合もあり、万能ではない。

不動産マーケティングのプロセス

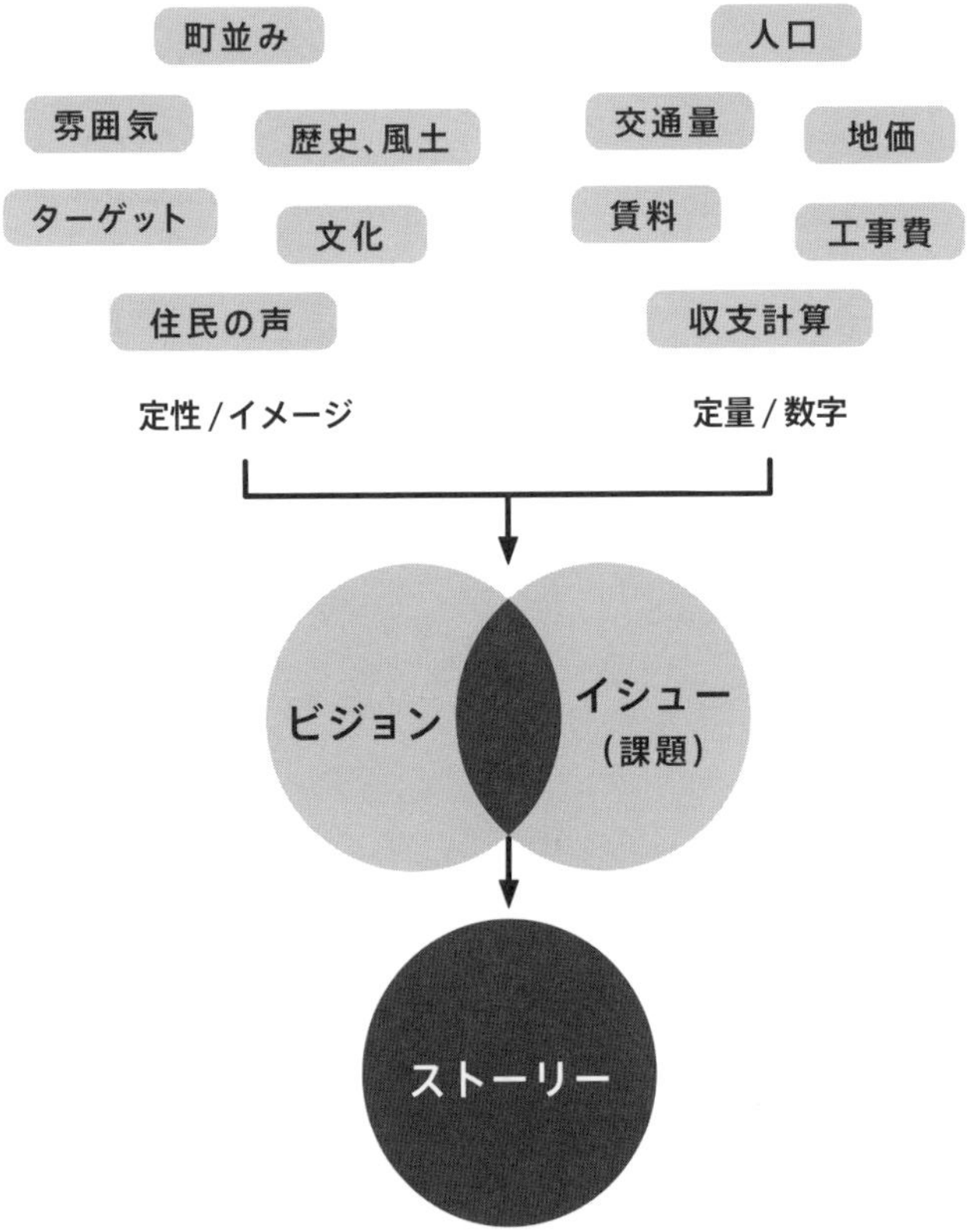

そこで何を作るのか、という建築企画に関する方法は多様で、定まった方法はありません。通常は、集合住宅や店舗など、事業者からの与条件の中に企画の大枠があります。リサーチの過程で得られる情報をもとに、その「ビジョン」と地域にある「課題」とが整理されます。例えば、この場所は住宅より店舗に向いているのでは、シェアオフィスよりSOHOでは、地域コミュニティはあるのでむしろ高齢者のケアでは…と。それらをデータとヒアリングで繰り返し検証すると、最終的に生まれる不動産の「ストーリー」が、建築企画の補助になります。

まちの本質を備えた建築の企画ができあがります。

これらは始めから答えがあるわけでは、決してありません。現地をくまなく歩き回り、地道に未条件を集め、目的と仮説を立て、検証を繰り返すことでやっと見つかるものです。最初はつかみどころがなく、先が見えませんが、1つ1つは決して難しいことではありません。また、足を使い得られた情報は、建築の設計にフィードバックされ、そこにあるべき建築の企画と共に、その空間のイメージを練り上げていくことができます。

まちにとって本当にあるべき建築の企画が構想されていることと、そこに豊かな空間が伴っていること。これらはまちの皆が豊かな生活を送るうえでどちらも欠くことができません。不動産的視点と建築的視点の両立によってまちにあるべき本質的な価値を目指してください。

5・9 まちづくりでは建築と不動産の境がない

一方で、地域の課題解決や、コミュニティづくり、自治の向上を目指すまちづくりの分野では、不動産やお金との関連性が、一見見出しづらいかもしれません。

しかしこれまで見てきたように、不動産マーケティングの視点から、エリアの本質的な特性や価値を探すことができます。建物の利活用という「点」の課題と、まちが持つ「面」の課題を、不動産マーケティングの手法で探しているうちに、ふいに、それらを解決するかもしれないアイディアや、可能性に満ちたビジョンが発見されることがあります。

地域課題の解決には、そこに生きる人々の生々しい情報が必要です。建築計画や意匠の問題は、ひとまず置き、客観的な、他のエリアと比較したデータや、ピンチとチャンスなどを探ってみるべきです。

また、まちづくりのプロジェクトに関わる「お金」について、調査に基づいた適切な資金計画を行うことは、建築の持続性に大きく関わってきます。一時的な流行やイベントになってしまっては、まちの本質的な価値には至りません。特に、地方においては、様々な補助金が前提となり、プロジェクトが開始される場合がありますす。しかしその補助金をあてにして本当に良いのでしょうか。持続可能なまちづくりのためには、逆に注意が必要です。[※5・20]

そして、不動産マーケティングを行うだけでは、決して地域に根付く結果にはなりません。調査に基づいた企画に対し、豊かな場や建築空間が実現されてこそ、皆

※5・20 補助金
時に、補助金がないと成立しないような計画や、本来の目的を見失い、補助金を得ることが目的化した計画になってしまうことがある。本当に持続可能な自立した計画をたてるには、補助金の扱い方には注意が必要である。『稼ぐまちが地方を変える 誰も言わなかった10の鉄則』（木下斉著、NHK出版、2015年）参照。

がそれを体感でき、日々の生活につながるのです。

不動産的な視点で、まちにとって本当に必要な価値を適切に計画し、それを建築の空間で表現する。どちらが欠けても、まちに対して建築の力を発揮することはできません。これらが揃うと、まちを向上させる力を建築は持っています。

今まで鍛え上げてきた建築的な視点に、不動産的な視点を新たに加えて、まちにあるべき建築の姿を考えてみてください。

演習問題5

設計演習課題やまちづくり課題で設定されている地域について、インターネットの不動産ポータルサイトを利用し、賃貸集合住宅や路面店舗の賃料調査を行ってみましょう。また、敷地周辺のリサーチを基に、課題で求められる施設の利用者ターゲット（年齢、性別、収入、仕事、趣味など）を想定してみましょう。

解説は305頁へ

6章

不動産ファイナンス概論

建築プロジェクトにおけるファイナンス

大学での設計演習課題においては、そのお金の流れについて問われることはあまりありません。建設費（イニシャルコスト）や建物維持費（ランニングコスト）に関わる部分では、建築学においても、ライフサイクルコストとして扱われることがあります。これはお金の中でも「費用（コスト）」と呼ばれる部分です。

不動産学では、コストとは別に、その建築の資金調達や、完成したあとの借入返済や家賃収入などを扱います。これをここでは「ファイナンス」と呼びます。

その具体的な内容を、本章では幾つかの角度から解説していきたいと思います。

不動産コンサルタント
藤谷幹

6・1 ファイナンス志向が求められるわけ

「お金」の授業と聞いて、最初はその内容をイメージしづらいかもしれません。お金はこれまでの学校教育では、あまり扱わなかったジャンルです。また一般的に、親や友達との話題としても、少し心理的な抵抗があるのではないでしょうか。しかし学校を卒業し、専門家として活動するには、「ファイナンス」※6・1の知識を持っておく必要があります。

お金は、相手に対してこちらから価値あるモノを提供して、初めてもらえるものです。お金の起源は物々交換だと言われています。※6・2 漁師が海で獲れた魚を、農家の米と交換していた状態から、貝などの貨幣の基となるものを一定の価値基準としてとり入れたことが始まりという説が有力です。

このお金と価値提供の考え方は、実際にお金を稼いだ際に、感覚的に学ぶことが多いと思います。居酒屋のアルバイトだと「時給○○円」という形で、賃金が発生します。そこには、お店に来られたお客さんへのサービスの提供と、お店への労働力の提供という構造があります。

※6・1 ファイナンス
企業経営に関する「お金」の分野は大きく「会計」と「ファイナンス」の2つに分かれる。ファイナンスとはお金の中でも「未来」の価値と、「現在」の価値を時間を超えて置き換える技術のこと。

※6・2 お金の起源
諸説あるが、本章ではその1つを参照した。

同様に建築設計を生業とするには、建て主（不動産オーナー）への価値提供を行うことによって、初めて設計料を受け取ります。そのため、建築設計をする上で、「建て主にとっての価値とは何か」を徹底的に考える必要があります。※6・3

現在の建築教育の段階では、この「建て主への価値提供を考える」ことは、必修科目ではありませんし、選択か推奨科目にも含まれていないと思います。

しかし実際には建物を建てるには少なくない費用がかかり、多くの建て主は建築計画を初めて行うため、できあがる建築だけではなく、そのプロセス、コスト、そのための銀行融資などのファイナンス面について、漠然とした不安を抱えているケースがほとんどです。

行動経済学の観点からも、人は大きく儲けなくても良いが、損だけはしたくないという心理が強く働くことがわかっています。漠然とお金に対する不安を抱えていたり、損をしたくないと考えている建て主や不動産オーナーの立場にたち、彼らをサポートする参謀のような役割が建築士には求められているのです。だからこれからの建築教育にも、ファイナンス志向が必要となるのです。

しかし、伝統的に建築業界は、建築をつくる（計画する）ことで報酬を得る業界であり、ファイナンスについては、業務範囲外のものとして考える方も沢山いる

※6・3　建て主への価値提供　明治大学と東京理科大学などで非常勤講師として設計演習課題を指導する土屋辰之助先生は、日本の大学の設計課題では「施主」および「コスト」の存在がないことが多いと言う。建築設計の基礎技術を養う課題として、思考を単純化できるというメリットはあるが、実社会では当然、施主（所有者）からの要望や原則といったリアリティがある。土屋先生は「実際は不動産とファイナンスの話ははずせない。集合住宅の成立条件を、それらを含めた様々な側面から検証してみる経験は、学生のうちにすべき」と説明した。

のも事実です。

本来的には、その建築事業の事業計画をつくり込み、将来へ向けた「価値」をつくることで、その事業に資金が集まるのですが、残念ながら「お金を建て主（または銀行や行政）から引っ張ってくる」と表現する建築会社や都市計画家もいます。

いずれにしても建築士や構造・設備事務所、施工会社やまちづくり会社でも、将来独立して事務所を構えた暁には、いきなり経営という大海原にだされるのです。専門家であると同時に、経営者としても活動していくため、建築の技術だけでなく、最低限のファイナンス志向を習得する必要があります。

6・2 住宅の建て主のライフプランを作成する

例えば住宅の設計依頼があった時、その建て主が事前に準備してきた「予算は〇〇〇〇万円です」という情報は、必ずしも建て主にとって正しいとは限りません。

建て主の収入（給料）のわりに、事業費が高すぎると、お金が不足しますし、逆に低すぎても、建てた後に、思い描いていた暮らしを実現できなくては本末転倒です。

こうしたすれ違いを防ぐためには、建築プロジェクトが始まる段階で、建て主と将来のお金の計画（ファイナンス）について共通のゴールを持っておくべきです。先述した通り、建て主は、お金に対して漠然とした不安を抱えているのです。そうした不安をまずは棚卸ししてあげるところから、プロジェクトを進めていきます。

棚卸しには、デプスインタビューという手法を使います。アンケート調査やグループディスカッションとは異なり、建て主に対して、1人のインタビュアーがじっくりとヒアリングする手法です。インタビュアーが建て主の立場にシンクロし、話している言葉以上の潜在的な思いを引き出してあげることが重要です。

まずは、年齢や家族構成、そしてこれまでどういう暮らしをしてきたか、結婚や出産、転勤や転職など、その人のライフイベント[※6・4]から始めます。そして仕事で得る年収や、これまでの貯金額、所有している車や株などの金融商品[※6・5]、月々の保険料[※6・6]や習い事など、日々の生活費に係るすべての項目を漏れなく聞いていきます。こうしてできあがるものを、ライフプランシートと呼びます。

お金やプライベートなことは、一般的には、親しい家族や友人でも気軽には聞きづらい個人情報ですが、遠慮せずにヒアリングを進めていくことが重要です。

これは建て主が企業の場合でも同様です。例えば企業のオフィスや、店舗の設計

※6・4 ライフイベント
人生の中で起こる大きなイベントのこと。過去のイベントに加え、子供の大学受験や親からの相続など、将来発生し得るイベントについても触れ、イメージしてもらう。

※6・5 金融商品
株の他に、投資信託、公社債、保険など様々な金融商品がある。

※6・6 保険料
生命保険、医療保険、車両保険など様々な保険があるが、保険商品は毎月決まった金額を支払うため、家計の中では固定費に分類される。

ライフプランとファイナンシャルプラン

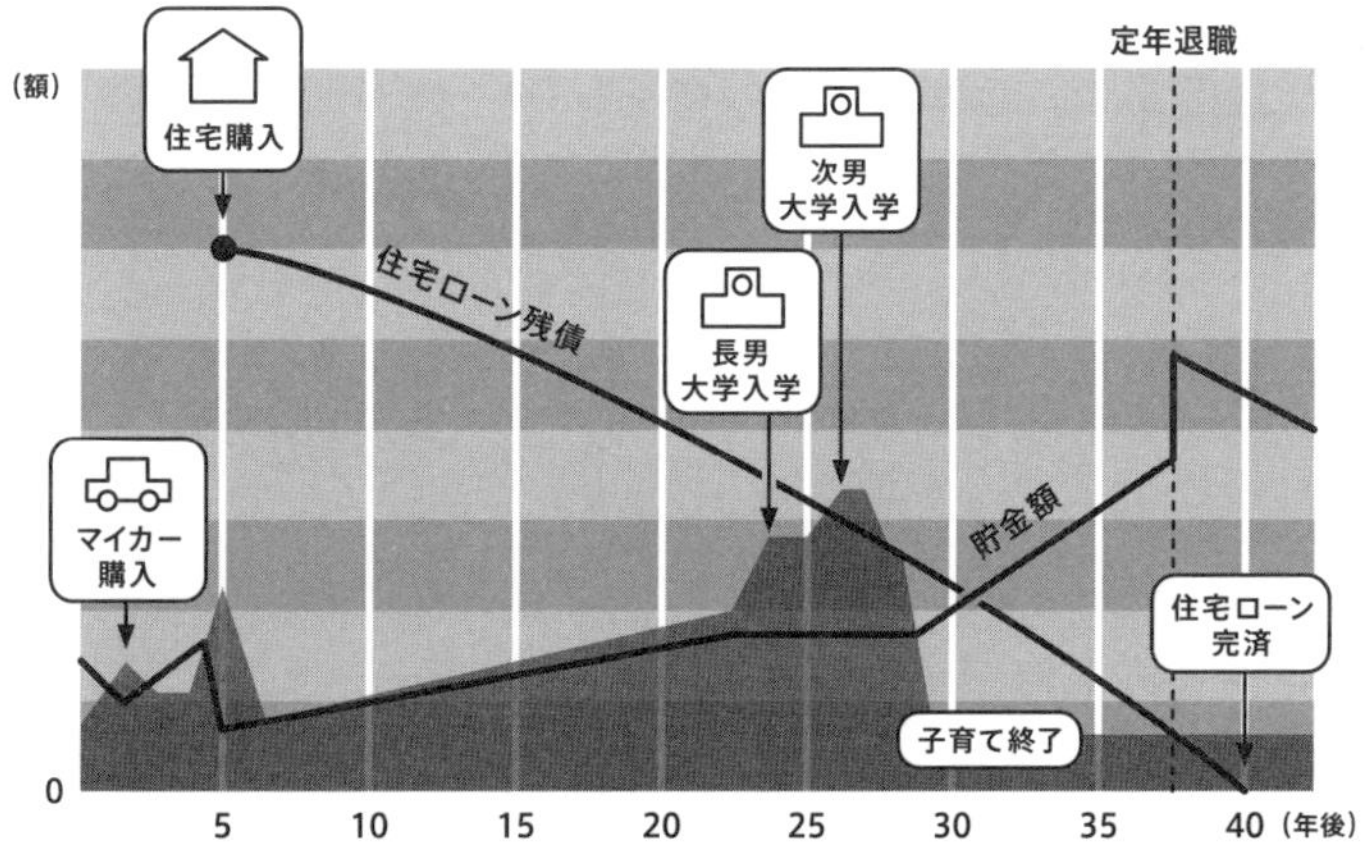

夫 27歳	32	37	42	47	52	57	62	67
妻 26歳	31	36	41	46	51	56	61	66
子	0	5	10	15	20	25	30	35
子	0	3	8	13	18	23	28	33

ライフプランとファイナンシャルプランは、セットで考えられるべきものです。ある一定のパターンを練習すれば、それほど難しいものではありません。図のように縦軸に「お金」、横軸に「家族の年齢」を設定し、建て主と向き合い1～2時間ほどインタビューしつつ作図すると、家族ごとに異なる図形が現れます。この個性の中に、設計者が「ゴール(将来像)」と「その過程」を見出し、与条件に設定します。将来のビジョンや資産形成については、建て主本人も初めて知ることばかりでしょう。大事なことは、設計者がお金の話に抵抗感をもたないことです。

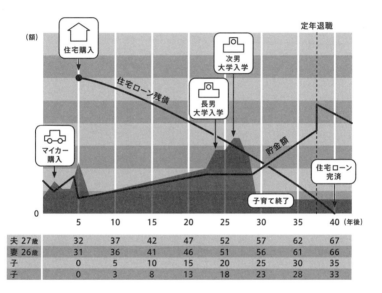

を依頼された時、その企業のお金の流れを把握できていれば、提案の幅も広がるに違いありません。そのために、まずは経営者に対して、社員数や組織構造といった、会社の形についてヒアリングします。そして、売上や粗利率・利益率や保有資産など、ファイナンスに係る話、さらには競合や業界のトレンドなど外部環境についても聞いていきます。

次に、そのデプスインタビューを基に、建て主と一緒にファイナンスのゴールを設定していきます。家づくりの場合は、子育てや定年後に必要な貯金額から、年間の必要貯金額を割り戻していき、今回の家づくりでどれくらいの費用を使えるのか逆算をして、予算を算出します。

企業の場合も同様に、毎年のキャッシュフローから換算し、これぐらいの借入返済額や期間を想定してすすめよう！　という具体的な金額感を共有します。ファイナンスの将来像が見えることで、建て主の漠然とした不安は軽くなります。こうした不安を取り除いていくセッションは、地味で地道な作業ですが、やるのとやらないのとでは、建て主の信頼感が大きく変わってきます。

また、ゴールを設定する際には、必ず「建て主と一緒に考える」というスタンスが大事です。専門家が一方的に知識を与え、押し付けてしまっては、結果的に建て主の不安が解消されることはありません。将来のお金の計画を自分事にしてもらい、建て主にコミットしてもらうことで、不安が目標に変わります。

当然、建築士ともこのファイナンスのゴールを共有していることで、設計フェーズで提案する内容にも説得力が増し、建て主にも建築士の提案の意図を汲み取ってもらいやすくなります。

6・3 借金はしない方が良い？

建て主の不安の中に、もう1つ大きな要素があります。それは、借金を背負うことです。

建築事業には多くのお金がかかるため、ほとんどのケースは金融機関から資金調達をする、つまり、お金を借りてプロジェクトを進めることがほとんどです。家づくりであれば「住宅ローン」、地主がマンションやオフィスをつくる場合は「事業用ローン」を借入れることになります。「借り入れ期間」と「金利」を金融機関と契約し、返済額を金融機関と取り決め、毎月返済していくことになります。

借金と聞くと、どこかマイナスのイメージがあるのではないでしょうか？　過度な負担を感じたり、ギャンブルのイメージや、または将来破綻してしまうような、漠然とした怖さがあります。まず正しい知識を学ぶことから始めましょう。

結論から言うと、借金自体は悪いことではありません。住宅ローンがなければ、ほとんどの方は、家づくりをすることはできませんし、企業が投資や施策を打つにも初期投資が必要なのです。端的に言えば、借金とは、「中長期的に将来生み得る価値を、現在の価値に置き換える」ものです。長中期的に将来生み得る価値とは、新しい住まいでつくる家族の生活や、企業にとってはヒットが見込める新しい商品といったところでしょうか。これらは、まだ見ぬ未来の価値です。これらを実現するために、現在の価値に置き換える手段として、借金をするのです。つまり、手にしたい魅力的な未来があり、それを得るためであれば、借金することは有効な手段であると言えます。

ここで重要なことは、その未来の価値と返済額のバランスです。住宅であれば、毎月の返済額が先ほどのデプスインタビューで共有した建て主のファイナンスのゴール（ライフプランや事業計画）と整合しているかが重要です。おそらく借金が悪いものというイメージは、この返済額のバランスが取れていない場合のイメージが先行しているからではないかと思います。借金をむやみに怖がると、逆に資産形成を誤ることもあるため、ファイナンスの手段として、借金を味方につけるくらいの気持ちが必要です。つまり、お金を借りる人にとっては、借金は返済額のバランスさえ取れれば、将来生み得る価値をつかむチャンスになるのです。

6・4 お金を貸す立場から

一方で、お金を貸す金融機関（銀行や信用金庫、政策金融公庫、奨学金支給団体など）のメリットは何でしょうか。金融機関がお金を貸す主な理由は、2点あります。

1点目は、金利によって利益を得られるという理由です。金利とは、貸金に対する利子、利息のことです。お金を借りる人（債務者）は、借りた金額に加え、利子を返済しなければなりません。お金を貸す人（債権者）はこの利子によって利益を得ており、銀行などの貸金業を生業としている機関は金利が収入源となります。金利は返済額に大きく影響してくるため、債権者は債務者が返済できる範囲内でこれらを設定します。

ところで、金利はなぜ支払う必要があるのでしょうか。金利を支払うのがもったいないことを理由に、借金を嫌がる方もいます。もちろん債権者が金利を設定するのは、利益を得るためなのですが、もう1つファイナンスで重要な考え方があります。それは、現在価値という考え方です。簡単に言えば、「今日の100万円は、10年後の100万円よりも価値がある」のです。今日100万円を受け取る場合、それを使って好きなものを買ったり、運用してお金を増やすことができます。

一方、10年後に100万円を受け取る場合、それまでの10年間は、100万円を自由に使うことができなくなります。そして10年後に本当に受け取ることができるのか、というリスクも残ります。機会損失リスクという視点で見ると、現在と将来では、同じ100万円でも価値が異なるのです。債権者はこの考え方に基づき、将来価値は現在価値に比べ低いため、その分金利を上乗せして返済してね、ということなのです。

金融機関がお金を貸す理由の2点目は、お金を借りる人を応援するという理由です。お金を借りる人には、様々な理由があります。家づくりをするため、社屋を建て替えるため、車を買うため、新しいビジネスを始めるため、また生活費が不足する事態に陥ってしまったため、等々です。

金融機関は、その様々な理由に合わせて、金利や借入期間などの条件を決めていくのですが、中には無金利でお金を貸す場合もあります。例えば、奨学金制度です。これは経済的に余裕がない家庭でも、学校に通えるようにつくられた仕組みで、その仕組み自体にも様々な種類がありますが、その一部に無金利で学費を貸付てくれる制度があります。

先述のように、金融機関は、金利で利益を得ているため、無金利では債権者のメリットはないように思われます。しかし、金融機関がお金を貸す理由には、単純に利益を上げるだけでなく、お金を借りる人の人生を応援するという点があるのです。

6・5 建築事業で使われるローン

建築事業を行う際に使われる代表的なローン（借金）は、住宅ローンと事業用ローンがあります。

住宅ローンは家づくりをする時の専用のローンです。事業用などのその他のローンに比べ、金利が安く返済期間を長くできるのが特徴です。各金融機関によって、条件は変わってきますが、建て主の年収、勤めている会社、年齢、貯金額を勘案して審査されます。同時に金融機関によっては、土地やマンションの評価によって、審査が厳しくなる場合もあります。なぜなら金融機関は、お金を借りる人（債務者）が何らかの事情で返済できなくなった時のために、土地や建物を「担保」※6・7にとって、お金を貸すことが多いからです。そのため小さすぎる土地や管理状態の悪いマンションでは、ローンが借りられない場合があるので注意が必要です。

事業用ローンは文字通り、ある事業を行うためのローンです。様々な種類のローンがあるのですが、一般的に住宅ローンよりも、金利が高く、返済期間も短いのが特徴です。こちらも年収や売上、不動産の担保評価が審査の重要な要素になるのは、同じなのですが、審査の上で最も重要になるのは、事業性です。つまり、その事業がどのくらいの収益を上げられるか、返済額との適度なバランスがとれているのかということです。例えばアパートを建てて、大家さんを始めるために事業用ローンを借りたい場合、月々得られる見込みの賃料収入から、返済額、管理費、修繕費、税金などを引いた後どのくらいの利益が残るかが、審査の重要なポイントになります。従って、審査にあたり事業計画を作成する必要があります。

次からは、不動産投資における事業計画のポイントをみていきましょう。

※6・7 担保
債務者が債務（返済）を行えなくなった場合に備え、債務者から債権者に提供する物品や権利のこと。債務（返済）を行えなくなった場合は、担保によって債務の弁済を行うことになる。

6・6 不動産キャッシュフローを読むスキル

不動産投資を事業として行い、事業計画をつくる時によく使われるのが、「不動産キャッシュフロー」というお金の増減を表現したシートです。

不動産キャッシュフローとは、その不動産が生み出す利益を算出するものであり、ざっくりと説明すると、(不動産から得られる収入)—(その不動産を運営するための経費+諸費用+税金)=(不動産から得られる利益)を表しています。

不動産キャッシュフローを算出することで、その投資が赤字になるのか、黒字になるのかを判断できます。つまり、行っても良い投資か、悪い投資かを判断するのに役立ちます[※6・8]。

従って、金融機関もその事業に対して、お金を貸しても良いかどうかの判断材料にするため、事業用ローンを借りる時の審査のポイントにするのです。それでは、不動産キャッシュフローの大まかな構成[※6・9]をみて行きましょう。

148~149頁の図が不動産キャッシュフローと呼ばれる表の典型的な形ですが、この不動産学基礎では、これをつくる所までは求めません。まずはこの表の骨

※6・8 投資の判断
広島大学の中薗哲也准教授は、建築設計学特論の講義の中で、集合住宅を計画する際の収支計画の必要性について、触れている。現代社会で建築をつくるということは、より持続可能な仕組みを理解する必要があり、つまりお金や不動産の知識があるべきである、と。また時代の流れで「リノベーション」を選択する学生は増えていくが、その時も、リノベーションが良いという収支的な判断基準は学生のうちに学べるはずだ、と述べる。

※6・9 不動産キャッシュフローの大まかな構成
この表は、本章を読み込むだけでは理解が難しいが、補助的な講義を合わせると、意外に簡単に理解できる。

組みを読み解いていきましょう。とっつきにくいと思いますが、理解さえすれば単純なルールであることがわかります。

まず、大きく大別すると、「リアルなキャッシュフロー」と「税務上のキャッシュフロー」という、2つのお金の流れがあります。「リアルなキャッシュフロー」とは、実際のお金の流れを表し、お財布に今、どれくらいのお金があるのかがわかるものです。将来の財布、または通帳の中身と言っても良いでしょう。

一方、「税務上のキャッシュフロー」とは、税金を計算するためのキャッシュフローです。この税金とは、その不動産事業で発生する、利益に対して支払う必要がある税金（事業主が個人であれば所得税、法人であれば法人税）です。

なぜキャッシュフローが2つ必要なのでしょうか。それは、2つのキャッシュフローで算出する目的が違うため、登場する項目が違っているからです。ここからは、詳しく項目をみていきましょう。

「リアルなキャッシュフロー」は、【収入】－【支出】＝【収支】という計算式で表されます。

【収入】は、この不動産事業で得られる、売上＝お財布に入ってくるお金です。具体的にはテナントに貸室を貸すことによる、「賃料収入」です。常に満室という

15年を境に収支が向上している。大きくは金融機関からの借り入れが完済したため。

一方で、同年に起きているので分かりにくいが、「減価償却」のうち、設備分も同時に終了している。下段の所得が上昇した分、「所得税等」が増加しており、収支上マイナスも生じている

(単位：千円)

14	15	16	17	18	19	20	21	22	23	24	25	26	27	28	29	30年
4581	4581	4581	4581	4581	4581	4581	4581	4581	4581	4581	4581	4581	4581	4581	4581	4581
-341	-341	-341	-341	-341	-341	-341	-366	-366	-366	-366	-366	-366	-366	-366	-366	-366
4240	4240	4240	4240	4240	4240	4240	4215	4215	4215	4215	4215	4215	4215	4215	4215	4215
2626	2587	0	0	0	0	0	0	0	0	0	0	0	0	0	0	0
272	265	259	253	247	241	236	230	225	220	215	211	206	202	197	194	190
212	212	212	212	212	212	212	210	210	210	210	210	210	210	210	210	210
137	137	137	137	137	137	137	137	137	137	137	137	137	137	137	137	137
150	150	150	150	150	150	150	150	150	150	150	150	150	150	150	150	150
61	61	61	61	61	61	61	60	60	60	60	60	60	60	60	60	60
438	469	726	728	729	731	732	728	729	731	732	714	715	717	729	730	731
3896	3881	1545	1541	1536	1532	1528	1515	1511	1508	1504	1482	1478	1476	1483	1481	1478
344	359	2695	2699	2704	2708	2712	2700	2704	2707	2711	2733	2737	2739	2732	2734	2737

下段の「所得」の上昇に伴い、「所得税等」も増加している

借入が完済し、「収支」が急上昇している

期間15年で借入れている計画であることが分かる

14	15	16	17	18	19	20	21	22	23	24	25	26	27	28	29	30年
4240	4240	4240	4240	4240	4240	4240	4215	4215	4215	4215	4215	4215	4215	4215	4215	4215
1674	1590	544	544	544	544	544	544	544	544	544	624	624	620	574	574	574
59	21	0	0	0	0	0	0	0	0	0	0	0	0	0	0	0
682	675	669	663	657	651	646	637	632	627	622	618	613	609	604	601	597
2415	2286	1213	1207	1201	1195	1190	1181	1176	1171	1166	1242	1237	1229	1178	1175	1171
1825	1954	3027	3033	3039	3045	3050	3034	3039	3044	3049	2973	2978	2986	3037	3040	3044

減価償却のうち設備分の償却が終わり、
税申告上の「所得」も上昇している

減価償却期間は、木造住宅だと22年、鉄骨造オフィスだと38年、RC造マンションだと47年と、構造と用途により異なります。不動産経営をする上で重要な表であり、実際のお金の流れから、建築計画にフィードバックすることが可能です。(東京建築士会や創造系不動産スクールでも定期的にカリキュラムが組まれています。)

不動産キャッシュフローの一例

実際のお金の流れ(キャッシュフロー)。賃料収入と経費の差を表す。ただし「所得税」は、下段の税申告により確定する

「空室率」は6.7%から7.4%に上昇しているが、家賃は逓減されていないことが分かる

資金収支		1	2	3	4	5	6	7	8	9	10	11	12	13
収入	家賃収入	4581	4581	4581	4581	4581	4581	4581	4581	4581	4581	4581	4581	4581
	空室控除	-130	-311	-311	-311	-311	-311	-311	-311	-311	-311	-341	-341	-341
	合計	4451	4270	4270	4270	4270	4270	4270	4270	4270	4270	4240	4240	4240
支出	借入金返済額	3120	3088	3049	3011	2972	2934	2895	2857	2818	2780	2741	2703	2664
	固定資産税(※)	382	372	361	352	343	333	325	316	309	301	293	285	278
	管理手数料(※)	222	213	213	213	213	213	213	213	213	213	212	212	212
	建物修繕費(※)	137	137	137	137	137	137	137	137	137	137	137	137	137
	修繕積立金	150	150	150	150	150	150	150	150	150	150	150	150	150
	広告費(※)	382	46	62	62	62	62	62	62	62	62	61	61	61
	所得税等	256	307	315	326	338	375	386	398	409	420	424	436	427
	合計	4649	4313	4287	4251	4215	4204	4168	4133	4098	4063	4018	3984	3929
収支		-198	-43	-17	19	55	66	102	137	172	207	222	256	311

最終的にオーナーに残る金額と考えてよい

収支がマイナスからプラスに転じるのは、「借入返済額」と「固定資産税」が徐々に減少していくため

上段の表とは異なり、実際のお金の流れではなく税申告のための表。建物費用を一定年数で分割して費用化する、「減価償却費等」が計上される

不動産所得		1	2	3	4	5	6	7	8	9	10	11	12	13
収入	合計	4451	4270	4270	4270	4270	4270	4270	4270	4270	4270	4240	4240	4240
経費	減価償却費	1702	1702	1702	1702	1702	1594	1594	1594	1594	1594	1594	1594	1674
	支払利息	560	521	483	444	406	367	329	290	252	213	175	136	98
	その他(上表※)	1123	768	773	764	755	745	737	728	721	713	703	695	688
	合計	3385	2991	2958	2910	2863	2706	2660	2612	2567	2520	2472	2425	2460
申告所得		1066	1279	1312	1360	1407	1564	1610	1658	1703	1750	1768	1815	1780

このケースでの「所得税率」は24%と比較的高税率のため、他の収入も合算されていることが分かる

不動産キャッシュフロー表の型式は各社様々ですが、基本的に上段と下段に分割され、不動産計画の収益性が表現されています。ここでは、上段が現実のお金の入出金(リアルな流れ)であるのに対し、下段は税務ルールによる計算表(バーチャルな流れ)になっています。上段の「所得税等」は下段の「申告所得」により決まります。「減価償却」は資産計上されるものが単年度ではなく、複数年度で経費化される制度であり、不動産キャッシュフロー上、特に重要な概念です。

わけではないため、空室期間の賃料を差し引く、「空室控除」があります。表には記載していませんが、その他の収入に入れられる項目としては、「礼金収入」や「広告料収入」があります。

【支出】は、この不動産事業にかかるお金＝お財布から出ていくお金が記載されています。事業用ローンを借りた場合の「借入金返済額（支払利息、元金返済額[※6・10]）」、建物や土地にかかる「固定資産税・都市計画税[※6・11]」といった税金、建物を適切に保全していくための「建物修繕費[※6・12]」「管理手数料[※6・13]」「消防点検費用[※6・14]」「大規模修繕工事積立金[※6・15]」といった項目、更には「所得税等または法人税等[※6・16]」があります。

【収支】は、これらの【収入】から【支出】の差が記載され、お財布に残るお金を表しています。

次に「税務上のキャッシュフロー」をみて行きましょう。

「税務上のキャッシュフロー」は、【収入】－【必要経費】＝【申告所得】という計算式で表すことができます。【収入】の金額は、「リアルなキャッシュフロー」も「税務上のキャッシュフロー」も同じ金額が記載されます。

ところが、【必要経費】は、「実際の資金のキャッシュフロー」の【支出】と金額が異なっています。また、項目も減価償却、支払利息、経費となっています。「減

※6・10 元金返済額
借入金の返済額のうち、正味の借入金のこと。借りたお金を返済しているだけなので、経費には入れられない。

※6・11 建物や土地にかかる「固定資産税・都市計画税」
建物や土地は所有しているだけで、毎年固定資産税・都市計画税がかかる。住宅用地や新築住宅には減税措置がある。

※6・12 建物修繕費
建物を適切に維持していくには修繕がつきものである。例えば、漏水や給湯器の故障などの設備修繕費に加え、共用部の電灯交換、ハウスクリーニング費用、エレベーターの定期点検費用、また漏水が発生したときの修理費用等、様々な費用が必要になる。

※6・13 管理手数料
賃貸不動産の管理を請け負う管理会社への手数料。共用部の清掃や賃料管理、入居者対応など、専門的な知識がないと建物を適切に管理できないため、必要に応じて管理会社に建物管理を委託することが必要。

不動産キャッシュフロー(CF)のしくみ

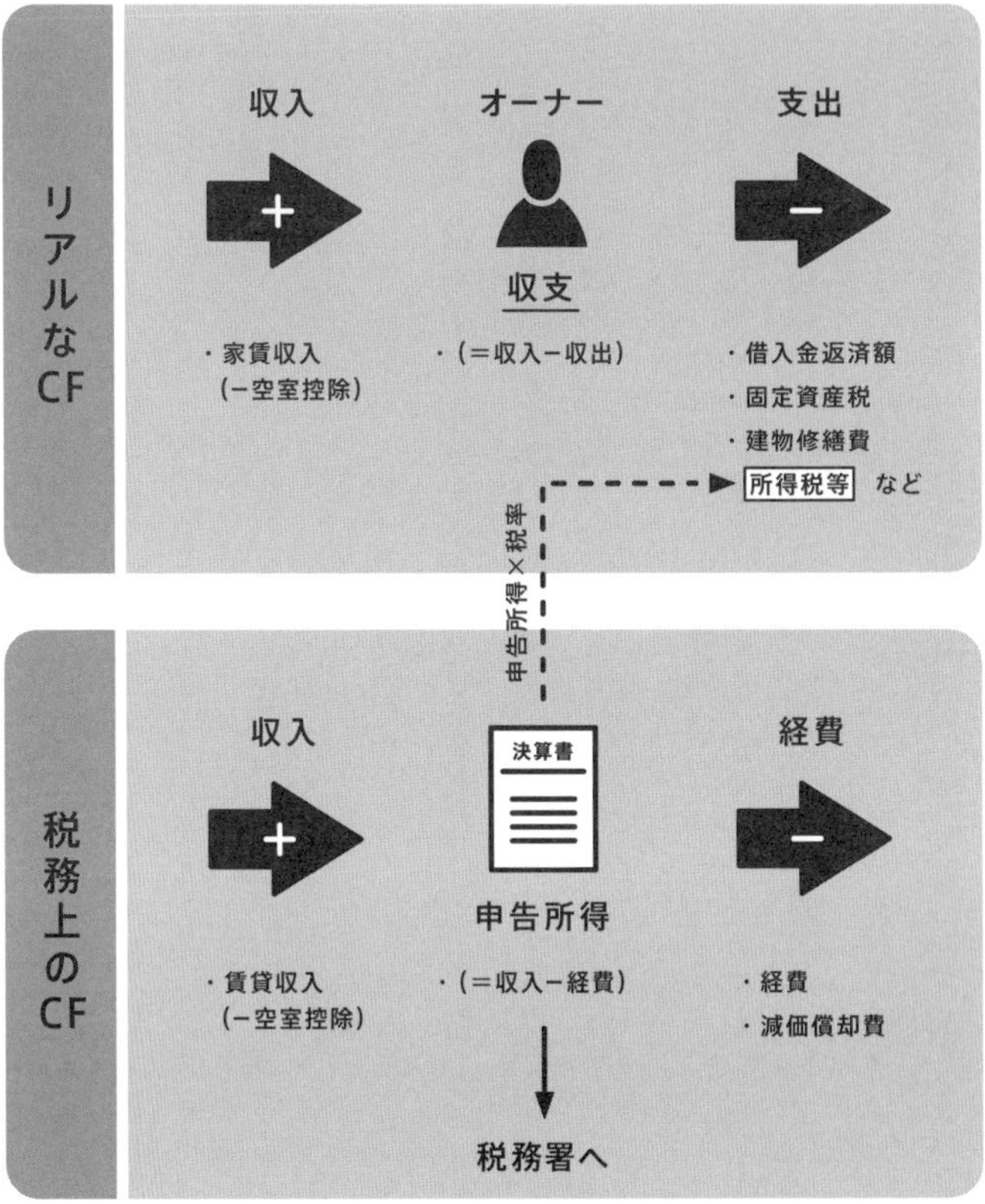

前出した数字の羅列であるキャッシュフロー表を簡単にすると、上図のようになります。日本のルールによると、ひとつの不動産収支には、2つのお金の流れが生じます。ひとつは上段の「リアルなキャッシュフロー(通帳に記載される実際のお金の流れ)」、もうひとつは下段の「税務上のキャッシュフロー(納税のためのルールに則り税務署に申告するお金の流れ)」です。この2つは部分的につながっています。この2つの流れと関係性を理解すれば、不動産のお金を押さえることができます。

価償却」とは、価値を耐用年数で割り戻すという税務上の計算方法です。減価償却は、「リアルなキャッシュフロー」には、登場しない項目であり、実際財布から出ていくお金とは違う、仮想の金額です。

6・7　減価償却を理解する必要性

なぜ、「税務上のキャッシュフロー」には、減価償却という考え方があるのでしょうか。結論から言うと、適切な所得税等を納めてもらうためです。一般的に、事業が上手くいき、売上がたくさん上がり利益がたくさん得られると、事業主は効果的な節税を考えます。せっかくたくさん得られた利益を、ただ税金として支払うのではもったいない、と考えるのです。

1つの方法として、「税務上のキャッシュフロー」に出てくる【必要経費】をつくる（給与で払ったり、設備投資したり）ことで、【申告所得】を減らすことができれば、それに比例して支払わなければならない所得税等も抑えられます。どうせお金を使うのであれば、事業に必要なものを【必要経費】として買って、【申告所得】を減らし、払う税金も少なくしたいと考えるのは自然なことでしょう。

※6・14 消防点検費用
一定規模以上の建物は消防設備を設置する必要があり、定期点検及び報告が必要になる。

※6・15 大規模修繕工事積立金
大規模修繕工事とは、10〜15年に1回程度、建築に必要な修繕をまとめて行う工事である。屋根や屋上の防水、外壁補修、設備配管更新、給水ポンプ、エレベーター設備、鉄部塗装など。大掛かりな工事になるため、あらかじめお金を積立てておく必要がある。

※6・16 所得税等または法人税等
不動産キャッシュフローの基本的な体系を摑んでもらうため、本章では省略するが、実際は所得税には控除額がある。また、個人の場合は所得税・住民税・事業税（規模が大きい場合）、法人の場合は法人税・法人住民税・法人事業税が課税されることになるが、同様の理由で省略し、本章では個人の場合は所得税等、法人の場合は法人税等と表記する。

例えば、【申告所得】が1億円となると、ざっくり5500万円（申告所得1億円×税率55％と仮定）の所得税等を納めなくてはいけません。せっかくたくさん利益を得られたのに、最終的な手残りは4500万円になってしまうのです。そこで、節税を考えて、事業に必要な文房具を3000万円分購入すると仮定すると、【申告所得】は7000万円になり、納める所得税等はざっくり3850万円（申告所得7000万円×税率55％と仮定）となり、最終的な手残りは3150万円となります。もちろん、最終的な手残りは4500万円から3150万円へ減ってしまうのですが、文房具3000万円を購入しているので、資産としては3150万円＋3000万円＝6150万円が残ったという見方もできます。また、支払う税金についても5500万円から3850万円に抑えられ、1650万円も節

		節税対策をする前	節税対策を行った場合
申告所得		1億円	7000万円
支払う所得税等 （申告所得×55％と仮定）		▲5500万円	▲3850万円
資産	最終的な手残り （申告所得ー支払う所得税等）	4500万円	3150万円
	購入した文房具	0円	3000万円
	小計	4500万円	6150万円

税できたと思うとちょっと得した気分になりませんか。ざっくりとした計算なので、少し乱暴ですが、これが事業主が節税を考える理由です。

しかし、すべての支出（「実際の資金のキャッシュフロー」に出てくる【支出】）の金額を、【必要経費】に入れることができると、所得税等を払わなくなる事業主がたくさん出てきてしまいます。例えば、先程の【申告所得】が1億円の事業主は、1億円のビルを建て、それがすべて【必要経費】とできるなら、【申告所得】は0円になり、税金を払わなくて良いことになってしまいます。

そこで登場するのが、「減価償却」の考え方です。1億円のビルは、その年だけで使い切るものではなく、その後何十年もかけて使っていくことになります。そこで、「リアルなキャッシュフロー」では、その年に払ったお金が出ていくのですが、「税務上のキャッシュフロー」では、そのビルの耐用年数[※6・17]分で、割った金額だけ【必要経費】に入れなさいという税務上のルールがあるのです。これは、「収益費用対応の原則」という考え方に基づいています。そもそも、支出額が「経費」として認められるためには、「収益」を得るために「必要な支出」であることが求められており、「経費」と「収益」は結び付けて考えられているのです。つまり、30年にわたって収益を上げる建物であれば、経費も30年にわたって分割して計上しなさい

※6・17 耐用年数
建物が収益を生み出し続ける期間は正確には分からないため、減価償却額を算出するには、建物の構造や用途を考慮して、一律に国が定めている。これを耐用年数というが、建築的なものではなく、税法上のルールと言える。

というルールなのです。
耐用年数はそれぞれの構造や用途によって予め決められています。建物だけではなく、船や車、パソコンなどにも設定されています。1億円のビルが、鉄筋コンクリート造の集合住宅だった場合、耐用年数は47年と定められており、1億円÷47年≒212万7万が1年間に計上できる減価償却費です。
減価償却だけではなく、同様の理由で「【必要経費】に入れられる【支出】」と「【必要経費】に入れられない【支出】」があります。代表的な例をみていきましょう。
「【必要経費】に入れられる【支出】」：支払利息、固定資産税・都市計画税、管理手数料、建物修繕費、消防点検費、広告費etc.
「【必要経費】に入れられない【支出】」：元金返済額、修繕積立金etc.
こうして算出された【申告所得】に対して、予め定められた税額がかかり、事業に対する税金（事業主が個人であれば所得税等、法人であれば法人税等）が算出されるのです。そして、「税務上のキャッシュフロー」で算出された税金は、「リアルなキャッシュフロー」の【支出】の項目に計上されるのです。つまり、2つの異なるキャッシュフローは、登場する項目は違えど密接に関係し、どちらも欠かせないものなのです。

6・8 不動産キャッシュフローもデザインできる

これまで、キャッシュフローの読み方を見てきました。それでは【収支】を良くするには、どのように計画を進めれば良いのでしょうか。

単純に言えば、【収入】を増やし、【支出】を減らすことができれば、【収支】は良くなるはずです。例えば、賃貸の集合住宅を計画している時の【収支】を良くする策として、代表的な例をいくつかみて行きましょう。

【収入】

・賃料（家賃）が高く設定できるような、人気のある（求められる機能・デザイン性の高い）空間にする
・年数が経過して、古くなっても、賃料が下がらないような運営体制を提案する
・新築時だけ賃料坪単価が高くなる計画（ワンルームをたくさんつくるなど）は気を付けるｅｔｃ.

【支出】

・新築ではなく、リノベーションにして工事費が下がるか検討する

・金融期間との話し合いで低金利で借り入れるなら、借入期間を長くし、月々返済額を下げる

・減価償却期間が短い木造とすることで、毎年の減価償却額を増やし【申告所得】を減らし、所得税等（法人税等）を節減するｅｔｃ.

これらを理解すると、まちのあちこちで、いわゆる「木賃《もくちん》アパート」※6・18が見られる理由がわかってきますね。鉄骨造や鉄筋コンクリート造に比べ、比較的工事費が安価かつ減価償却が早いため、投資効率が良いのです。また、賃貸物件を所有していると、相続税が軽減されるため、相続税対策として賃貸住宅を建てる方も多くいます。※6・19

これ以外にも、【収支】を良くする方法は、まだまだたくさんあります。列挙している通り、不動産側だけでなく、建築計画で【収支】を良くする方法も多くあります。建築と不動産がタッグを組んで、検討していくことが、良い計画をつくるべースとなるのです。

加えて、建築士のアイデアや論理的思考力は、事業の企画段階で大きな武器になります。単純にデザインが良いものをつくること以上に、【収支】を向上させ、中長期的に周辺の建物と差別化し得る建築物をつくることができれば、事業面でも大

※6・18 木賃（もくちん）アパート
木造賃貸アパートの略。相続税対策として賃貸住宅を建てる方は相当多い。

※6・19 相続税対策
土地や建物の税法上の評価額は、一般的に市場の実勢価格よりも大幅に低くなるため、相続時に現金で遺すよりも、土地や建物にしておくほうが、相続税を少なくできる。賃貸住宅は更に評価額が下がるため、節税対策に賃貸住宅を建てたり購入することは、日本の典型的な不動産の節税方法である。

きなメリットになります。当然、事業を企画している、不動産オーナーへ本質的な貢献ができます。一見、不動産キャッシュフローは数字の羅列のように見えますが、とてもクリエイティブで、デザインしがいのある領域なのです。※6・20

もちろん、【収支】を良くする方法は、その土地や周辺の環境、不動産オーナーの状況などによって変わるため、プロジェクトごとに、都度知恵を絞って考える必要があります。必ずしも木造2階建てアパートが正解ではなく、リノベーション、新築など様々な可能性をすべてフラットに検討していくのが良いでしょう。一番大きな要因は、オーナーの現在の状況です。現在の年齢、収入、保有資産などで金融機関から借入できる金額が決まってきます。

更に、不動産オーナーが次の世代にどのようにバトンを渡していきたいのか、この土地をどんな場所にしていきたいのか、どんなふうに生きていきたいのかという、お金では表せない思いも、非常に重要な要素です。これらを計画に落とし込んでいくため、前半でお話ししたデプスインタビューが重要になってくるのです。

※6・20 不動産と建築とお金の関係
2014～2017年、関東学院大学、建築・環境学部の中津秀之准教授が企画した、建築系学部にとって先進的な講義「不動産学基礎」。そのスタート時に教鞭をとった矢部智仁先生（現・ハイアス・アンド・カンパニー、東洋大学大学院、日本不動産学会監事）。矢部先生は「不動産学は裾野が広い、学問領域としても工学、法学、社会学、経済学をはじめとする多様な学問領域の学際的な分野であり、実業においても金融工学的な素養から営業活動の素養までを必要とする広さや深さがある」と言う。矢部先生は不動産や経済の知見から、建築学にあるべき学習を検討してきた。「本来、不動産と建築は「お金」が密接に絡み、切り離せないもの。学生のうちは、社会の諸事象を不動産に関連づけて問題認識する力を身に着け、そして社会人になったら問題解決をする力を身に着けるべき」と講義する。

6・9 新しい資金調達方法——不動産投資信託（REIT）とは？

不動産キャッシュフローを考える上で、外せないのが資金調達です。一般的な資金調達方法は、銀行などの金融機関からの借入が上げられます。

さらに新しい資金調達方法が、不動産において発明されました。それが不動産投資信託、REIT※6・21です。REITとは、株に似たシステムで、不動産を証券化することで複数の投資家からの出資を募るシステムです。投資家は、投資法人が発行する投資証券を購入することで、資産運用会社が行う不動産事業で得られる売上（主には賃料）から分配金を得るという投資です。投資証券は株や為替と同様に金融商品の1つであり、価格が上下します。価格が安い時に買い、高い時に売ることができれば、分配金だけでなく、キャピタルゲインも得ることができます。投資家にとっては、少額から投資できるため、比較的手軽に不動産投資を行うことができます。不動産の事業主にとっても、より多くの投資家から資金調達を行うことができ、リスクや金銭的負担を分散させるメリットがあります。

そもそも、不動産のオーナーになる（不動産を所有する）という形態にも、様々

※6・21 REIT
Real Estate Investment Trustの略で、不動産投資信託のこと。1960年にアメリカで導入され、日本では2001年よりスタートした。ここでは主に日本版不動産投資信託であるJ-REITを指す（※3・12も参照）。

な方法が発明されてきた歴史があります。もともとは、個人オーナーが持ち家や借家を建て、単独で不動産を所有する方法が基本形でした。しかし、資金力が足りない人や、単独で所有するよりも豊かな空間を獲得したい人のために、共同住宅という方法が発明されました。長屋や分譲マンションがそれにあたります。オーナーは、区分所有者と呼ばれ、建物や土地のある区画のオーナーになり、その他の共用部分は、共同で管理・運営を行っていく方法です。

ＲＥＩＴは、区分所有ではなく、共同所有に近い感覚があります。特定の区画を所有するのではなく、共同で出資することにより、不動産オーナーとなるのです。

これからの日本では、人口減少によって、不動産相場は二極化していくことが予想されます。都市部や駅近の物件は今後も当面は維持されるでしょう。しかし、地方都市や郊外では、不動産価格が大きく値崩れする地域もあるでしょう。

こうした不動産市場が変革されていく時代では、ますます所有形態は多様化していくかもしれません。

本章は小澄健士郎税理士の監修のもと、執筆を行いました。

リート(REIT)の仕組み

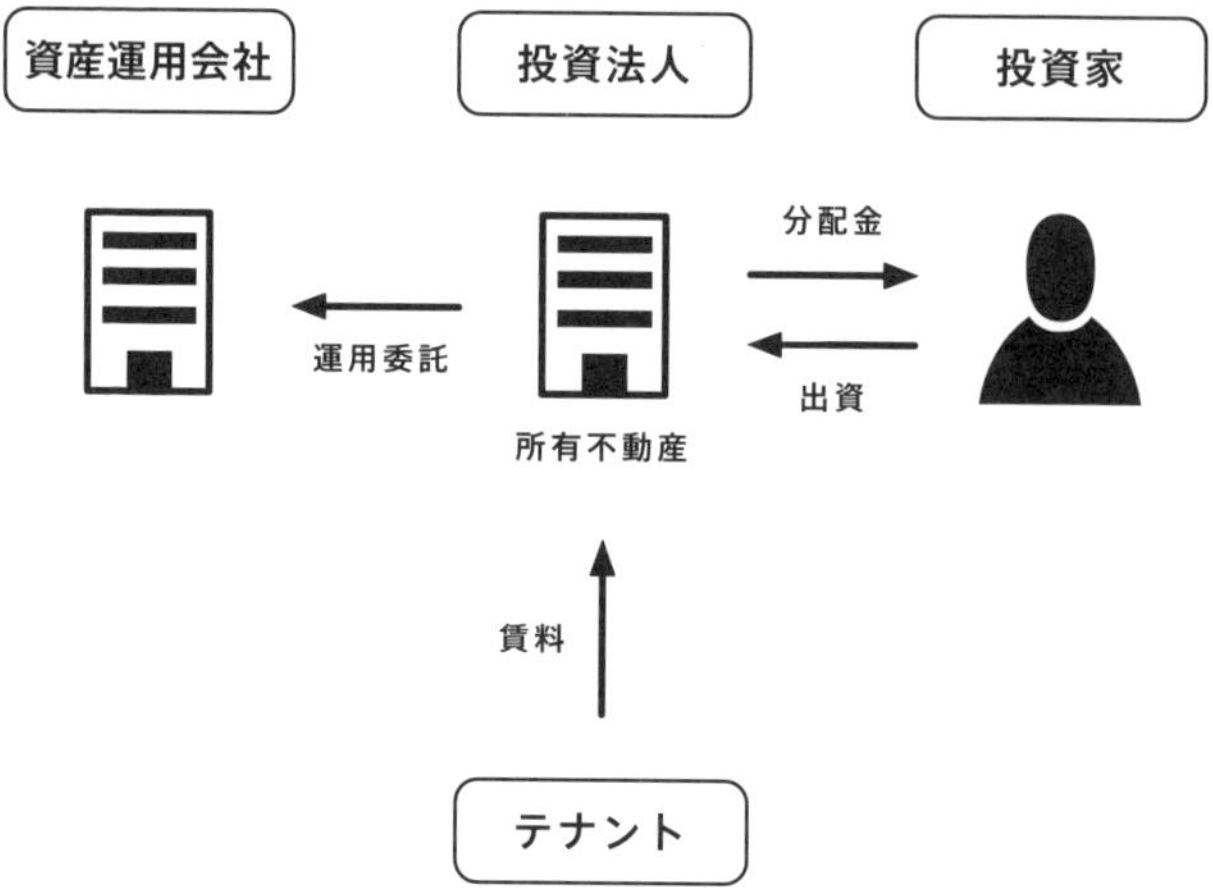

2000年の法改正により、不動産証券化による小口化された新しい投資機会が生まれました。これにより図のような不動産投資信託(Real Estate Investment Trust=REIT)が可能になり、不動産投資のハードルが下がりました。投資法人(不動産ファンド)は、運営する数十棟以上のビルからの収益をまとめて、投資家から資金を集めます。投資家は数万円~数十万円から投資することが可能で、そのリターンとして投資法人から分配金を得る仕組みです。

一般社団法人投資信託協会「J-REATの仕組み」
https://www.toushin.or.jp/reit/about/scheme/

演習問題6

都心部にも、比較的郊外にも、いわゆる「木賃アパート（木造賃貸アパートの略語）」が多く見られます。日本のまちにこれが建てられているのは、なぜでしょうか。不動産学的な視点から、その原因について、多面的に論じてください。

解説は305頁へ

7章

不動産シェアリング概論

働く場と暮らしの変化

佐竹雄太
建築士・不動産コンサルタント

「シェア」という言葉を、日常でも耳にすることが増えました。本章では暮らし方や働き方が、シェアリングエコノミーによって、不動産にどう影響を与えるのかを概観します。

そして働き方の点では、オフィスを権利やお金の流れ、経営戦略の観点から読み解きながら、近年浮上した「働き方改革」というテーマにも触れます。令和の時代の働き方にあわせたオフィスづくりが、急加速しています。それが成立する背景から現代的な課題を解説します。

そして、2020年から世界中で猛威を振るう、新型コロナウイルスの感染拡大が、このシェアリングエコノミーにどのような影響を与えるのか、そこから将来の不動産の可能性を垣間見ます。

7・1 そもそもシェアリングエコノミーとは

2000年以降、インターネット文化は広く根付き、私たちは世界中の人たちや、今まであれば出会うことのなかった多くの人たちと、瞬間的につながることができるようになりました。その中で発達してきた概念の1つが「シェアリングエコノミー」です。

シェアリングエコノミーとは、インターネットを介して、自分が所有しているけれど使っていないものなどを、それが必要な人に、自分が必要ではない間、使えるようにする・貸すといったサービスの総称を指します。日本語で言い換えれば「共有経済」であり、共有する「もの」は、多岐にわたります。例えば、お金やモノ、スペースや技術・技能などであり、今後さらにシェアされる分野は広がっていくと考えられています。

ここで、3つ、みなさんの周りにあるシェアリングエコノミーの例を挙げたいと思います。まず1つ目は、「カーシェアリング」です。カーシェアリングとは、車を所有せず、使いたい時に使いたい時間で、しかも簡単な手続きで手軽に車を使う

シェアする対象の例

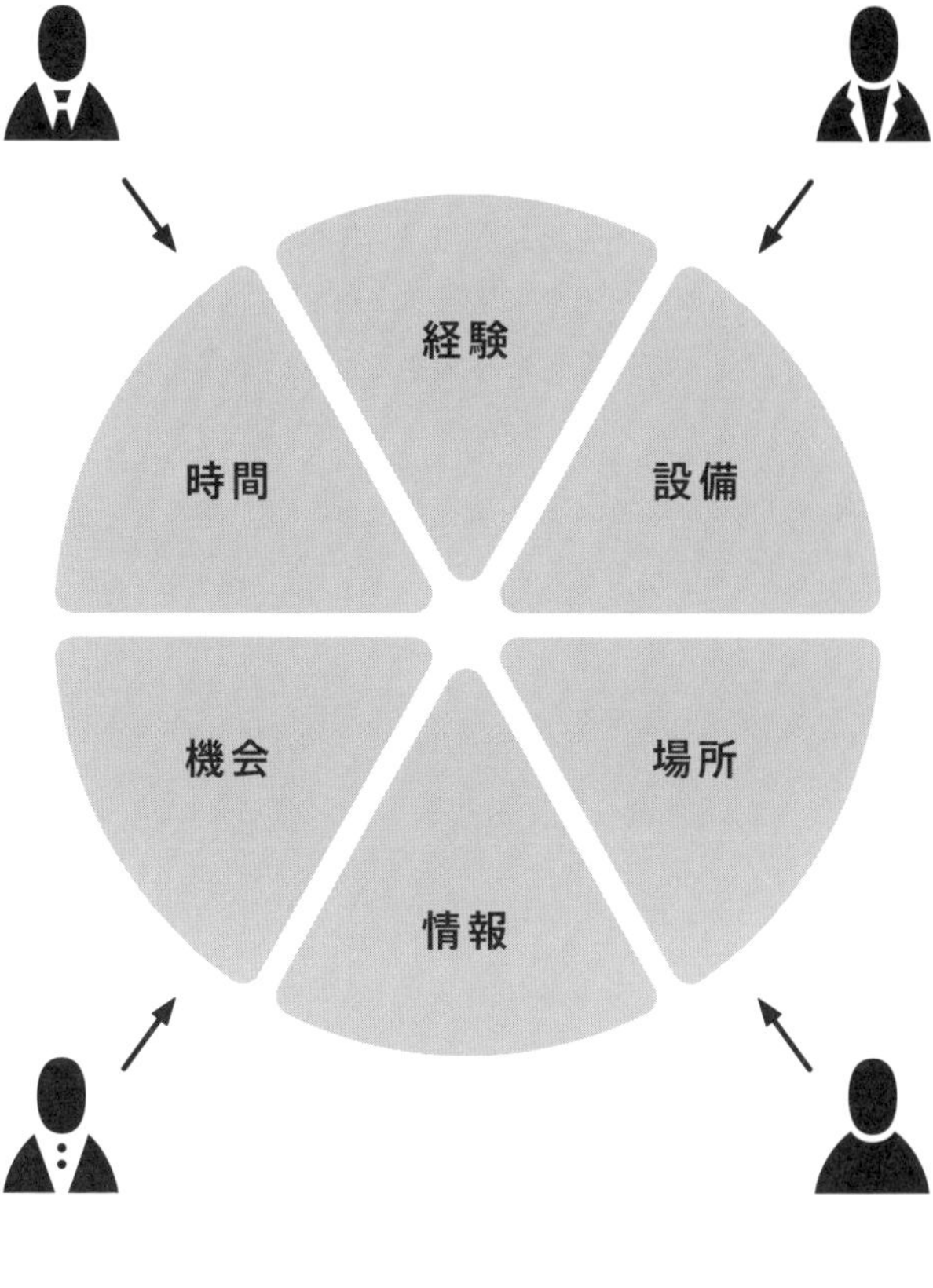

現代的な感覚と言われる「シェア」は、文字通り他人と共有するということですが、その対象は様々です。共有するのは、単に「モノ」ではなく、場所や時間、または経験といった「コト」に及びます。これは不動産学で前提としている、近代の私的所有権とは異なる価値を目指していると言えるでしょう。その前提が変化するとき、建築や不動産の将来には、どのような可能性が考えられるでしょうか。

事ができるサービスです。携帯電話やパソコンで申し込むことで利用できます。今では日本でも多くの会社がそのサービスを提供しており、ステーションと呼ばれるカーシェア用の車が停めてある駐車場も増えつつあります。

従来のレンタカーと違うのは、その手軽さです。車を購入して持つと、維持費や駐車場代など固定費が掛かります。大都市圏に住む人たちは、日常的に公共交通機関を使用しており、車を使うのは週末のみ、もしくはほとんど使用しない人も増えており、このサービスの普及の追い風となっています。もしかしたら、みなさんのご家族も日常的にこのサービスを使っているかもしれません。それほどカーシェアリングは徐々に一般層に浸透していきているのです。

2つ目は、「コワーキングスペース」「シェアオフィス」です。こちらも名前としては、聞いたことがある方も多いかと思います。建築業界でも、コンペの要綱や、学生の設計課題のプログラムとして多く見られるようになっています。

アメリカが発祥と言われ、日本で増え始めたのは、2010年代初め[※7・1]です。コワーキングスペースはフリーランスで働く人たちに家以外の働く場所の提供と共に、同じスペースを共有する人たちとの交流という価値を生み出しました。

フリーランスとして働くデザイナーは年々増加しており、場所を選ばない働き方

※7・1　コワーキングスペース
筆者の調査によると、東京では、不動産オーナーが空室を用いて、フリーランスを支援する場としてつくったのが最初のコワーキングスペースと言われている。

を許容する企業も徐々に増えてきています。近年では、働く場所を共有することによって起こる交流と、そこから生まれるイノベーションに着目した大型シェアオフィス※7・2も、急速な成長を遂げています。

7・2 シェアハウスの事例

3つ目は「シェアハウス」です。みなさんの中にもシェアハウスに住んでいる人がいるかもしれません。それほどシェアハウスは若い世代に浸透してきています。シェアハウスの始まりは、専有部を狭くして、バスやトイレ、キッチンなどの設備、玄関、リビング、ダイニングなどを他の居住者と共有する事で、1人暮らしをするより、安い賃料で住む事ができるというニーズに応えるためのものでした。

それがいつからか、その中に住む人たちの交流に価値を見出す人たちが増え始め、多くの人で共有するからこそ、1人暮らしでは持つことができない質の高いキッチンなどの設備や、広いリビングスペースや遊戯室などが完備できるという利点も相まって、満たすべきニーズが変化してきました。今では、様々なコンセプトで差別化を図るシェアハウスが多くあります。それまで中古物件のリノベーションが多か

※7・2 大型シェアオフィス
民間企業が運営する大規模シェアオフィスは、都心部を中心に拡大している。今までのフリーランスの人が多かったコワーキングの流れと異なり、社内だけではイノベーションを起こしづらくなった大企業も利用するようになっている。そこでは他業者との交流自体が目的で、コミュニケーションを行うためのアプリの開発や、それを促進する専門の人材の配置を行っているシェアオフィス企業もある。

ったシェアハウスの中で、新築の事例があります。LT城西[※7・3]はシェアハウスとして適切な空間性をゼロから建築家が設計した注目すべき建築と言えます。

　また、シェアハウスの広がりを不動産側からもう少し深堀りしていくと、管理会社のビジネスモデルが大きく関わってきている事がわかります。今まで不動産管理業を行う業者は、家賃のおよそ5%ほどの管理費をオーナーから貰い管理を行う事業モデルで、より多くの不動産を管理する事によるスケールメリットで効率を高め、収益を上げていました。これがシェアハウスの管理の場合は、通常の管理業務に加え、日用品の補充や、掃除なども行う（※場合による）事で管理費を賃料の20%まで上げる事を可能にしました。これにより管理会社の新たな収益源としてシェアハウスが発展してきた経緯もあるのです。ここでもう1つシェアハウスの事例を上げたいと思います（今川のシェアハウス[※7・4]）。このシェアハウスの特徴は、リノベーションを設計した設計事務所自体が事業主体となり、管理・運営も行っている点にあります。このように、今後は管理や運営の形態もさらに多様化が進んでいくと考えられます。

　ここまで述べたシェアリングエコノミーの広がりは、「権利関係」を扱う不動産の分野においても、大きな影響を与えています。

※7・3　LT城西
成瀬・猪熊建築設計事務所が設計し、2013年に竣工したシェアハウス。新築のシェアハウスである点が不動産的特徴である。シェアハウスが広がってきた背景には、空き家増加という社会現象があり、空き家活用の方法の1つとしての役割を担ってきた。つまり、シェアハウスは既存の住宅からの転用が多い。特に既存の用途が住宅の場合は、キッチンなど水回りやリビングが元々1つであるため、それを共有するシェアハウスへの改修は比較的小規模な工事に抑える事ができ、相性が良い。そのため、あえてシェアハウスに適した空間を一から設計するケースは非常に少なかった。LT城西はシェアハウスという用途に適した空間を、建築家が考え抜いた貴重なケーススタディと言える。また成瀬氏と猪熊氏によるシェアについての思想は、『シェアをデザインする』（猪熊純、成瀬友梨、門脇耕三、中村航、浜田晶則 編著・学芸出版社・2013年）に紹介されている。

権利関係の中でも、最も強い概念は「所有権」[※7・5]です。人は「所有」することに価値を見出してきました。つまりは、モノを自分が占有でき、思うがままに自由にすることの価値です。

すなわち不動産を売買するということは、物としての固定資産というより、むしろ所有する権利の売買なのです。しかし、シェアリングエコノミーの概念の広がりによって、大きくその価値観が揺るがされています。

みなさん、考えてみてください。もし、自らその不動産を所有しなくても、自分が必要な時に自由に使用することができるとしたら、あえて所有権にこだわる必要があるでしょうか。おそらく、そこに強いこだわりがない人の方が多数派でしょう。

しかし、ふと高度経済成長期やバブル期の日本を思い起こすと、その割合は逆転します。当時、人々は今まで持っていなかったものを所有する事に、強い魅力を感じていました。高級時計や高級車、もしくは家電製品などどういったものを持っているかが、ステータスとして理解され、その所有によって自分の価値を定義していたのです。

不動産も同様です。都内の一等地の高層マンションの1室を所有していることに、重要な意味があったのです。しかし、いつしか日本は成熟し、物や情報が社会に溢

※7・4 今川のシェアハウス
若手建築家ユニット勝亦丸山建築計画が、自ら事業者となり、リノベーションの設計から管理・運営までを行うシェアハウス。シェアハウスは既存住宅から転用しやすいという性質があり、ここでも築47年の住宅建築をリノベーションしてつくられた。このプロジェクトの特異な点は、この住宅が、20世紀の建築界の巨匠フランク・ロイド・ライトの日本人最後の弟子と言われる建築家・遠藤楽が1976年に設計した住宅建築である点と、前述の通り、建築家自らが事業者となり、不動産事業としての可能性を模索しながら進めている点である。

※7・5 所有権
土地や建物などの不動産など、特定の物を、法令の制限内で自由に使用、収益、処分することができる権利のことをいう。目的物が存在する限り永久に存在する。3章5節74頁「所有権は発明されたもの」参照。

れる事で、均一化し、物の所有自体では自分のステータスを、感じない人が増えています。

それにより、徐々に必要性を伴わない所有へのこだわりは薄れ、使用の意識の方が強くなってきたと考えられます。その流れの中で、ある種必然として、２０００年代にシェアの概念が登場するのです。

7・3 自社オフィスの不動産的特徴

本節以降では、コワーキングスペース・シェアオフィスについて話をしようと思います。

オフィスは、産業革命以降に生まれ発展してきた近代のビルディングタイプであると言われます。資本主義社会で台頭する民間企業が、合理的にリソース（人・金・物といった資源）を集約させるために、オフィスビルという形式が生まれ、洗練されてきました。

不動産学的には、1章で触れたように、それが企業の自社オフィスなのか、またはディベロッパーや不動産オーナーによる賃貸オフィスなのかによって、大きな違いが出てきます。まずそこを確認していきます。

自社オフィスビルとは、ここでは企業が自らの業務に使用するために所有するオフィス建築を指します。企業のオフィスビルと言えば、新宿や渋谷、もしくは丸ノ内などにある超高層ビルをイメージされる方が多いかもしれませんが、ああいったビルの中のオフィスは一般的にはビルの所有者から一部を賃貸している事が多いです。

企業が自ら所有し使用している所有型のオフィスは、10階建て以下の小～中規模なビルや、倉庫のようなものなど、企業によって形態は様々です。※7・6

不動産所有者は、この企業自体です。その経営者が、設計者（設計事務所）や施工会社（ゼネコン・工務店）に発注して建築されます。経営者は彼らに依頼し、企業の経営戦略を建築デザインや空間に込めて、自由に表現することができます。

オフィス建築のそもそもの目的は、社員が効率的に働ける機能性を重要視した場所・空間である事です。しかし最近は、どういった地域で、どんな空間を自社オフィスにするかは、その企業のブランドイメージを構築する上で、重要なウェイトを占めるようになりました。それは、打合せなどで訪れる取引先などのステークホルダーに対してのメッセージでありつつ、社内で働く社員に向けられたものでもある

※7・6 自社オフィスビル
アップルの本社（カリフォルニア州クパチーノ市）は「Apple Park」と呼ばれ、広大な敷地の中につくられた、まさに公園のようなオフィスである。建築家ノーマン・フォスターによる設計で、低層に抑えられた円環形態のオフィスの中心は樹木が植えられている。洗練されたアップル製品に通じる理念が、建築にも徹底して表現されている。自社のブランドを社内、社外両方に発信するためのオフィス事例として興味深い。

貸しビルと持ちビル

貸しビル

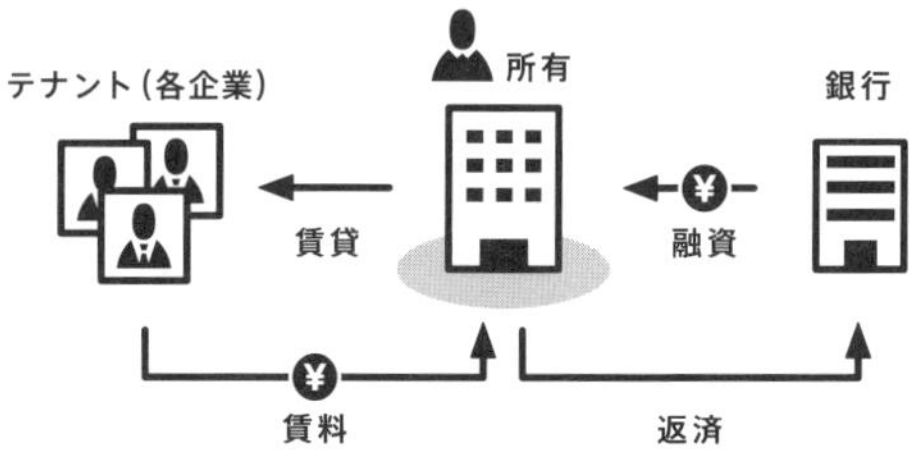

持ちビル

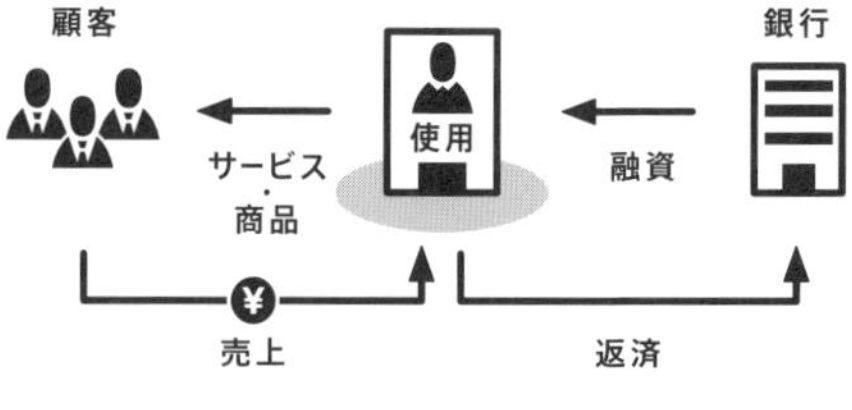

※A

※B

※A　カナエル神奈川西支店　設計監理:キノアーキテクツ
※B　釜浅商店本店舗　設計監理:長沼アーキテクツ+KAMITOPEN ©宮本啓介

近代に生まれた「オフィス建築」というビルディングタイプは、不動産学的には図のように「貸しビル」と「持ちビル」に分類することができます。貸しビルは、個人オーナーが所有する小規模なものから、大手不動産会社が所有する都心の大規模オフィスビルまで様々ですが、オフィステナント賃料を収入源としています。持ちビルは、顧客にサービスするための社員の拠点に、自社で所有する不動産を用いています。いずれを選ぶかは、企業の事業環境や業界特性を踏まえたCRE戦略によります。

のです。

　また、6章で学んだ不動産ファイナンスが、自社オフィスを計画する時、コインの裏表の関係で重要です。自社オフィス計画は、短期的には多額の資金を要するリスクを取り計画されますが、長期的（数十年以上）に考えると、賃貸で借り続けるより資金的な価値を生みます。また平面だけではなく断面含め建物全体計画の自由度が高く、自社のブランドイメージを発信しやすいですが、短期的な事業環境の変化に柔軟に対応しづらい側面もあります。

　そういった、企業の価値やメッセージを考え、さらに会計やファイナンスを加味した上での企業の不動産戦略を、CRE戦略（Corporate Real Estate の略）と言います。広くは、企業が所有している、もしくは賃貸して使用している不動産をどのように計画し、管理・運用していくか、その企業の価値を向上することを目的に行う戦略の事です。

　賃貸と所有のどちらが良いという簡単なものではなく、それは企業の規模や業種ごとに異なります。例えば、急成長を続ける社員50名程度のIT企業の場合、土地を取得し、自社オフィスビルを計画するべきか。また、製造工場を持つ企業が安定的に商品を供給するためには、土地の所有権を持つべきか。みなさん、自分がそれぞれの経営者になったつもりで考えてみてください。おそらく取るべき戦略の違いに気付くはずです。

このようにCRE戦略とは、企業の事業環境や業界特性を踏まえて考えることが大事です。

7・4 ディベロッパーによる賃貸オフィスビル

前節で都心部の大規模オフィスビルは賃貸であることが多いと述べましたが、そのビルのオーナー（所有者）は誰でしょうか。2000年以前であれば、その多くは、大手ディベロッパーと呼ばれる、都市再開発を行う不動産会社※7・7でした。

それらの企業は、オフィス需要がある都心の土地を見つけ、土地と建物のための資金を調達し、その土地の所有権を購入します。そして自社で不動産企画をしたオフィスビル計画を、設計事務所やゼネコンに依頼し、建築するのです。

そして、ディベロッパーは賃料収入を得るために、フロアを区画割し、テナントとなる企業を募集します。そうすることで、企業は自社でオフィスを建築することなく都心にオフィスを構えることができ、取引先などに対して信用度を高める事が

※7・7 ディベロッパー
財閥系では、三井不動産、三菱地所、住友不動産があり、その他に電鉄系の東急不動産、分譲マンションに強い野村不動産、六本木ヒルズをはじめハイブランドなビルを所有する森ビルなどが、民間大手ディベロッパーとして代表的である。しかし中小規模であっても分野に特化するか、地域に根差す優良ディベロッパーは多い。また個人規模でも、町の不動産再生などで多くの事業者が既に台頭している。

出来ます。またそこで働くより多くの社員にとっても通勤の便が良く、都心のオフィスで働く事が一種のステータスとしてモチベーションに働きかけ、人員確保にも有利に働く可能性があります。オフィスを使用する企業からすると、賃貸オフィスは、既にビルの構造躯体が出来ているため水回りや設備のコアの配置など間取りが思い通りにならない不自由さもありますが、こうした大規模オフィスビルなら、企業としてブランドイメージや信用を一定まで高めつつ、事業環境の変化に対応して、立地や規模の変更も比較的容易に行えるという点では自由度があるとも言えます。

このように、オフィスの立地は企業にとって、競争力の源泉にもなり得るため、企業は高い賃料を支払ってでも、高級な賃貸オフィスビルに入る事を求める傾向にあります。その需要を上手く掴んでいるビジネスが、ディベロッパーによる大規模オフィスビルです。

また2000年以降は、この開発方法に加えて、不動産証券化による開発も増えました。ディベロッパーが開発しますが、信託銀行などが保有し、不動産ファンドが運用、そして受益権を一般投資家が得るビジネスモデルです。不動産証券化については、6章9節で解説しています。いずれにしても、都心で働く企業と社員のニーズを満たす不動産ビジネスです。

しかし、近年ではそういった価値観にも変化が出てきています。本章の後半で解説する「シェアオフィス」や「コワーキングスペース」は言ってみれば、大規模オフィスビルを区画割してフロアごとに企業に貸している状態をさらに細分化して、より多くの企業や個人事業主に貸している状態と考える事ができます。

これを行う事で、今まである程度大きな企業ではないと払う事ができなかった都心部の大規模オフィスを、少人数の企業や個人事業主でも使える状況を生み出せるのです。この流れがもし加速するとしたら、不動産開発も、そのターゲットや収益性の部分で、大きな影響を与えるでしょう。その流れの背景を、以下説明します。

7・5 働き方改革とは

さて、ここまでオフィスビルを不動産学的目線で見てきました。オフィスは言うまでもなく、「働く場所」を指しています。近代はいかに企業が機能的、効率的に社員を働かせるかという考えが強かったか、当時のデスクが整然と高密度にレイアウトされたオフィスプランを見るとわかりますが、１９９０年代にＥＳ（Employee Satisfaction の略で従業員満足度の事）が再注目されるようになり、さらに企業の力として、社員の自由さや自律が重視されるようになります。果たしてその時従来のオフィスプランで満足して働くことが出来るでしょうか。

もう一方で、近年「働き方改革」という言葉をよく耳にするようになりました。この働き方改革が日本全体に浸透していくとオフィスの在り方（それは建築的、不動産的両方の側面で）が変わる可能性があります。まずは、オフィスの在り方さえ変える可能性のある働き方改革とは一体何かをこの節では簡単に説明します。

働き方改革とは、少子高齢化に伴う生産年齢人口の減少、育児や介護との両立などの課題を背景に、多様な働き方ができる社会を実現し、より良い将来の展望を国民が持てるようになることを目指そうとする厚生労働省が主体となって進めている国の政策です。具体的には、２０１９年に「働き方改革関連法」が施行され、長時間労働の是正、非正規格差の解消、柔軟な働き方の実現を三本柱としています。

これにより、長い時間働く事によって成果を上げるのではなく、労働生産性をいかに向上させるかが会社経営者の大きな関心事となっています。さらにその背景を深堀していくと、そもそもの日本の労働生産性はＯＥＣＤ（経済協力開発機構）加盟国の全36ヵ国の中で21位、主要7か国の中で最下位です（２０１９年時点）。つまり、現状の日本は１人１人の生産性が低く、かつその人数自体も減少しているのです。

この大きな課題に対して、1億総活躍社会を実現するために始まったのが、働き方改革です。この流れの中で、一部ではティール組織[※7・8]という組織の在り方が注目を集めています。簡単に言えば競争や上下関係という既存の組織の枠に捉われる事なく、ありのままの自分である事が成果にも結びつくという考え方です。もしこういう組織が増えていくとオフィスの在り方はどのように変わるでしょう。

7・6 もはや定番となったシェアオフィス

シェアリングエコノミーの視点に話を戻します。オフィスもシェアする流れが拡大しており、今では1つの定番となってきています。元々は、小規模な士業の事務所同士が、共同でオフィスを借りて家賃を折半するような形で行われ、建築事務所なども独立したてで、自分たちでは持て余すスペースを、知り合いなど別の事務所とシェアをする事例は存在していました。

このように仲間内でシェアする形から、現在では仲間内ではなく開かれた対象に向けて広がり続けています。なぜ広がっているのでしょうか。その理由の1つは、

※7・8 ティール組織
人類が形成する組織は、最終的にはグリーンからティールを目指す。それを企業として実践する集団は、上司が部下を管理しない、自分が報酬を決めるなど、常識的な見た目ではない。『ティール組織』はベストセラーになり、これからの企業文化を標榜するためのバイブルとなった。『ティール組織』(Fredric Laloux著・英知出版・2018年)参照。

少人数の会社でも初期投資が少なく、様々なサービスを受けられるという点。もう1つは、シェアする事によって生まれる他の会社との繋がりに価値を見出している点です。

まず1つ目は、ベンチャー企業やフリーランスなど、小規模な単位で働く人が増えていく中、なるべく低予算でオフィス機能を充実させたいというニーズに応える形で、住所の貸出、郵便物の受け取り、電話転送、備品の貸出、会議室の利用、便利な立地などを低価格で満たせます。

もう1つは、近年イノベーションが起きづらいと叫ばれている中で、企業は他社との交流を積極的に持つことがこれを打破する鍵になると考えており、自社だけが使うオフィスより、シェアすることにより、日常的に生まれる相互のコミュニケーションに価値を見出しているのです。一方でシェアオフィスにおける懸念事項はセキュリティです。各企業が持っている個人情報や社内の機密情報の管理をどうするかはシェアオフィスを計画する際、建築的にも検討することが求められます。

今まで述べたように従来のオフィス建築は、従業員や情報の管理のしやすさなど、その効率性や機能性を設計要件に掲げていましたが、多くの企業において、目的の重要度が「イノベーション」に移ると限界が見えてきたのです。

このように社会の動向として、シェアオフィスという選択肢は急速に広まりました。

7・7　働く場の最前線では

働く場を考える上で、2020年は大きな転機となるに違いありません。年始以降、中国から急速に広まる、新型コロナウィルス（COVID－19）は、世界中で猛威を振るい、日本でも多くの感染者を出しました。

私たちは、今までに体験したことがない環境の変化の中で、外出を制限され、今まで通りには働く事ができない状況に一気に追い込まれてしまいました。この出来事は、オフィスの在り方自体を根本的に再考するきっかけになり、多くの企業では、オフィスに社員を出勤させずに、自宅での勤務（リモートワーク）を導入する事になりました。

自宅からオフィスへの通勤時間がなくなり、満員電車などで抱えるストレスから開放されることで、コロナウィルス収束後も多くの労働者はこのままリモートワークの継続を望む傾向にあるようです。多くの労働者がオフィスはあくまで企業が多くの労働者を効率的に管理する20世紀型の労働環境であり、ネット環境が一般的に普及した現在においては、その必然性はないと気付き始めています。

しかし、リモートワークによって1人1人の生産性があがるかどうかは、会社ごとに異なるようです。扱うものの特性や、それぞれのビジネスにおけるコミュニケーションの仕方が違うためです。

経営者はこの状況の変化にどう対応していくべきでしょうか。とりわけ都心に大規模なオフィスを持つ企業は決断を迫られています。大規模なオフィスは分解され、いくつものシェアオフィスやコワーキングスペースに形を変え、働く側に寄っていくかもしれません。サテライトオフィスのように本社の補完的な機能を果たしていた地方のオフィスが、本社になる事もあるかもしれません。

このような環境変化の中で、建築士はその企業ごとに働く人のニーズ、経営者のニーズを的確に捉え、既存のオフィスという概念に捉われない在り方を模索していく必要があります。アフターコロナの時代の働く場は、みなさんの手によってこれから生まれてくるのです。

7・8　CSRからCSVの時代へ

さて、今まで私たちは様々な事例を通して、不動産業界におけるシェアリングエコノミーについて学んできました。ある程度の理解をしてきたことを前提に、ここでもう1つ問いを立てたいと思います。果たして私たちは「何を」シェアしているのでしょうか。その答えを探すためのステップとして、まずは「CSR」という概念について説明したいと思います。

企業の社会的責任（CSR＝Corporate Social Responsibility）とは、1990年代ごろから言われはじめた考え方です。企業は単に利益を追及するだけではなく、法律の厳守、環境への配慮、コミュニティへの貢献など社会的な責任を果たすべきであるというものです。

アメリカでは、企業は株主などのステークホルダーに対して、自社がどのようにCSRを行っているかとしっかりPRすることが企業活動を存続していく上で重要なトピックとして捉えられています。社会的責任を果たさず、自社の利益のみを追及する会社は、投資家からの支持を得られないためです。日本では、このCSRが

※7・9　CSV（Creating Shared Value　共有価値の創造）
企業は社会の課題を本業で考えることで社会的価値を創造し、同時に経済的価値も満たす考え方。2011年に、マーケティング界の巨匠Michael. E. Porterにより提唱された、比較的新しい経営理論。建築と不動産業界では、今後少しずつ認知が広がると考えられる。

CSRとCSV

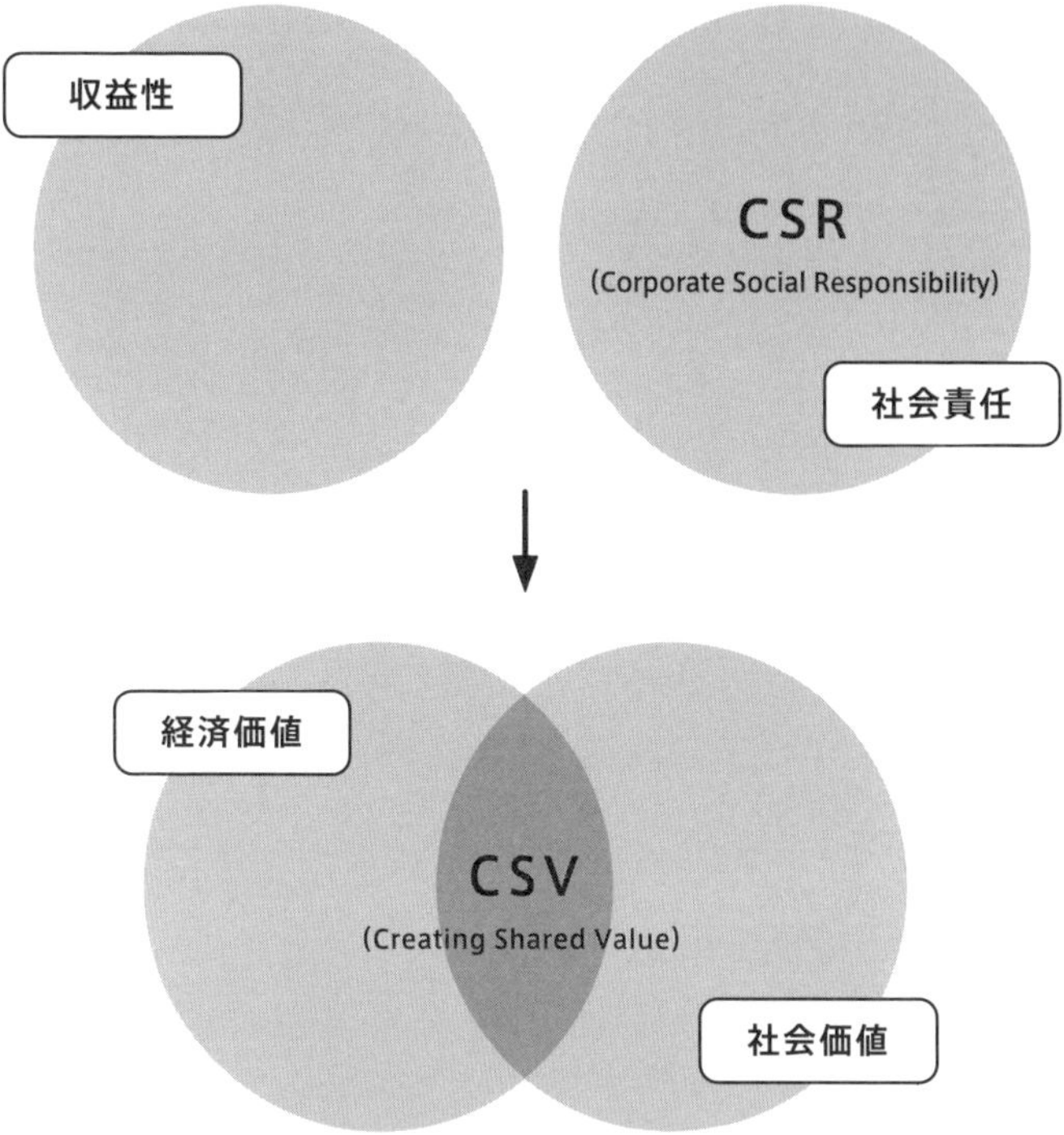

CSR（企業の社会的責任）という概念は、数十年かけて現代社会では一般化し、多くの人が知る言葉になりました。企業の本質的な活動とは切り離されたボランティアのように扱われることもありますが、それに対比させて、新しいCSV（共有価値）という概念が提唱されました。企業は競争優位性のために、その収益性と社会貢献を、同時に満たすことができる戦略を実行すること。様々な社会問題が鮮明になる昨今、私たちを取り巻くステークホルダーを改めて俯瞰し、誰にどう貢献すべきか。この思考の具体化は、建築学や不動産学ではこれから始まります。

ボランティア活動と同義のように捉えられている場合がありますが、これは間違った考え方です。

それに対して（CSV＝Creatingu Shared Value）とは、2011年に初めて提唱された概念です。※7・9 直訳すると、価値を分け与えよ。企業は単に利益を追及するだけではなく、社会的課題の解決をも目的にすべきだという考えかたです。

企業活動の最大化が地域社会の課題解決につながる、その重なる点を見つけ出して行くことで、会社の価値を株主の物だけではなく、社会全体でシェアできるという考え方です。※7・10 つまりこのCSRからCSVへの時代の変化もシェアが発達した流れの中の1つと捉えることもできます。

このように、私たちは、単にその場所やモノなどをシェアしているのではなく、その根底にある価値に共感し、その価値を分かち合っている（シェアしている）のです。さて、みなさん。この章を読んでなにを感じますか。シェアを実現させている空間とは、どういう空間でしょうか。この問いは設計において向き合う必要のある課題であり、きっと色々な方法があるのだと信じています。

それでは設計を始めましょう。

※7・10 シェアの企画力
大阪市立大学・生活科学部の小池志保子准教授によると、「住宅設計課題を通じ、現代のリアリティを与条件に組み込もうとすると、やはり不動産的要素が多くなる。特にこれからは「空き家対策」が、設計演習課題になる。空き家になっている理由は、その建物が大きすぎる場合が多く、それを複数の利用者でつかっていくなどの「企画力」が必要となる。そこに複数の人が集まるために、楽しさや魅力といった空間的な関わりしろが必要になる。それを、建築を開くと表現するか、場をシェアすると呼ぶか、視点にも多様性がある」と述べる。『リノベーションの教科書 企画・デザイン・プロジェクト』（小池志保子、宮部浩幸、花田佳明、川北健雄、山之内誠、森一彦著・学芸出版社・2018年）に詳しい。

演習問題7

「自社オフィス」と「賃貸オフィス」の違いを、所有者、お金の流れ、従業員や顧客への意味という観点から説明してください。またこれからの「働き方」の変化を意識した上で、それらがどう変化するかを論じてください。

解説は305頁へ

8章

商業不動産概論

ショッピングセンターの過去・現在・未来

山岸亮太
建築士・不動産コンサルタント

本書での不動産視点から取り上げる代表的なビルディングタイプ[※8・1]は、「住宅(一戸建てや集合住宅)」「オフィス」そして「商業施設」です。設計課題でも、商業施設がテーマとなることがあります。しかしその設計案に、意味のある、深い思考を込めるためには、単に平面図に「ショップスペース」と図示するだけでは、不十分です。

まず本章では、日本で商業施設がどのような変遷をたどったかを押さえます。そうすることで、時代とともに人々が商業施設に対してどんなニーズをもっていて、そしてそれを商う商人や、不動産オーナーが、どういう意図で関わってきたのかを、不動産の歴史として概観します。

８・１　商業施設と人々の消費欲求の移り変わり

１９４５年、第二次世界大戦が終わり、焼け野原になった日本で、戦後の復興とともに興隆したのが「商店街」でした。

一方、都心部では、百貨店法※８・２が廃止されたことで、戦前に勢いが落ち込みつつあった「デパート（百貨店）」が再び営業を活発化させ、増築や新設が行われるようになりました。

当時は、店を出せば売れると言われていた時代です。戦後復興期から高度成長期にかけて、商店街とデパートは全盛期を迎えていました。

１９６０代に入ると、高度経済成長を背景として、日本は大量生産・大量消費の時代を迎えました。流通革命と呼ばれる、大量生産された規格品を効率的に流通させる仕組みの形成が進み、「スーパーマーケット」が小売りの主役となりました。１９７０年代にはダイエーが売上高でデパート最大手の三越を抜き、スーパーマーケット全盛時代が到来します。

そして、今では当たり前にある「コンビニエンスストア」が登場したのが、

※８・１　ビルディングタイプ
建築形式の分類方法の１つ。建物の形態や様式、構成や構造、時代や地域によるものではなく、使用用途を軸にし、社会的制度やプログラムとして一般化した分類を意味する。

※８・２　百貨店法
１９３７年制定（第一次百貨店法）。中小商業者の保護および百貨店事業者間の競争の抑制のためにつくられた。１９４７年の独占禁止法の制定と同時にＧＨＱの意向を強く受け廃止。その後、百貨店による低価格販売が行われたため、中小商業者の事業機会の喪失を抑えるために、１９５６年に再施行された（第二次百貨店法）。１９７３年、大型店の出店規制である大店法の公布に伴い廃止された。

商業施設の移り変わり

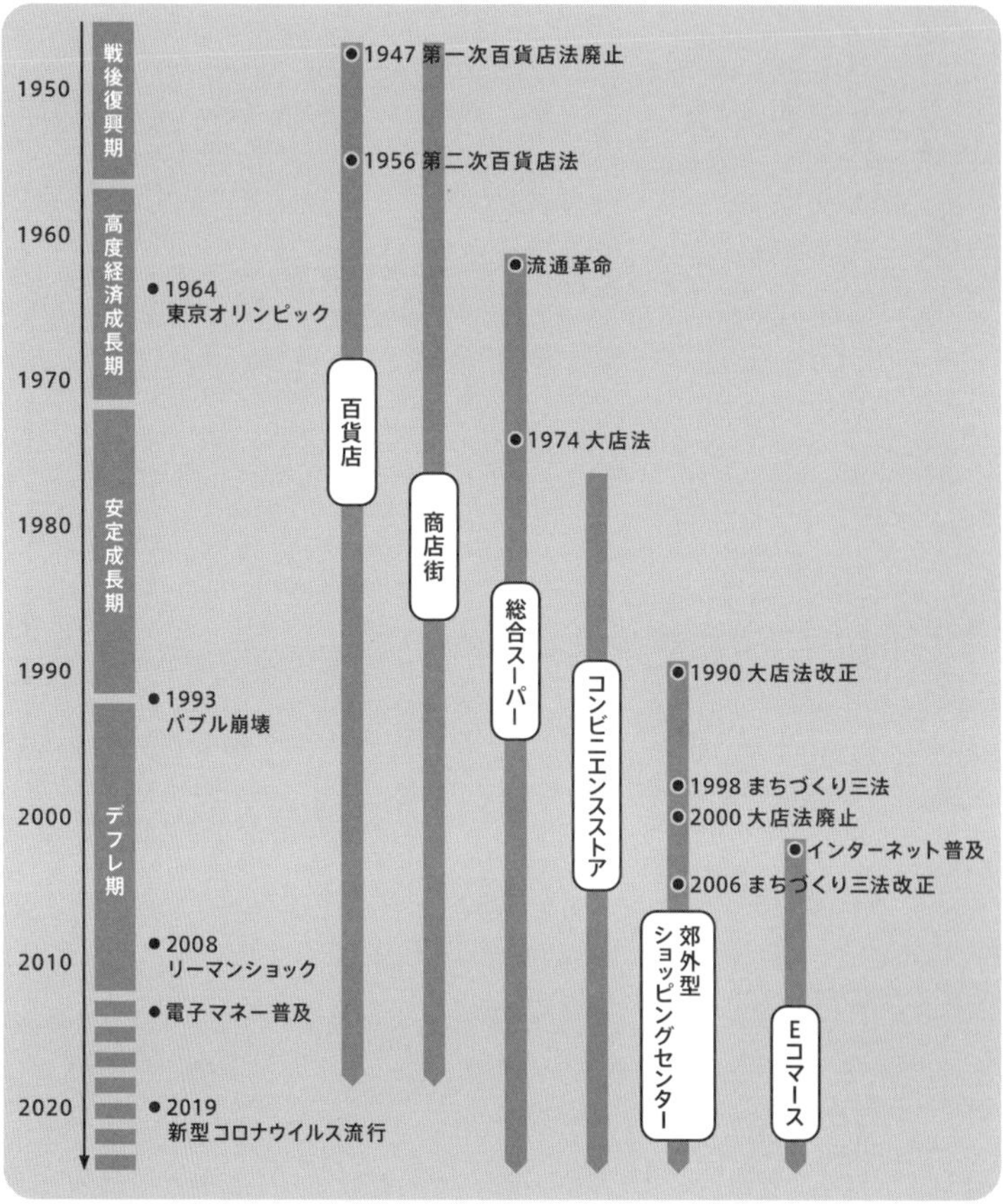

百貨店、商店街、スーパー、コンビニ、ショッピングセンターと、戦後から高度成長期を経て、目まぐるしく商業施設のトレンドは移り変わりました。その背後には、経済動向や不動産戦略があります。例えば新たな政策や法律、または不動産の所有形態の変化、そしてビジネスの技術革新とともに、それらは進化しているのです。こうした背景と建築の関係性を知ることを通じて、いま商業建築に求められているものは何かを考えましょう。

１９７０年代後半です。情報技術の発達に伴い、消費者ニーズに合った品だけを揃えた小規模店舗のコンビニが、スーパーマーケットに代わって成長を開始しました。郊外や農村部の幹線道路沿いでは、郊外型のショッピングセンターの出店が盛ん[※8・3]になりました。その背景には１９８０年代以降、日本の車社会化が進行したことがあります。

中でも「モール型ショッピングセンター」は、１つの建物に数多くの専門店やアミューズメント店、シネマコンプレックスを揃えた大規模なもので、１日中滞在できる時間消費型の施設として、この時代の大型ショッピングセンターの代名詞にもなりました。

戦後日本の小売業は、商店街の隆盛とデパートの再建から始まり、スーパー、コンビニ、ショッピングセンターの登場と、形態の多様化と主役の交代を伴いつつ変遷してきました。背景には、戦後復興による所得水準の平準化、大量生産・大量消費社会の到来と消費の多様化、郊外化、などの変化がありました。

そして今、情報通信技術の発達によってEコマース[※8・4]が台頭し、一方で多くの小売業がその影響を受け、同時に老朽化や陳腐化などの課題を抱え、縮小を始めています。そして２０２０年に全世界を襲った新型コロナウイルスの流行が商業施設に

※8・3　郊外型ショッピングセンターの出店
事業者は農地を転用するか、産業構造の変化に伴い閉鎖された大規模工場跡地で、広大な敷地と駐車場を確保した。特に規制緩和を経て、大規模小売店舗法（大店法）が廃止され、大規模小売店舗立地法（大店立地法）が制定された２０００年以降はその数と規模は増加した。

※8・4　Eコマース
電子商取引。インターネットで商品やサービスを売買する取引やその仕組みのこと。

与えた影響は大きく、これからもう一度、そのあり方について一から考え始める姿勢が求められています。

ここまでが、戦後日本における商業施設の大まかな変遷になります。ここからはいくつかの商業形式についてそのポイントを押さえ、商業を不動産やビジネス的側面から理解することで、建築計画として、いま何がテーマになるのかを考えるための材料にします。※8・5

8・2 商店街の黄金期

商店街は戦後、地域の一等地で商売をする、「町の顔」として繁栄していました。人が集まり、行事や祭りにも積極的で、いまで言う地域活性化の担い手、地域コミュニティを形成する「場」として地域に貢献してきました。

しかし現在は、シャッター商店街という言葉があるように、地方では多くの商店街がその活気を失いつつあります。その原因を考えてみましょう。※8・6

まず単純に商店街は古臭い、というイメージが定着してしまっています。これは顧客が求めるものが売っていない、価値が提供できていないことが原因として挙げ

※8・5 商業建築の現代的テーマ
目まぐるしい商業建築の移り変わりは建築の歴史からすると、この100年程度という短い期間で起きている。そもそも現在の不動産の所有権の制度も、この100年のもの。京都大学で助教を務める岩瀬諒子先生は「建築とお金の関わりの基本的な原理を知ると、短期的な変化とその中での普遍的な事象との関係の理解も深まるでしょう。特に大学院では建築の社会的な側面を学ぶ実施プロジェクトも増えている中で、不動産の入門書は建築の形態や機能にとどまらない建築的な思考を助けてくれるかもしれません」と言う。

※8・6 商店街衰退の原因
実際、商店街は都心か地方か、また地域によって大きく形態も異なり、課題も異なる。現在も人気がありにぎわっている商店街も、将来的な経営課題を有している場合も多い。ここでは、人口が数十万人規模の地方都市の商店街を事例に説明している。

商業不動産の所有者と経営者

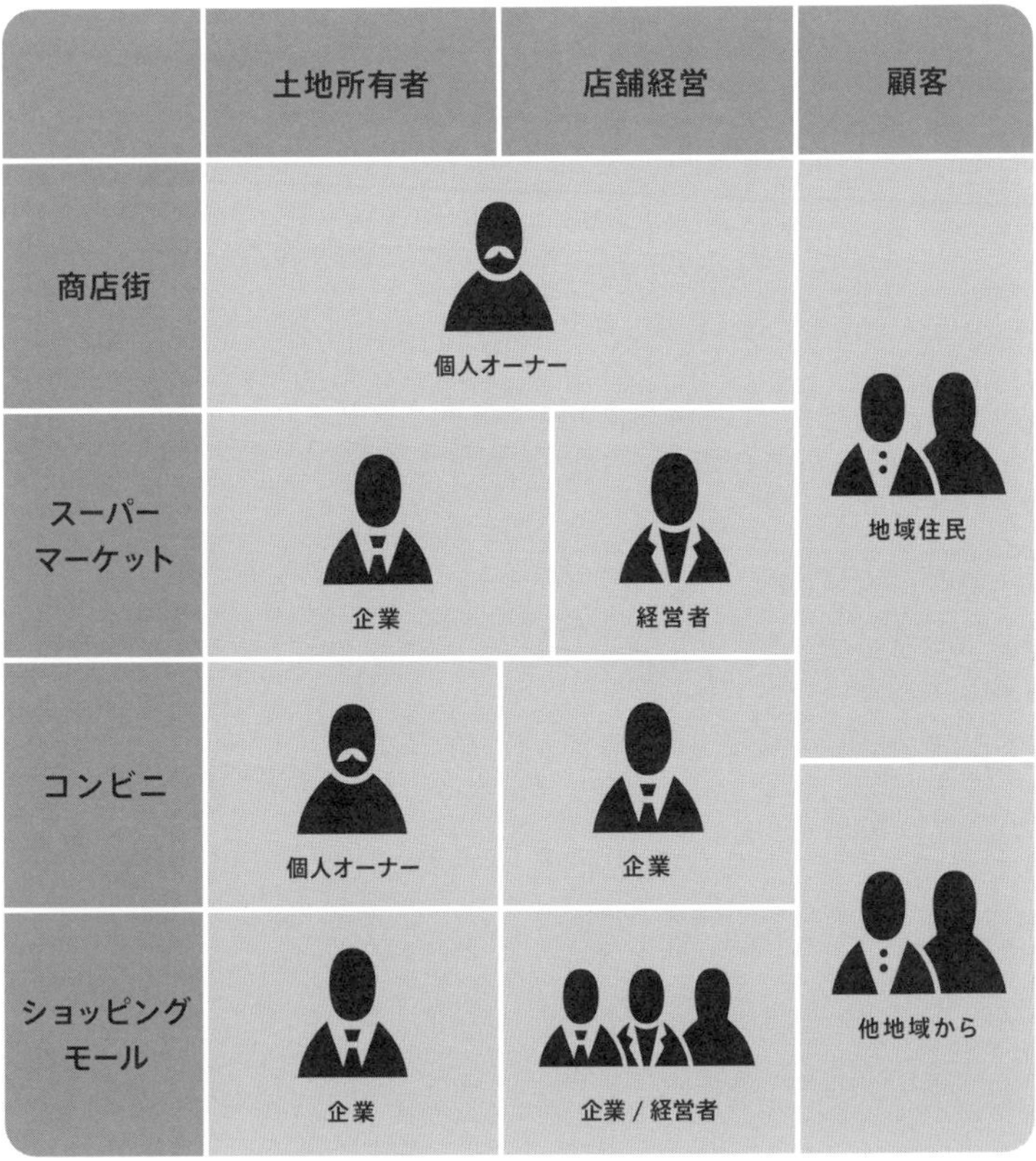

	土地所有者	店舗経営	顧客
商店街	個人オーナー		地域住民
スーパーマーケット	企業	経営者	地域住民
コンビニ	個人オーナー	企業	他地域から
ショッピングモール	企業	企業 / 経営者	他地域から

本章では、経済や経営の側面から商業建築の変遷を解説していますが、特に「不動産所有者」や「経営主体」によってこれらを分類すると、上図のように違いがはっきりします。他の章でも触れていますが、建築は不動産によって、根本的にその形態や在り方自体が変わることがあります。その建築を訪れ利用する人々（ユーザー）を建築的に分析することに重点を置くためにも、最初に最低限の所有形態を押さえておきましょう。

られます。その後、次から次へと生まれるスーパーやコンビニ、家電量販店、ショッピングモールといった競合がしのぎを削る中、若い人を中心に商店街から人がいなくなり、過疎化してしまっている現状があります。

一方で、不動産学基礎では、やはりその不動産所有者側の状況に目を向けます。商店街では、その店舗の所有者（オーナー）が自ら経営していたケースが多く、その多くが高齢化し、後継者不足で店を閉めているのです。ただ実態としては、過去に老後の資金も含めて十分に稼いでいるため、現状に困っておらず、不動産として活用しないオーナーが多いのです。そうしたオーナーの中には、特に先の展望もなく、シャッターを閉めたままにしているケースもあります。

さらには、商店の多くは店舗と居住部分が建物内部で接続していたり、お店として使わなくなった後も売れ残った商品在庫や家財道具が置かれたりと、活用することが物理的に困難な状態となっていることもあります。

そのため、誰かに貸すことを面倒に感じて、誰にも相談できず、何もしていないというオーナーも少なくありません。

閉まっている商店が増えれば、当然商店街に訪れる人も少なくなります。シャッターが並び、活気がなく寂しい雰囲気は、決して良いものではないでしょう。人の目が少なくなることで、治安が悪化する可能性も高くなるかもしれません。

また少し視点を変えて、商店街の空間要素でもあるアーケードに着目してみましょう。アーケードは天候に左右されず買い物ができるだけでなく、当時は近代的な空間の象徴として人々をひきつけました。アーケードの多くは集客のために、商店街の商業者から構成されている商店街組合が建設・管理し、所有していました。

しかし元々膨大な維持費がかかるアーケードは、老朽化によって更なる費用がかかるため、多くの商店街組合では取り壊すべきか否かが問題になっています。近年の商店街組合自体の経営難の状況で、この維持費や修繕費、さらには解体費を負担することすら苦しくなってきているのが現状です。不動産学的な想像力を働かせてみると、おそらくここには、6章のファイナンス的な課題もあると思います。つまり、このアーケードの建設や維持管理費は、借り入れでまかなっていて、その借金返済が計画的に進んでいないケースが考えられます。

こうした様々な問題を抱える商店街ですが、近年なぜか、一部で注目を集めています。各地で、古き良さをデザインに取り入れた事例が生まれているのです。社会問題化が進む中で、一回りして、若い人も商店街に熱い視線を送ります。なぜでしょうか。その理由を、ここまで学んで来た不動産視点で考えてみましょう。

まず不動産所有者の変化があります。衰退する町を前に、積極的に活動する所有者や、彼らを支援するグループが興っています。また不動産仲介の質やレベルも変化しているのでしょう。マッチングさえ可能になれば、おそらく賃料はかなり安価になるケースがあり、これは出店者からは喜ばれます。そして建築のリノベーションのデザインレベルの質の変化があるのでしょう。おそらくこうした変化が起きています。

商店街の活性化のためには、やはりシャッターを開け、お店を営業することが重要です。オーナーが自分でできないのであれば、誰かに貸すことで少しでも家賃をとれる仕組みをつくる必要があります。「店を出せば売れる」と言われていた時代は、どちらかといえば、求められたのは店舗を建てるための建築設計や施工の技術でした。しかし今、商店街を活性化させるための技術には、そうした不動産のスキルも加わります。

8・3 スーパーマーケットの台頭と衰退

店舗を各地に積極的に出店（チェーン展開）することで規格化された衣・食・住

の商品を大量に仕入れ、販売することができるビジネスモデルをつくり、流通革命を起こしたのは、「スーパーマーケット」でした。

またスーパーマーケットのイノベーションは、その売り場のオペレーションにもありました。広い売り場フロアで、顧客が買いたいものを自ら手に取り、最後にレジで精算するというセルフサービス方式はここから始まりました。これは人件費などのコストを大幅に減少させました。

スーパーマーケットの合理化革命はビジネスモデルだけでなく、建築にも一貫し、そこにも合理化を求めました。つまり各地にローコストで売り場を建築するシステムが展開されました。さて、不動産的にはどう説明できるのでしょうか。

当時の総合スーパーは、出店地における地域の付加価値増や発展効果などによって、店舗の土地を周辺ごと大きく値上がりさせることを狙っていました。その土地を担保に銀行から資金を借り入れ、その資金でまた新たな土地を買い店舗を拡大する、という経営手法をとっていたのです。これはその時代に限る特異な不動産戦略だったと言えます。そのため、総合スーパーはバブル崩壊[※8・7]によって大打撃を受けることとなります。

90年代はバブル崩壊を境に、社会の風潮や消費者思想は安さや物量重視から、個

※8・7　バブル崩壊
1991年頃から、1993年頃までの、日本の不景気。1988年頃から1991年頃まで続いた好景気はバブル景気と呼ばれ、実態経済とかけ離れた資産価格の高騰が起き、多くの地域で土地の価格が上昇するなど、日本全域が好景気に沸いた。
こうした異常な株価や地価の高騰を抑制するため、政府や日銀による金融引き締め策が行われた結果、土地の価格は下落した。土地を担保に行われたバブル景気時代の融資は、担保評価額が融資額を下回る担保割れの状態に陥り、銀行は不良債権を大きく抱え込むことになった。こうして、銀行経営は悪化し、日本の景気を大きく後退させた。3章2節67頁「戦後高度成長期からバブル経済へ（昭和）」、3章3節69頁「バブル崩壊から不動産証券化へ（平成）」参照。

別の品質重視へとゆっくりと移行しました。しかし、駅前、駅近立地に出店する多くの総合スーパーは、消費者のライフスタイル・購買行動の変化のスピードに対応できないまま、衣・食・住を総合的に提供し続けました。

その結果、豊富な専門店を構え、車の収容台数も多い郊外型の大型ショッピングセンターに対し、十分な品揃えを確保できない総合スーパーは見劣りし、競争力を失っていきました。

しかしそんな総合スーパーも、近年では日用品や食材を必要としている層（地域住民、特に高齢者層を含む）に寄り添い、地域密着型にシフトしています。そうすることで、商品面において、生活の変化や地域のニーズにきめ細かく対応した品揃えに注力するなど、経営課題を少しずつ解決しながら、いまも生き残っています。

8・4　コンビニエンスストアへの賞賛と批判

一方で、アメリカから輸入された「コンビニエンスストア」は、日本国内で独自の発展を遂げ、1970年後半以降急速に全国に拡大していきました。コンビニの店舗数は2020年3月現在、5万5000件※8・8を超えています。

※8・8　コンビニ店舗数
日本フランチャイズチェーン協会「コンビニエンスストア統計データ」より。
コンビニ店舗数は2005年の統計開始以来初めて、2019年11月に減少を示した（前年比）。コンビニの経営環境は大きく変化しつつある。

コンビニの本部は、総合スーパーを経営していた大規模資本でした。高度経済成長とともに成長していたスーパーマーケットがコンビニ事業に手を出した背景には、1974年に施行された大規模小売店舗法、いわゆる大店法※8・9の存在があります。大店法によって、厳格な出店規制を受けて、大都市中心部において、大手小売資本による大型小売店の出店スピードは急速に落ちました。こうした中、総合スーパーを経営していた大規模小売資本は、それまでの出店戦略を根本から変更しました。その1つが大店法の規制にかからない小型店の出店を増やすことでした。

コンビニ経営を担ったのは、小規模小売店でした。彼らは家族経営による跡継ぎ不足や、競合となる総合スーパーの長時間営業に悩まされていました。コンビニという新たなシステムを取り入れることで、小規模小売店には店舗と販売システムの刷新を図ったのです。

このコンビニの経営戦略が不動産戦略として落とし込まれると、以下のように説明できます。当時競合であった小規模小売店舗を取り込む形で、みずから土地や店舗建物を所有することなく、もともと土地・建物を所有していた小規模小売店に経営をまかせるフランチャイズ契約が日本のコンビニ運営の主要パターンとなりました。

※8・9　大店法
大規模小売店舗における小売業の事業活動の調整に関する法律。1974年から2000年に施行された。大規模な店舗面積を持つ商業施設の建設には、地元商工会との調整を必要とするなど厳しい制限があった。

さらに昨今のコンビニの不動産基本戦略は、新規出店を考えるコンビニ業者が、土地所有者に建設協力金という形で資金を提供し、毎月の賃料から建設費を相殺する、リースバック方式[※8・10]を採用することで、全国展開を後押ししました。

ＩＴとマーケティングの側面では、ＰＯＳシステム[※8・11]の導入により、情報機器を用いて絶えず顧客動向をチェックすることで、消費者ニーズに合った品だけを揃えた小規模店舗のコンビニエンスストアが、総合スーパーに代わって成長しました。

日本に上陸以来、全国に急速に広がったコンビニは、その外観やマニュアル化された均一的な印象から、無味乾燥としたイメージを与え、特性がなく景観を損なうといった批判もあります。特に建築学では、ほぼ無視されてきた存在だったと言えるかもしれません。

しかし不動産視点によると、平成時代までは、不動産オーナーからすると、コンビニほど優良な賃借人はいませんでした。大手企業で、賃料が安定し、長期間の賃貸借契約が可能です。不動産オーナーの経済的なニーズを十二分にフォローしていたと、認められます。

そして令和の時代、コンビニは、買い物だけでなく、宅配便の受け取りや発送、納税、公共サービスの提供にいたるまで、多角化した業務によって消費者の生活を

※8・10 リースバック方式
コンビニの店舗を土地所有者が建築し、その建築資金をコンビニ業者が一部「建設協力金」などで提供、そして完成後は賃貸借契約で、所有者からコンビニ業者へ貸し出す（賃料と建設協力金は相殺されていく）方式。

※8・11 ＰＯＳシステム
ＰＯＳとは「Point of Sale」の略。日本語では販売時点情報管理と呼ばれる。小売業において商品の売買取引が発生するその場で、商品名、価格、売れた時間など、その商品に関する情報を単品単位で収集・記録することで、商品売り上げ情報を把握することができる。それに基づき、商品、在庫、顧客情報を管理するためのシステムのことをＰＯＳシステムと呼ぶ。

支えています。夜中まで明かりが灯り、地域の防犯・防災機能などの社会的役割も担う、どこの町にもあるコンビニは、画一的であるからこそ、今や日本社会にとって不可欠な社会インフラであるとも言えます。

またマニュアル化された統一的なオペレーションは、外国人雇用の人気の受け皿となっている側面もあります。さらに最近では「イート・イン・スペース」を備えたコンビニが増えています。実際に地域のコミュニティスペースとして利用されている例も多く見られ、高齢化、共働き・単身世帯の増加などが進む社会のニーズを捉えています。

しかしそんなコンビニも、近年は不況に立たされています。コンビニの数が増えすぎてしまったことや、提供サービスの多様化によるオペレーションの難しさから、求人に人が集まらず、深刻な人手不足に陥っています。その結果、人件費の上昇やオーナーの勤務の長時間化を招き、多くのコンビニ加盟店の経営が苦しくなってしまっています。

それでも都市部では、2020年の新型コロナウイルスの世界的な感染拡大の混乱の中でも、経営を続ける地域のハブとして、力強く機能しています。その経営環境の大変革の中で、更なるビジネスモデルの変革を、虎視眈々と狙っているのです。

8・5 駅ビル、郊外型ショッピングセンター

「ショッピングセンター」は、多くの専門店が集積する相乗効果で集客し、消費者の利便性を高めた施設形態です。1990年代中盤から日本の商業施設の主力となりました。

一般的にショッピングセンターとはディベロッパーにより開発、計画されるもので、施設内に店を構えるテナントから家賃を受け取って管理・運営する面で、自らが販売を行う百貨店や量販店などの小売業とは大きく異なり、不動産賃貸業と捉えることができます。商店街やスーパーマーケットと異なり、「ショッピングセンター＝不動産業」と言っても過言ではないのです。

ショッピングセンターは1990年に大店法の運用緩和[※8・12]がなされる以前は、大型店の出店が厳しく制限されていたため、大型店は中心市街地への出店が中心となっていました。中心市街地は車でのアクセスが悪いため、主に公共交通機関での来店を前提として建設されました。駅ビルなどがその代表として上げられます。

「まちづくり3法」[※8・13]制定に伴い、2000年に大店法が廃止されると、中心市街

※8・12 大店法運用緩和
1989～1990年まで行われた日米構造協議の中で、貿易不均衡を解消するための措置の1つとして大店法の運用緩和が求められた。1990年代に入ると、段階的に大店法の運用が緩和され、大型小売店舗の面積・施設数ともに大幅に増加した。

地から離れた郊外に立地するタイプの大型ショッピングセンターの出店が更に加速しました。郊外型ショッピングセンターは、地価が高く土地交渉に時間の掛かる中心市街地への出店に比べて、割安で広大な土地が確保可能ということもあり、急激に増加しました。

２００６年に施行された「まちづくり3法」改正後は、郊外への大型商業施設の出店が原則禁止されたため大規模な郊外型の建設は難しくなりました。

日本においてショッピングセンター出店が本格化して以来、大型ショッピングセンターのキーテナントは主に総合スーパーや専門店が担ってきました。しかし、近年は消費者が商業施設を選ぶ基準はキーテナントの強弱ではなく、消費者にとっての体験の価値になっている傾向があります。消費者に様々な顧客体験を提供することや、生活密着型施設として利便性を提供すること、祭事やイベントを頻繁に開催して、休日の目的地として生活シーンの中で価値を提供することなど、目的に応じて商業施設を使い分ける消費者に対して、その施設にわざわざ行く目的、価値をいかに提供できるかがショッピングセンターには求められています。

※8・13 まちづくり3法
土地の利用規制を促進するための「改正都市計画法」、周辺地域の環境生活環境保持のため、大型店出店の新たな調整の仕組みを定めた「大規模小売店舗立地法（大店立地法）」、郊外化した地方都市で、中心市街地の衰退や空洞化を是正するための「中心市街地の活性化に関する法律（中心市街地活性化法）」の３つの法律の総称。大店立地法の下では、事業者は環境基準をみたせば地元からの意見や勧告を受けることなく出店が可能となり、特に郊外で大型のショッピングセンターの出店加速につながった。２００６年、都市計画法、中心市街地の活性化に関する法律が改正され、大店立地法についても指針の改定などが行われた。これにより、郊外への進出規制が強まり、大型店舗の出店規制は再び強化された。

8・6 Eコマースの未来

これまで見てきた商店街、スーパー、コンビニ、ショッピングセンターなどの消費者向け市場は、いずれも右肩下がりの傾向にありましたが、同じ消費者向けの業界の中に、これらを凌駕する可能性があり、依然として拡大傾向にある市場があります。商品やサービスの売買を、実空間ではなくインターネット上で行う市場です。本書ではこれを「Eコマース」と総称します。

国内のEコマース市場は、消費者向けのBtoC Eコマース市場だけでも、2018年時点で17兆9845億円にのぼり、年間約1兆円以上の規模で拡大しています。同年の物販分野を対象としたEC化率は6・22%となっており、確実に小売業界でのシェアを拡大しています。

拡大の背景には、スマートフォンの普及やSNSユーザーの増加もありますが、Amazon[※8・14]や楽天[※8・15]といった、大手Eコマースサイトが恐るべき速さで業績を上げ、業界を牽引していることが大きな要因として挙げられます。Eコマース市場のシェア拡大の中、実店舗は少なからずEコマース市場拡大の影響を受けています。

※8・14 Amazon
アメリカで生まれたECサイト。2000年に「Amazon.co.jp」として日本語版サイトをオープンして以来、日本最大を誇る。購入履歴に基づいて割り出した顧客の趣味・嗜好から、同様の傾向を持つ顧客の購買傾向を踏まえ、サイト上で商品を推奨するレコメンデーション機能を備える。取引全体の一定割合は、自社で持つ在庫で流通を管理し、商取引を行うことが特徴。

※8・15 楽天
日本最大級の店舗モール型の電子商店街「楽天市場」の運営企業。「楽天市場」という仮想の商店街のようなものに出店する企業から、出店料や手数料を得るビジネスモデルであることが特徴。Amazonと競い日本のECサイト市場の上位シェアを占める。

Eコマースの市場拡大

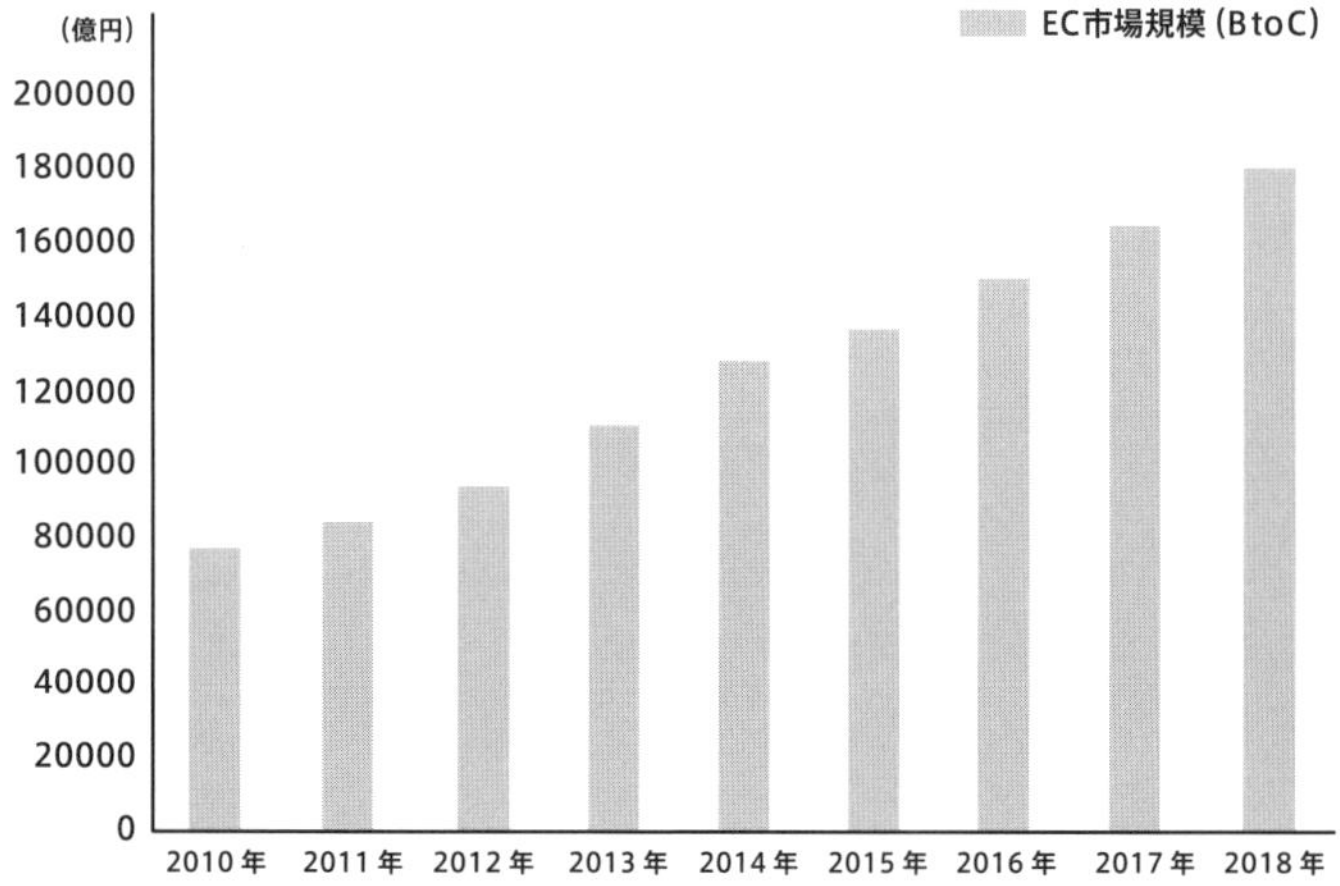

Eコマースとは、商品やサービスの提供をインターネット上で行う市場のことです。2010年に7兆7880億円であったBtoC(消費者への直接販売)Eコマースの市場規模は、2018年時点で17兆9845億円と倍増し、その勢いは今後も拡大すると予想されています。2020年の新型コロナウイルス(COVID-19)の感染拡大は、その傾向を加速させる結果となりました。今や、日用品や日々の食事や食材、衣類や嗜好品まで、私たちは生活する上で必要な全てのものを、インターネットを通じて購入することができます。このオンラインの攻勢に対して、建築や不動産の実空間には、何が求められているのでしょうか。

経済産業省　「令和元年度 内外一体の経済成長戦略構築にかかる
国際経済調査事業(電子商取引に関する市場調査)報告書」参照

さらに人工知能（ＡＩ）を使った、Ｅコマースサイト上の接客ツールや商品を勧めるレコメンドエンジン、顧客の行動などを分析するツールが登場し、これらのことを人間が手を加えることなくＡＩが自動で判断し、実行することが可能になりつつあります。

この流れを受けて、建築や不動産の業界では、実際に手を打てず、流れを見守っている部分もあります。実店舗は、インターネットの猛攻になすすべもありません。商店街からは、ますます客足が遠のき、スーパーマーケットはさらに主流の商品売買から差別化を余儀なくされ、コンビニまでもが、消費者のモノからコトへの購買行動の変化にあわせ、ショッピングセンターは、ファッションも物販も下り坂です。

また２０２０年に大流行した新型コロナウイルスにより、実店舗からＥコマースへシフトする業者や利用者が急速に拡大しました。今後ますますその市場を拡大していくでしょう。さらに飲食店舗までが、大ダメージを受ける中で、商業建築の将来は、多くの企業でも閉ざされたかに思われています。

しかし本当にそうなのでしょうか。まさにここが、時代の転換点だとすると、みなさんが新しい感性でスタートラインに立つのは、まさにここだと思います。

8・7 商業のフロンティアへ

大量生産、大量消費の時代から、このように商業のあり方自体が変化していく中で、消費者の動向も少しずつ変化しています。スーパー、コンビニ、ショッピングセンター、さらにデジタル空間のEコマースと、消費者にとっての購買の場が乱立する現在、建築には何が求められるのでしょうか。

また、少子高齢化が進む郊外では、イオンのようなショッピングセンターには、何が求められるのでしょうか。中には大半が空きテナントになるような地方の施設もあります※8・16。

そもそも、これからの消費者はどう変わっていくでしょうか。Eコマースサイトの充実により、どこにいてもあらゆるものを購入できる時代になりました。これまでリアルな建築空間の提供を前提にした建築学は、これを直視しつつなお、その価値を刷新していくことができるはずです。

まず「モノ消費からコト消費へ」と言われるように、消費者が求めるものは、購買行動そのものよりも、それに伴う「体験の価値」にシフトしていることは間違い

※8・16 地方のショッピングセンター
2008年に滋賀県にオープンした県内最大級の「ピエリ守山」は、100店舗あったテナントの退去が相次ぎ、2013年末には僅か3店舗のみとなった。2014年にリニューアルが実施され、2020年現在は温浴施設を併設するなど、利用者の体験に目を向けた施設づくりで賑わいを取り戻している。多くのテナントが退去し、閑散としたショッピングセンターは現在、全国各地に点在する。

※8・17 体験の価値
「ソトノバ」というパブリックスペースの活用やアイディアのプラットフォームの運営で知られる泉山塁威先生は、「設計課題演習では、学年が上がるにつれて小さいスケールから大きなスケールの課題に移行するのが一般的ではあるが、建築×不動産に関心のある学生を育てるには。2年生など早い段階で、住宅に続き、カフェなど、商業や公共スペースの課題に取り組むのが良い」と説明する。さらにそのカフェで何を販売し、

ありません。[※8・17]

購買行動についても、すべてがネットに移行したわけではなく、消費者はあらゆる情報を駆使して購入する店舗をオンライン、リアルを問わず決定しています。こうした消費者の動向を受け、百貨店やネット専業など、特定の業態が小売業をけん引するのではなく、デジタルとリアルの双方をうまく活用した企業が生き残る「オムニチャネル」の時代[※8・18]に突入しています。

スマートフォンの増加やSNSの普及は、消費者行動の変化を起こしました。商品の購入基準はSNS内での評価が重要になりつつあり、購買行動に感動体験を求めるようになりました。

そこで、企業があらゆるチャネル（販路）を活用して消費者にアプローチし、商品の検討、店舗やネットショップでの購入、情報のシェア、またどこかのチャネルから接触してリピート、という流れをつくるのがオムニチャネルという戦略です。

また近年、スーパーマーケットの新たな業態として「グローサラント」[※8・19]が注目されています。グローサラントは、スーパーマーケットなどで購入した食材をその場で調理し、店内で提供する飲食業態です。そこには、Eコマースサイトでは得ることのできない「体験の価値」を顧客に提供することによって、実店舗における購買

どういう人が集まり、誰が働き、どう収支が回るか、場が提供する「価値」について、解像度を高めるべき」と語る。「住宅では比較的解像度が高くイメージできる「人」が、商業や都市になると粗くなってしまう。しかし不動産学からアプローチすることで、より「人」に接近することができる」と補足した。「設計課題でも、敷地にある建物を解体して更地にすることを前提とせず、誰が土地を所有しているかを意識すること、また建築事業を行政が税金で進める一辺倒ではないストーリーを組み立てるべき」と述べる。

泉山先生が助教として教鞭をとる日本大学理工学部建築学科には、90年代から建築学の中に不動産や都市開発を学ぶ企画経営コースがある数少ない学校で、現在は「不動産開発プロジェクト」「住環境デザイン」の不動産と設計科目のほか、「不動産企画経営」「鑑定評価理論」などの先進的な講義がある。

※8・18 オムニチャネル
実店舗、ウェブサイト、DM、SNS、スマホなど無数の販

活動を促す戦略があります。

また特に賃料の安い地方都市では、小商いをきっかけとした場の提供に重点を置く店舗も増えています。そうした店舗は店主の趣味嗜好を強く反映した店舗が多く、ある一定の価値観を持つ層に絞って情報発信することで、地域のクリエイターや感度の高い若年層が集まる場所になっています。訪れる人はそこでの消費活動以上に、店主とのコミュニケーションや顧客同士の交流を目的としている側面も強く、新たな社会関係資本を生み出す場、いわば地域のクリエイティブのプラットフォームとして機能する店舗が現れています。

8・8 ショッピングセンターの未来

では、人口減少、超高齢化社会が進展していく中で、郊外のショッピングセンターには何が求められるでしょうか。世界的な潮流として、巨大化、エンターテイメント化してきたショッピングセンターは、人口が増加する社会のニーズを満たすモデルとして有効でした。

フィットネスクラブを備えたショッピングセンターや、地域住民へ向けたスクー

売経路（チャネル）を通じて顧客と相互交流することを目指す小売戦略。
※8・19 グローサラント　グローサリー（食料雑貨店・食品雑貨店）とレストランを掛け合わせた造語。アメリカで発祥した飲食業態。

ルを開催するショッピングセンターはすでに登場しています。このような、市民ニーズを反映した買い物以外の機能を包括することで一定の集客を担保し、再生の底上げをしようとする動きは、今後さらに行われると考えられます。

その機能を拡大させ、医療、介護、子育てといった様々な福祉や行政、公共サービスなどをショッピングセンター内に集約させることは、積極的に行われるべきでしょう。購買行動の動線上にそれ以外の様々な市民サービス機能が集約されていることは超高齢化社会における生活動線として好ましいものです。1つの施設を構成するテナント群を集積させ、相乗的な効果を上げるマネジメント力やワンストップ性というショッピングセンターが持つ特性を活用して、地域全体の再編を行うことは、超高齢化社会の中で向き合うべき社会課題の1つの解決手段として可能性があるのではないでしょうか。

実店舗である商業施設は消費者の購買行動の変化に対応すべく、継続してその立ち位置を整理し、成長戦略を検討していく必要があるでしょう。不動産的立場でいえば、小売業に売り場を提供するだけの安易な賃貸ビジネスは、今後ますます成り立ちにくくなると思われます。店舗の立地選定や施設計画、有力な借主の誘致、賃貸借契約の工夫や店舗オペレーションを磨く必要があるのは間違いありませんが、むしろ、レジャーや観光といった消費者の感動体験を生み出したり、コミュニティの形成、まちづくり、という大きな視点で商業施設を開発できるプレイヤーとして、消費者の新たなニーズを満たす商業施設の提案が求められる時代であると言えます。

また商業施設の建築設計において、デザイン戦略が重要であることは1章で触れましたが、従来の購買活動に焦点を当てた、人々の目を惹くような内外装の設計に留まらず、オンラインとオフラインにこだわらない[※8・20]消費者の購買体験に目を向ける必要があります。

さらに商業施設単体のデザインだけではなく、周辺環境や都市との関係性の中で、商業施設がいかに社会課題の解決にアプローチできるかといった地域の仕組みや、不動産オーナーの目的、経営者の出店戦略といったクライアント側の理論を理解する視点が重要になるでしょう。

※8・20 オンラインとオフラインにこだわらない購買体験　オンラインとオフラインが融合し、一体のものとして捉えた上で、これをオンラインにおける戦い方や競争原理として捉える「OMO（Online Merges with Offline）」という考え方がある。オンラインとオフラインはシームレスに溶け合い、消費者はその瞬間において、最も便利な方法で購買を行う時代になってきている。その中で、実店舗に求められるものは何か、建築設計を行う上で意識する必要がある。

演習問題8

自分が普段利用しているショッピングセンターや、商業店舗について、その店員や利用客の他に、不動産オーナー像と経営者像をイメージしてください。次にそれぞれの目的やビジョンを想像してください。さらに10年後を考え、それら目的やビジョンをより良く実現するためには、何を変更すべきでしょうか。

解説は306頁へ

9章

不動産再生概論

保存と継承とリノベーション

川原聡史
建築士・不動産コンサルタント

不動産は建築と同様に、30年、50年、物によっては100年以上の長期的な視点が求められます。不動産にかかわる借主や利用者だけでなく、売買や相続などによって所有者や受益者も変わっていきます。人が変わる一方で、建築や不動産そのものは、時代を超え残っていきます。すでにある建築・不動産がより良い形で継承されるため、これから建っていく建築・不動産が末永く残ってゆくためには、その取引や不動産企画、マネジメントは欠かすことのできないものです。この章では歴史的建造物の保存はもちろん、積極性をもって建築を後世に残していくような、広く建築の再生を行うこれからの建築学に対して、不動産学がそれをどのように補助できるかについて考えてみたいと思います。

9・1 建築「保存」と不動産「活用」の違い

建築の分野では、伝統的に歴史的建造物の[※9・1]「保存」[※9・2]についての議論が盛んです。特に歴史的、芸術的、学術的、技術的価値の高いものは文化財として指定・登録されており、修繕を重ねながら維持され、時にはコンバージョン（転用）などもされながら、現在でも数多くのものが継承されています。日本で最初の歴史的建造物を保護する法律の対象となったのは、寺社仏閣でした。廃仏毀釈[※9・3]による寺院の荒廃をきっかけとして、現在の文化財保護法の源流の1つである古社寺保存法[※9・4]が成立したのは明治時代のことです。

時代が進むごとに保存される歴史的建造物の範囲も拡大され、昭和になると城郭建築の保存、戦後になってくると、明治以降の西洋の技術やデザインを取り入れたいわゆる様式建築や、各地・各時代の生活様式を代表するような民家建築も保存が行われるようになりました。近年では近現代建築も、文化財としての保存がされ始めている他、DOCOMOMO[※9・5]をはじめとした様々な組織・個人によって保存運動・活動が行われています。

※9・1 歴史的建造物
建物のうち、その歴史性によって価値があると判断されるもの。美術・技術・学術などの観点から、歴史的価値があると認められる建築物や、街の景観として長く重要な役割を果たしてきた建物、歴史的な事件の現場となった建物など。

※9・2 保存
歴史的価値が認められる建築物に対し、劣化による価値の減退を防ぎ、改善措置を施すことによってその価値を維持すること。

※9・3 廃仏毀釈
仏教を排斥し、寺などを壊すこと。明治期に国家神道による国威発揚のために神仏分離が行われ、仏教破壊運動が起こった。

※9・4 古社寺保存法
1897（明治30）年に制定された、現行の文化財保護法の源流の1つとなった法律。明治時代当時、社会の変化とともに社寺建物や社寺の保管する文物の廃棄や売却、海外流出などが相次ぎ、これらを

過去の秀逸なデザイン、技術、そして特別な出来事や文化の証左となる建築物を継承することは、現代を生きる建築分野を生業とするすべての人にとって、大切な使命です。

これらの建築分野の動きに対して、不動産の分野では、古い建物はどういった捉えられ方をしてきたでしょうか。

これまでの各章で述べられてきた通り、建築と不動産は相互関係の強い分野ですから、建築を継承する過程で、不動産の要素がかかわる場面は多々あります。しかし不動産分野からは「保存」という視点が重要視される場面はめったにありません。不動産は取引の分野ですから、不動産市場における価値とは一般に、「個人や企業がお金を出して欲しいと思うものかどうか」「この建物を貸すといくら利益が生じるのか」という経済的価値で捉えられるからです。

もちろん建築の持つ、歴史的、芸術的、学術的、技術的価値は、必ずしもすべてを経済的指標に置き換えることはできません。しかし建築を建てる時と同様に、再生する場面においても、建築と不動産が思想や技法の問題で、同じゴールを目指せないのはもったいないことです。

では、それぞれが目指すものを生かしつつ、不動産の技術がサポートできるこ

防ぐために保存経費に対する国からの補助や、管理・公開に関する規定、売買の禁止などが定められた。

※9・5 DOCOMOMO
ドコモモ（DOCOMOMO ＝ Documentation and Conservation of buildings, sites and neighborhoods of the Modern Movement）はモダン・ムーブメントにかかわる建物と環境形成の記録調査および保存のための国際組織。ドコモモは、20世紀の建築における重要な潮流であったモダン・ムーブメントの歴史的・文化的重要性を認識し、その成果を記録するとともに、それにかかわる現存建物・環境の保存を訴えるために、オランダのフーベルト・ヤン・ヘンケットの提唱により、１９８８年に設立された国際学術組織で、近代建築史研究者だけでなく、建築家、建築エンジニア、都市計画家、行政関係者などが参加している。（docomomo japan WEBページより抜粋）

建築の「保存」と不動産の「活用」

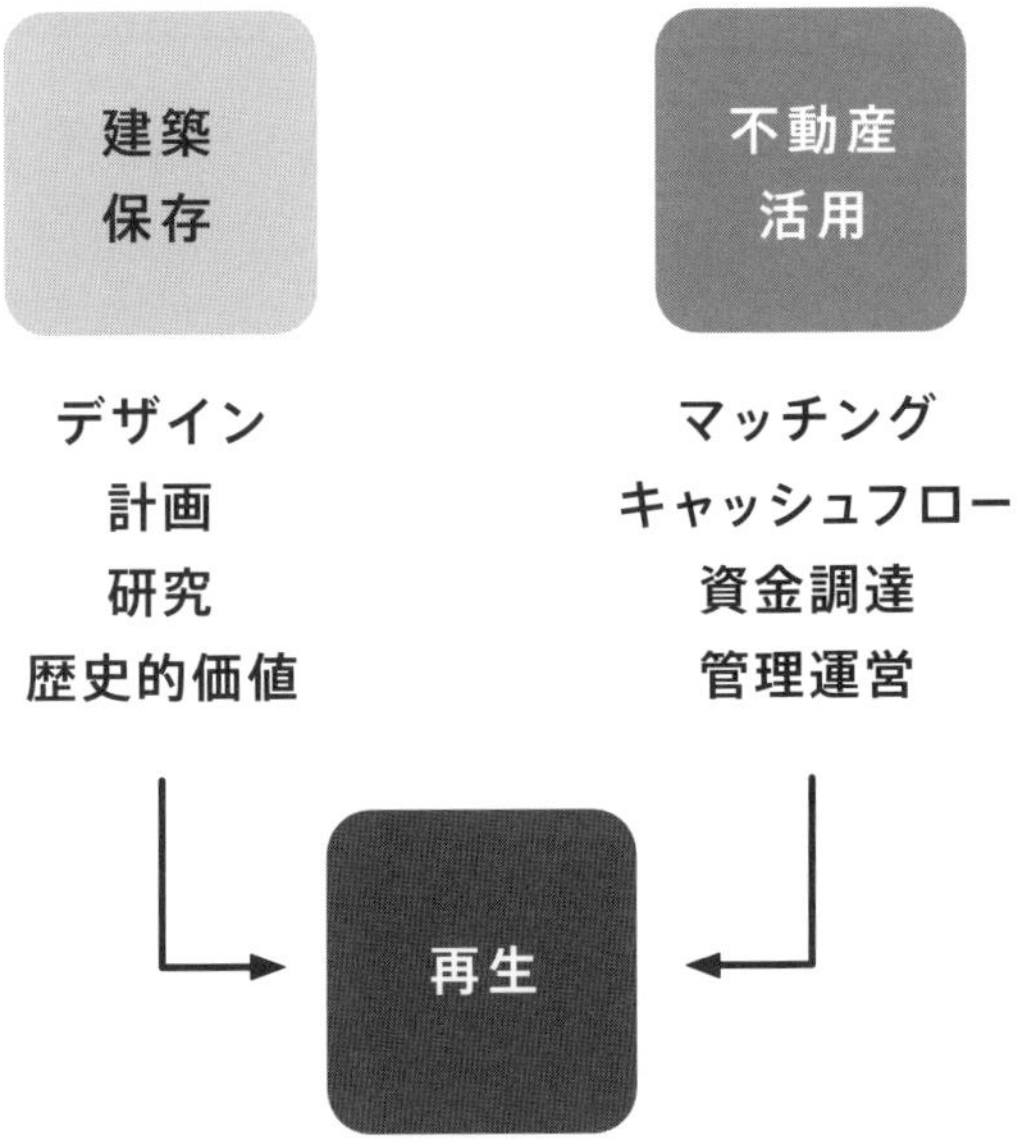

本章では、建築領域と不動産領域のそれぞれの技術特性を両立させながら、建築物を再生させるという考え方を紹介しています。建築領域の、歴史、芸術、学術的価値と、不動産領域の経済的価値を結びつけ、2つの領域が新しい体系を模索しながら、1つのゴールを創造する可能性について検証しましょう。

とはどんなことでしょうか。

9・2　誰が何のために残すのか

一言で後世に継承していくといっても、「どんな価値を残すのか」によって様々な形があります。

文化財として指定・登録されているものの中でも、地域文化の中心となってきたもの、街並みの風景としての価値を大事にするもの、今では技術や材料の問題で再度つくることができないもの、特定の建築家の作品として重要なもの、歴史的事件の現場となったものなど、それぞれで保存すべき価値は異なります。

さらに現代では建築そのものの価値観の多様化、スクラップアンドビルド志向への疑問や、古いものへの愛着の広がり、ストック型社会への移行、空き家問題など様々な背景の変化もあり、「その建物を残すべき価値」のありかたが多様化しています。そこで、文化財の制度では残しづらかった価値や、異なる観点で保存したい価値を残すために、保存とは異なる様々な思想・手法もとられています。

また、誰が残すのか、ということも重要な要素です。こうした保存や再生を行う主体、事業主体となるのは誰なのでしょうか。

１章でも書かれているように、設計演習課題や卒業設計においては、事業主体を意識することはほとんどありません。しかし利用者だけでなく、誰が事業を行うのか、そのプロジェクトは事業主体にとってどう魅力的なのかという視点は、不動産学では常に中心的な視点です。一方で、その建築を残したいと考える人は、事業主体でないこともしばしばなのです。

ここまで「建築学科のための不動産学基礎」を学んだみなさんならわかると思いますが、この事業主体に相当するのは、ほとんどが「その土地と建物の所有者」です。その所有者は、この建物を当時建てた個人か、または相続で引き継いだ子か、または企業か、行政か…。その所有者が誰なのかによって、不動産的アプローチは、全く変わります。

そして既存建築の場合、事業にかかわるステークホルダーは新築よりも一層複雑[※9·6]です。土地の所有者、建物の所有者、借家権者（テナントや住人）。利用者がすでにおり、それぞれがどのような形で事業にかかわるのか、単独なのか、複数で取り組むのか…。事業主体が複雑化すれば、それぞれにどんなメリットがあるのか、デメリットがあるのかといった調整も一層困難ですが、リスクも分散でき、資金調達

※9·6 設計現場のチーム力　建築設計の現場で必要なことは、チーム力である、と述べるのは、東京駅前のＫＩＩＴＥを担当した、三菱地所設計の野村和宣執行役員。特に歴史的建物を再生していくプロジェクトの場合「歴史的価値の位置づけ」「防災や構造などの安全性の確保」「事業性や制度の活用」の検討は、発注者と設計者がチームとなって進める。これら与条件を、できる限りフラットに扱い、発注者の希望を引き出しながら、合意形成を進めていくコミュニケーション能力は、設計者に求められる重要な技術である、という。『生まれ変わる歴史的建造物』（野村和宣著・日刊工業新聞社・２０１４年）参照。

の面では有利な場合もあります。

9・3　再生不動産の多様な事例

歴史的建造物の保存活用や既存建物のリノベーションは近年、大規模な建築的操作やコンバージョンも伴って、大胆なギャップを活かした事例が増えてきています。これらは当該建築のおかれた環境・需要の変化や、価値観の変化に柔軟に対応し、その地域のアイコンとなるような建築が手を入れながら使われています。また不動産的収益性を伴うことで、持続可能な保存に役立てられています。

「コンバージョン」とは既存の建物を市場のニーズに合わせて「用途変更」をすることを指します。継承を行う建物は竣工から相当年数がたっていますから、周辺の環境も、社会的なニーズも大きく変化している場合がたくさんあります。例えば物流の状況が変化した都心の問屋街や港の倉庫街、住人が減った集落で余ってしまった古民家、現代的な機能に対応しきれなくなった官庁舎など、対象となる建築を取り巻く状況は様々です。一方で、時代と環境が変わったことで、その場所・建築に新しい価値・需要が生まれていることもあります。

再生不動産の多様な事例

No.	旧建物	竣工	旧用途	設計・所有者	再生後	改修	新用途	設計・事業者	国・都市
1	旧練成中学校	1978年竣工	中学校	所有者：千代田区	アーツ千代田3331	2010年改修	地域文化施設	設計：メジロスタジオ 事業者：千代田区	日本 東京
2	求道学舎	1926年竣工	学生寮	設計：武田五一 所有者：宗教法人求道会	求道学舎	2006年改修	コーポラティブハウス	設計：近角建築設計事務所 事業者：株式会社アークブレイン	日本 東京
3	旧奈良監獄	1908年竣工	少年刑務所	設計：山下啓次郎 所有者：法務省		2021年予定	ホテル	事業者：星野リゾート	日本 奈良
4	安田銀行函館支店	1932,86年竣工	銀行・店舗	設計：山下啓次郎 所有者：法務省	HakoBA	2017年改修	ホテル	設計：株式会社フィルド 事業者：株式会社リビタ	日本 北海道
5	カステルヴェッキオ城	1376年竣工	城塞		カステルヴェッキオ城	1964年改修	美術館	設計：カルロ・スカルパ	イタリア ヴェローナ
6	バンクサイド発電所	1891年竣工	発電所	設計：ジョージ・ギルバート・スコット 所有者：CLELCo	テートモダン	2000年改修	美術館	設計：ヘルツォーク&ド・ムーロン 事業者：テート	イギリス ロンドン
7	ウィーンガス工場	1899年竣工	ガス貯蔵タンク	所有者：ウィーン市営ガス会社	ガソメーター	2001年改修	商業施設	設計：J・ヌーベル、C・ヒンメルブラウなど 事業者：商業施設・集合住宅など	オーストリア ウィーン
8	フィアット社リンゴット工場	1922年竣工	自動車工場	設計：ジャコモ・マッテ・トゥルッコ 所有者：フィアット社	リンゴット	1989年改修	会議場・ホテル・商業施設	設計：レンゾ・ピアノ	イタリア トリノ
9			倉庫街				SOHO地区		アメリカ ニューヨーク

「リノベーション」とは単なる修繕工事ではなく、古い建物の性能・機能・デザイン等の面で、新しい価値を加える手法です。「コンバージョン」とは既存の建物を市場のニーズに合わせて用途を変更することを指します。上表はほんの一例で、竣工から相当年数を経た建築物が、これらの建築的手法で再生され、次世代へと不動産価値が引き継がれている事例は、世界には無数にあるのです。

不動産学では、それらを読み解いていくことで、収益性を含めた価値を高めることが求められます。50年、100年と建築を存続させようとする時には、場合によっては複数回のコンバージョンを行う必要が出てくるかもしれません。まずは事業の初期段階で長期的な計画を行うことが重要ですが、時代ごとのバリューアップや、将来の需要の変化がすでに予想されている場合には、それを織り込んだ計画も必要になります。

世界の事例を見ていると、時代を経て、異なる用途に変化しても使われ続けることの、ある種の豊かさを感じずにはいられません。これからの設計課題や卒業設計にも、時代に敏感な学生たちによるリノベーションやコンバージョンをテーマにした、厚みのあるストーリーが増えるはずです。

しかしその時、建築学としての専門的設計技術が評価基準となるべきです。そして、本書では、不動産学としてはどういうテーマに着目すべきかを説明します。

9・4 ハード思考からコンテンツ思考へ ——ターゲットと価値の再定義

建築学は直接的に物をつくる分野ですが、近年ではシステムや運用、コミュニティ形成まで、物に依らない分野の研究が進んでいます。視点がいわゆるハードから、ソフトな分野にシフトしているのです。

保存再生も本質的には建築物の長期的な活用を考えた時には、その建物の内部で求められるイベントや、ビジネスに目を向けるべきです。もっと言うと、消費行動や企業活動の様々なニーズが先にあって、そこに生まれるイベントやビジネスが、その保存対象にマッチするのか、という考え方です。それに比べると建築や不動産は既存の建物を継承するためにアクションを起こす時、建物の劣化などをきっかけとしているために、ハード面の課題を見てしまいがちです。

この内部で求められる何かしらのモデルを考えることを、ここではコンテンツ思考と呼んでいます。今後、建築再生や保存の仕事では、このコンテンツ思考の重要性が高まってきます。不動産学基礎は、建築学とそうしたコンテンツ思考をマッチングさせる位置にあります。両面から行き来する視点が重要です。

継承しようとする建築は多くの場合、竣工から時間もたっていて、その間社会や生活様式、地域特性にも変化が出て来てしまっています。5章で扱った不動産マーケティングの観点から継承する建築の内部で起こるイベントを見直し、時代と需要に合わせた用途と機能の最適化が必要になります。

また、コンバージョンやリノベーションを行う時には、新築や普通の中古と真っ向から競合する商品企画を行う必要はありません。時間を経た建築には、建築自体が持っているポテンシャルに加えて、その建築と地域、そして人の歴史が紡ぎだすストーリーがあります。既存建築の特性を生かし、築年数が経過した素材の風合いや、以前の機能の名残をあえて残すことで、特定のユーザー層への訴求を図ります。

良い建築を継承したい、という時には必ず「残したい価値」があり、「その価値を伝えたい、還元したい誰か」がいます。一般的な不動産流通市場での価値がなくても、きちんと別の価値を提供できるユーザーさえいれば収益を上げることができ、事業としての経済的価値を持たせることができるのです。

9・5 再生におけるライフサイクルコストとキャッシュフローの課題

日本では経済成長の過程で、スクラップアンドビルド志向が強かったため、建物の寿命は20～40年とされていました。そのため長期的な管理コストについて考えたり、修繕を行ったり、時代に合わせて最適化することへの関心の高まりは、ようやく近年になって見られるようになりました。

ストック型社会[※9·7]へと時代が変わる現代において、建築を保存、継承していこうとする時には、その維持に必要なお金の計算が関心事になってきます。建築には建設費や設計費といった建物を建てる際にかかる費用を「イニシャルコスト」と呼び、それとは別に、運用費（水道光熱費など）、保全費（設備管理、清掃、警備など）、修繕・更新費、一般管理費（税金、保険、利息、一般事務費など）などを「ランニングコスト」と呼びます。そしてイニシャルコストとランニングコストを合わせた、いわば建物の生涯にかかってくる費用が「ライフサイクルコスト」です。

一方で、6章で見たように、不動産学には、イニシャルコストとランニングコストという言葉ではなく、「キャッシュフロー」という基礎的考え方がありました。これは、家賃収入や、借入金の返済、固定資産税や減価償却、所得税や法人税と、実際の所有者のお金の流れにより近づけたものでした。

末永く建築を継承するためには、建築学的なライフサイクルコストと、不動産学的なキャッシュフローを連動させて計画することが有効です。修繕のタイミングは建物の規模・構造や計画によっても様々ですが、十数年に一度はきちんと手を入れるのが望ましいとされています。

保存と継承を考えた時には、その事業に取り組む時点で、この「ライフサイクル

※9·7 ストック型社会
2章8節60頁参照。住宅などの社会インフラを長寿命化させることにより実現される、持続可能な社会。不要なスクラップアンドビルドを止め、資源を必要とされる部分に適切に再配分する。新しい建物やインフラを生産することに価値を置くフロー型社会と対比され、フロー型からストック型への移行がとかれている。

コスト」の計画を成立させるためにも、収益計画に向き合う必要があります。その手段の1つが、9・3で見た「コンバージョン」です。

9・6 地域のストーリーを継承する——再生型再開発とエリアリノベーション

建築の継承について検討する必要に迫られるのは、多くの場合何らかの解決したい課題を抱えている時です。それは建物単体で解決できる場合もありますが、地域規模での解決策が必要な場合もあります。

また産業構造の変化などが起こると、特定の用途が集中[※9・8]していたエリアは需要の変化に追従できず、共通の課題を抱えた建築群が発生し、しばしば空洞化が起きます。こうした建築群を、地域のストーリーとともに継承するにはどうしたらいいのでしょうか。

解決方法に、既存建築群のリノベーションと、新築、減築などを組み合わせて地域の再開発を行う、「再生型再開発[※9・9]」があります。また地域の核となるいくつかの施設と連携してリノベーションを行い、その後の面的な発展に期待する「エリアリノベーション[※9・10]」もあります。

※9・8 特定の用途が集中
古くは職人街、武家町、近代以降にも工業団地や港湾の倉庫街、問屋街など、管理上の理由やエリアブランディング、流通におけるコストメリットのため、一帯が特定の用途の建築物が固まり、特定の職種の人々が集まって住むことがある。木場、御徒町、蔵前など、地名に名残があることもしばしばある。

※9・9 再生型都市開発
ここでは、まち規模で既存の建物群を新たな構想・配置で開発し直すにあたり、既存の建物を積極的に利活用している事例を指す。

※9・10 エリアリノベーション
『エリアリノベーション』（馬場正尊、OpenA編著・学芸出版社・2016年）で提唱された概念。エリアマネジメントの一種で、特にストックの活用と拠点の点在による地域構造の変化を目指す。

再生型再開発とエリアリノベーション

＜再生型再開発＞ トップダウン型/マスタープラン型

事業主体　行政・企業

建築学
- 都市計画
- 建築デザイン
- ランドスケープデザイン　など

不動産学
- 権利関係
- マーケティング
- キャッシュフロー　など

＜エリアリノベーション＞ ボトムアップ型/ネットワーク型

事業主体　店オーナー・住人

建築学
- まちづくり　・リノベーション
- デザイン　・コスト管理　など

不動産学
- 所有者とのコンセンサス
- 資金調達　・リーシング

その他
- イベント企画　・PRメディア運営
- プレイヤーのサポートの仕組みづくり

建物単体ではなく、面（一定規模のエリア）での再生が必要になる場合があります。例えば時代の変化とともに空洞化する、倉庫街や問屋街、町工場や商店街などに新たな可能性を模索するとき、方法としてトップダウン型かボトムアップ型があります。いずれのケースでも、建築的な手法を支える不動産の仕事があります。またボトムアップ型ではより属人的で、分類しづらい中間的な動き（イベント企画やボランティア活動など）が見られます。

再生型再開発は多くの場合、行政が主導するか、民間の投資で事業を行う、トップダウン型またはマスタープラン型の地域再生プロジェクトです。流通経路の変化で空洞化した倉庫街、産業構造の変化で使われなくなった工場群など、都市の周縁部に位置している例が多いようです。こうした場所では必ずしも、魅力的な空間で、この場所を目的として外部からやってくる人々に期待するというような、観光地的なプロジェクトでは、十分な経済活動は期待できません。

そこでエリア規模での再生を考えた時には、入手しやすい価格の住宅の整備による定住人口の確保と、地域でのあらたな生業の創出が重要です。そこで生活を送る人々がいれば必然的に消費が発生し、産業があれば経済活動によって地域が維持され、民間投資の継続的な呼び込みにも期待できるからです。

これに対してエリアリノベーションは、まちで行われる個々の活動が共鳴して面的な広がりを持つ、ボトムアップ型またはネットワーク型の地域再生プロジェクトです。魅力的なまちのコンテンツをつくるプレイヤー※9・11の存在が起点となり、建築士や不動産業者、メディアなどがそれをサポートします。

プロジェクトの性格上、運営組織や地域とのコンセンサス※9・12のつくり方を十分検討する必要があります。特に運営組織は、任意団体なのか法人格があるかによっても、

※9・11 まちのプレーヤー
芝浦工業大学で特任講師を務める青島啓太先生は、建築学の中で不動産的な知識が必要になるのは、まちや土地を見る目、特に卒業設計などでの「敷地選定」の場面だと言う。メモリアルな場所を選定する方法もあるが、変哲のない場所で、地域を変え得る点を精選する方法もある。建築の「質」を語ることも重要であるが、その建築の「価値」、つまり所有者や利用者、地域にとっての意味や可能性を考える上で、不動産的な視点が必要だと解説した。

※9・12 運営組織や地域とのコンセンサス
コンセンサスとは合意形成のこと。エリアリノベーションはしばしば、外部からやってきたプレイヤーや地域の若手による新しいムーブメントであるため、既存の地域住民やその組織、行政との戦略的な関係構築が必要になる。あえて積極的には関係をつくらないことが戦略になる場合もある。

行政や企業との連携や、運営組織としての金融機関からの借り入れのしやすさにも大きな違いが出てきます。どのような組織と仕組みの中で、個々の活動を支援するか、結び付けるか、新規参入する良質なプレイヤーを増やしてゆくかが課題となります。

9・7 資金調達と法適合が課題となる理由

古い建築を継承をしようとする時、修繕やリノベーション、コンバージョンには、やはり大きなお金がかかります。その資金調達について押さえるのが、不動産学領域の思考です。もちろん、保存されている文化財の中には補助金によって修繕費の一部がまかなわれている場合がありますが、各種の手続きや文化財保護審議会、議会など、各種の承認が必要だったり、行政に金銭的な余裕がなかったりして、十分な資金調達が難しい場合も多いのが実情です。

また、文化財でない一般的な建物には、例えば空き家活用のための補助金などを各自治体が設けている場合もありますが、文化財か否かに関わらず、不動産学の立場、または価値提供とお金の関係を意識する経営的な立場からは、そもそも補助金に頼って事業を行うことが、本当に持続可能性を担保できているかどうかは最初に疑う必要があります。

しかし既存建築への投資に対して、民間の金融機関からの融資には、実は大きなハードルがあるのも事実です。事業主体が既存の建物に向き合う時、取りうる方法としてはいくつかの選択肢があります。

①追加投資を行わず、現況の用途と建物のままで事業を継続する
②更新や補修など少額の投資を行い、これまでと同じ用途で事業を継続する
③大規模な改修など、大きな投資を行い、これまでと同じ用途で事業を継続する
④コンバージョンやリノベーションなど、大規模な投資を行い、用途や提供価値を変えて事業を継続する
⑤既存建物を解体して、新築で事業を計画する
⑥既存建物の再生を行わず、土地と建物を売却し、現金化する

①の場合は投資は発生しませんし、②の場合も少額であるため、資金調達の重要性は比較的小さくて済みます。しかし③や④のような、建物の大規模な修繕やコンバージョンを行う際に、銀行から融資を受けるには定型の金融商品は少なく、また条件にも大きなハードルがあるのです。

その最大の理由が、建物の担保価値です。あくまで一般論としてですが、銀行は通常、建物の価値を減価償却期間[※9・13]に基づいて判断する上、建物の劣化状況を税法上の法定耐用年数[※9・14]を基準にします。ですから木造建築は竣工から22年、鉄筋コンクリートの集合住宅は47年以上経ってしまうと、銀行にとっての担保価値はほぼ土地だけになってしまい、これはもう寿命が近い建物だと判断されます。

建築学を学ぶみなさんなら、建築物の寿命がそんなに短いはずがないことは、知っていると思いますが、残念ながら今のところ、その知見を不動産や金融の業界との間で共有できていません。

また、建築基準法の適合状況も重要な要素です。実は、日本では、古い建物の多くが、何かしらの法律違反を抱えています。[※9・15] 例えば、違法に増改築がなされているもの、そもそも確認申請や完了検査を受けていないもの、時間がたって法律が変わってしまい既存不適格となったものなど、既存の建築が抱える法的な課題は様々です。小規模な建物ほど、その傾向が高まります。実は、建築や不動産のコンプライアンス（法令遵守）が高まったのは２０００年以降、最近のことなのです。

そして、違法建築には、原則として金融機関はお金を貸すことができないのです。今回の事業で是正されるのか、完了検査を受けていないものは法適合しているか、

※9・13 減価償却
長期間に渡って利用する建物などの取得に要した支出について、税法上、建築物・設備などそれぞれに定められた一定の期間に渡って費用分担する手続きにより算出される費用。

※9・14 税法上の法定耐用年数
事業に使う資産のうち、長期間わたって使用するものについて、減価償却期間として法律上で定められた年数。建物の場合、木造22年、軽量鉄骨27年、重量鉄骨34年、鉄筋コンクリート47年と定められている。また、建物以外では自動車が小型車3年、大型車5年など。建物や車両、工具や備品など幅広いものに規定されている。

※9・15 何かしらの違反
もっとも多い違反は、手続きの違反であり、かなりの数の建物が竣工後の検査済証を取得していない。２０００年代から急速に、不動産に融資する金融機関の遵法意識が高まり、検査済証の取得がなければ融資を受けられなくなった

既存不適格のものは今回の事業が建築行為に当たるか、あたる場合には是正が行われるかなどが問われます。※9・16

加えて、融資にあたっては不動産市場の問題もあります。建築としての良質さを資産として価値づけできていないために、銀行も良質な古い建物の二次流通の市場価値を評価できず、資産価値として見ることができないのです。

6章でも扱っている通り、一般に⑤のような建築行為を行う時の資金調達は、まず銀行などの金融機関に相談します。新築の建物を建てるための金融商品は、住宅ローンやアパートローン、事業用ローンなど、様々なものがあります。そのために、新築に流れていく場合もあります。

一方で何百年も修繕を続けて、現在までその価値を伝えている建物はたくさんあります。本来、建物の劣化状況は建物のつくり方、周辺の環境、手入れの程度によっても大きく異なります。また良質な建築の空間は他の何かには代えがたい価値を持っています。

しかし、この建物が今後どの程度持つのか、価値をどう評価すべきかということについて、建築や不動産の世界から金融業界にたいして、今はまだ十分に情報を伝えられていません。そしてこれはその建築が、きちんと手を入れれば価値提供でき

ため、取得率が高まった。これらの分析については、『事例と図で分かる　建物改修・活用のための建築法規』（佐久間悠著・学芸出版社・2018年）に詳しい。違法建築を適法化する手法が紹介されており、現代的な課題に向けたアプローチの1つである。

※9・16 文化財と建築基準法
ただし、文化財や天然記念物など、建築基準法第3条に示された、法令、条例で指定されているものは、建築審査会の同意を得て、建築基準法の適用除外が可能。

るか、残すべき文化的価値があるか、という点には一切関係がないのが実情です。また、⑥のように土地と建物を売却する場合であっても、その建築を残すことが別の誰かにとって利益になることを見出せれば、その建築は次の所有者に継承されていきます。

9・8 再生のための資金調達方法のヒント

6章の「不動産ファイナンス」で詳しく触れていますが、建築不動産事業は、金融機関からの資金調達（簡単に言うとお金を借りる）をして、進めることが多いです。ファイナンスや経営の論理から言うと、借り入れて事業を行うことが合理的だ[※9・17]からです。

そして、どうにか銀行からの借入計画を立てようと思うと、この建物に経済的価値があることをきちんと証明する必要があります。構造調査を行って銀行への説得材料にしたり、周辺の需要調査を行ったうえで、十分な収益を上げられるポテンシャルがあることを示したりします。なぜなら、いま現在、不動産再生の最大のハードルは、金融機関への説明と理解だからです。

※9・17 借入の合理性
6章の不動産ファイナンスの章でも触れているが、世間一般的な感覚として、借金をすることにポジティブなイメージはなく、将来に向けた負担と感じるはずである。しかし経営論的には、計画の妥当性があれば、事業やプロジェクトを借入ではなく自己資金で行う方が、不合理であると言える。不動産事業は、多額の資金を要するが、それに企業としての貴重な資源（自己資金）を振り分けることの是非、また金利が経費計上できることによる節税効果などを考えると、金融機関からの資金調達の有効性は認められる。

2章の「定量分析」や、3章の「不動産史」からもわかる通り、日本は特殊な不動産状況を経過して、いまがあります。住宅不足、建設ラッシュ、スクラップアンドビルドと呼ばれた時代を終え、再生という次のスタンダードの共通認識は、建築業界、不動産業界、そして金融業界にも拡げていかなければなりません。

これら3業界は、「古い建物は評価しづらいので、壊して新築した方が良い」「結果として日本の建物の寿命は、社会変化に着いて行けず短命である」「税法の減価償却期間を準用して、建物寿命を定める」が当たり前だったのです。

そして残すべき既存建物への事業の多くは、地域との強い相関性を持っています。そうした事業に対しては、地域経済を支える信用金庫や地銀にも、きちんとした説明をすべきでしょう。再生される建築に経済的価値に限らず、社会的価値や文化的価値があれば、それをいかに企画として組み立てるかが問われるのです。

またオーナーが銀行から新たな借り入れをすることが難しい場合、不動産的なアプローチで資金調達をすることもあります。例えば、1棟を所有していた建物を区分所有に登記変更して、一部を売却し、資金を得る方法があり得ます。また建物付きの定期借地権を売却し、修繕費やコンバージョン費用に充てることもできます。

いずれも高度な方法ではありますが、建築再生事業を行う不動産所有者にとって

※9･18 クラウドファンディング
インターネットを介して不特定多数の人々から（比較的少額で）資金を調達する手段。支援に対して特に明確なリターンのない寄付型、プロジェクトの商品を買うことで支援する購入型、支援者から集めた資金を企業に融資して金銭的リターンを行うか、支援したプロジェクトの株式を取得する投資型などがある。

※9･19 ソーシャルレンディング
クラウドファンディングの一種で、貸付型クラウドファンディングとも呼ばれる。金融機関からのお金の貸し借りを行うには会社の信用が必要であることから、実績や担保となる資産が必要だが、ソーシャルレンディングは個人投資家から広く資金を集める形で融資を受ける金融サービス。返済計画やプロジェクトのビジョンやビジネスとしての期待によって融資獲得が可能になる。

の価値を、どこに見出すかです。

その他にも現代では、資金調達の方法は銀行以外にもたくさんの手法が考えられます。クラウドファンディング※9・18やソーシャルレンディング※9・19などは、社会に対して価値提供できるプロジェクトや組織に対し支援を呼びかけて資金調達を行うサービスです。その後の収益性を見越して、投資家から資金を集める、不動産証券化による資金調達方法もあります。また一方で、事業として将来性のあるプロジェクトであったり、社会貢献性を認められれば、ベンチャーキャピタル※9・20やエンジェル投資家※9・21などからの投資を得られることもあります。

資金調達というと、裏方的な、建築のかなり上流のイメージはありますが、その対象はつねに建築です。またその仕事は、端的に言うと、「いかに価値を伝えるか」に尽きます。もちろん建築の価値です。その価値を伝えるのは、不動産学の分野です。

※9・20 ベンチャーキャピタル　ベンチャー企業（革新的な技術やアイディアでビジネス展開する企業）で高い成長が予想される未上場企業に対して、出資や支援を行う投資会社。投資先の企業の価値が高まった時に、株式を売却し、利益を得ることを目的としている。

※9・21 エンジェル投資家　スタートアップ企業（起業間もない、新たな技術やビジネスモデルを有する企業）など、実績のない企業に対して投資を行う個人投資家のこと。インターネットの普及により、そうした企業と投資家のマッチングサイトなども世界中で多く生まれている。

演習問題9

身近な古い建築を探してみましょう。例えば地元の商店街の商店、地域の小学校、または築年数を経た親が住む自宅など、多数見つかると思います。そして、残したいと思った建築の所有者を調べてください。その建築を残すことが、所有者にとってもどういうメリットにつながるでしょうか？　その建築が古いからこそ持っている魅力、そしてその点にこそ魅力に感じる人たちをイメージしながら、考えてください。

解説は304頁へ

10章

地方不動産概論

ローカル不動産の可能性

建築士・不動産コンサルタント
高橋寿太郎

不動産学の多面的な領域を知り、いよいよ不動産の全体像が浮かび上がって来たところで、「地方」をテーマとして取り上げたいと思います。不動産学において、これは比較的新しい視点と言えます。

東京一極集中に対して、地方創生の文脈からも注目される「地方」。建築を学ぶ皆さんのための不動産学の体系に、これまではなかった地方の不動産についての論考を加えたいと思います。

また地方出身の多くの人が、将来は地元で働くことを考えています。ミレニアル世代の若者たちは、地元の課題や危機を解決するために、地方で働くビジョンを漠然と持っているのです。

10・1 フロンティアとしての地方不動産論

これまで不動産は、主に都心で語られて来ました。経済のニュースや、不動産投資でも、話題の中心は常に都心に置かれています。そして不動産学も同様の傾向があります。この不動産学基礎で触れた、売買仲介や不動産マーケティング、オフィスや商業、不動産再生など、そして本書では触れない、経済学や金融工学などのより専門的な応用分野も、すべて都心を舞台にした方が考えやすいでしょう。これは不動産学を修める者が、経済的価値に寄与すべきであることを考えると、優先順位として正しかったと考えます。

しかしこれからの日本では、地方や、いわゆる田舎の不動産にも焦点にあてるべきです。そこでは、経済的価値は小さく、人や物も動かないどころか、衰退していくことが目に見えている地方も多いのです。だからこそ、不動産学として扱うべきと考えます。

しかし日本の不動産の専門家にとって、地方を扱うのは、難しい挑戦でもあります。特に人口減少が進む地方では、後述する多数の課題があるのですが、要約すると、日本の不動産取引や価値付けのルールが、人口が減少していく地方に全く合っていないことが挙げられます。つまりルールの検討から考えなければならない難しさがあるのです。そこには日本の将来を考える上で、重要な役割があります。そういう意味で、不動産学において地方を考えることは、まだ開拓しつくされていないフロンティア（最前線）だと言えます。

ここではまず、以降で扱う「地方」の範囲を説明します。まずは地方に対して首都圏（1都6県）を、①都心5区、②近郊、③郊外と3つに分類した上で、地方（首都圏以外）も、④地方都市、⑤地方郊外、⑥村落、と3つに分類します。

ここで扱うのは、⑤地方郊外と⑥村落と考えてください。明確な定義はありませんが、自治体の人口規模でいうと、10～20万人程度は⑤地方郊外に多く、

⑤地方郊外または⑥村落の風景（千葉県いすみ市）（© 草原学）

⑥村落は1万人以下が当てはまることが多いです。[※10・1]

10・2　都市にない地方の魅力

冒頭の通り、長年続く都心一極集中の人口移動の背景で、人々は思った以上に、地方や田舎を好み、求めています。不動産学の視点を概論する前に、いま地方にどういうまなざしが向けられているのかを、整理したいと思います。

地方を扱う雑誌など[※10・2]を見ていると、特にフォーカスされているのは、都市にない地方の暮らしの魅力です。自然の景色、人との距離感、農との近さ、ゆっくりした時間の流れ。そして都市の消費活動から少しでも離れ、持続可能な暮らしを目指す。昔の生活に戻っているようですが、正しくは、近年の高度情報化社会を無条件で受け入れることを拒む姿勢がそこにはあります。

私の地方での活動[※10・3]でも、実感として多数の情報を得ています。一部の現代人、特にミレニアル世代は、キャリア形成や働くモチベーションの価値観が変化しています。彼らにとっては、大都会のビルで働くのが、必ずしも成功の証ではないようです。むしろ地方衰退などの社会課題と向き合い、充実感とともに生きることが、勝

※10・1　地方の定義
全国約1800自治体の中でも、人口20万人以下は1300以上、人口1万人未満は500を超える。それぞれの地域が置かれた状況や課題は、産業や文化の面でも様々であり、また町村の合併で市になった自治体なども多いため、地方の定義を単純に自治体の人口で分類することはできない。しかしこの人口20万人以下の自治体数が全体の75%に達することからも、地方を考えることがニッチな片隅の考察ではないことがわかる。

※10・2　地方を扱う雑誌
雑誌では『ソトコト』『TURNS』『田舎暮らしの本』など。またウェブマガジンでは「greenz.jp」など。

※10・3　地方活動
著者は千葉県外房のいすみ市の「いすみラーニングセンター」を運営している。

ち組と言わんばかりです。

都心での暮らしや働き方は、ある部分で負荷が高いのは確かです。まず住宅にかかる費用（家賃や住宅ローン）が高い。また仕事も長時間化しやすく、自分の自由な時間を取りづらい。その環境下では、家族の余暇や子育てにも影響があります。実際には多くの現代人は疑問に思っているかもしれません。

地方では、そうした負荷がもっと減るはずだ、そして都心ならではの無駄な支出も減らせば、持続可能な暮らしができるのでは、と考える人は少しずつ増えています。地域によりますが、家賃は数分の1になり、思い切って民家を購入しようと思っても、都心でマンションや戸建てを買うことに比べると、桁違いに安価です。

そして単に都心のアンチテーゼとしてではなく、暮らし方、働き方というライフスタイルから、新し

ローカル鉄道の風景（千葉県いすみ市・いすみラーニングセンターの舞台）

いあるべきビジョン※10・4を模索しています。

ただし、地方での生活や経済活動の課題は大いにあります。多少の不便は良いとしても、生活の基礎となる教育や医療の充実は課題であり、また職を見つけることは都心より困難な場合もあります。その結果、高まる地方の魅力を傍目に、進学や就職を理由に都心に向かう人の方が多いのです。つまり地方への転入より、転出が多いのは明らかです※10・5。

10・3 消滅可能性都市と地方創生

2014年、このまま少子化や人口減少に歯止めがかからない場合、多くの地方自治体が消滅するというレポートが発表されました。全国の市区町村の約半数の896が「消滅可能性都市※10・6」として指定され、早急な人口対策が促されたのです。

具体的には、20〜39歳の女性の人口が2010年から40年にかけて半減する自治体が、消滅可能性都市として選ばれました。この表現やレポート内容には賛否両論がありましたが、多くの人々の視線が、地方の将来の危機的状況に集まりました。

地方自治体で少子高齢化による人口減少が続けば、固定資産税や住民税などの税

地方のくらしとビジネスの可能性を探求するというコンセプトを掲げ、首都圏からクリエイターを中心とした会員メンバーが集い、これからの地方ビジネスを研究している。

※10・4 暮らし方や働き方のビジョン
地方や田舎に拠点を置き活動する人々のビジョンは多様だが、筆者の実地調査による一例としては、パーマカルチャー的指向（環境循環型、持続可能型を目指し、現代の知見も取り入れながら、農業や教育、コミュニティや建築環境をデザインしていく指向）や、IT的指向（インターネットにより業務の場所に縛られないため、精神や身体の健康にとって合理的な生活場所を選択する指向）などがある。

※10・5 転入・転出
地域の人口移動を把握、分析するためには、地域経済分析システム「RESAS（リーサス）」を用いると良い。インターネットで誰でも閲覧できるビッグデータの可視化サービスで、地方創生に役立てるために経済産業省と内閣官房が

収が減少し、自治体運営がままならず、行政サービスやインフラの維持が低下し、ますます人口は流出します。

レポートでは地方自治体の人口減少は避けられないことを前提とした上で、長期的な視点で、人口減少を食い止めるために、人口移動や出生率に関する総合的な対策を打ち続けるべき、とまとめています。

消滅可能性都市に挙げられたのは、地方ばかりではなく、東京23区からは豊島区も含まれていました。豊島区は池袋を中心に商業エリアが広がり、また人口が増加傾向にありましたが、若年女性の転入が減少すると考えられたことが要因でした。区では緊急対策部門が置かれ、また挽回すべくまちづくり施策を実行し、区民の支持を得ています。

そんな将来への危機感とほぼ並行して、「地方創生」[※10・7]という考え方が知られるようになります。そうした地方の課題を解決するために、国が地方をバックアップする一連の政策です。各地域の人口動向や将来の人口推計（地方人口ビジョン）と、自治体による地方版総合戦略の策定と実施をはじめ、産業、雇用、医療、福祉、結婚、出産、育児、そして建築やまちづくりについての多種多様な政策が打ち出され、いよいよ、地方に焦点が当てられました。

提供している。

※10・6 消滅可能性都市
民間有識者でつくられた日本創生会議で、消滅可能性都市が挙げられ、衝撃が走った。

※10・7 地方創生
第二次安倍政権で掲げられた、人口減少問題の歯止め、東京一極集中の是正を図るため、地方での雇用や居住、子育て、まちの活性化を促すための一連の政策。

その後も継続して、地方への人の流れをつくる取り組み[※10・8]が実施され、企業、大学も巻き込む政策は、今後も拡大すると予想されます。都心から地方への人口移動は数年で実現できるものではありませんが、関係人口[※10・9]の創出と拡大が次なる目標として掲げられています。産学官一体となって、人口減少や消滅可能性都市といったネガティブな未来を変えるため、行動しています。

10・4 不動産価格の低下と不動産業者の撤退

こうした危機を前提として、地方の不動産にはやはり課題が多くあり、それぞれが絡み合っています。

1つめに、空き家や空きビルが増えていること。空き家問題は2章で詳しく述べましたが、特に人口減少率が大きい地方郊外や村落では深刻です。特にこうしたエリアでは「その他空き家[※10・10]」が目立ちます。実際に空き家調査をすると、外観だけでは空き家とわからず、家具や生活什器はそのままになっており、近隣住民への聞き込みでも特定できない場合もあります。空き家が増えると、地域コミュニティのつながりや活動は少しずつ低下していきます。

※10・8 地方への人の流れ
地域おこし協力隊の拡充、政府関係機関の地方移転、東京23区の大学定員の抑制、移住・起業・就業支援など。（内閣官房まち・ひと・しごと創生本部事務局、内閣府地方創生推進事務局レポートより／２０１９（令和元）年7月23日）

※10・9 関係人口
移住した定住人口ではなく、観光に来た交流人口でもない、地域や地域の人々と多様に関わる人々のこと。若者を中心に、変化を生み出す人材が地域づくりの担い手となる可能性が期待されている。

※10・10 その他空き家
空き家の分類の1つ。人が住んでいない住宅で、転勤や入院などの理由で所有者が長期に渡り不在の住宅や、すでに所有者が死亡しているが、相続人が放置している住宅、または建て替えのために取り壊すことになっている住宅など。具体的な理由がなく、ただ空き家になっているものも多い。

2つめに、建物の老朽化があります。築年数が40～50年を超える民家などで、適切な維持メンテナンスが行われていない場合は、雨水の進入やシロアリの被害による劣化の進行があり得ます。またそれが、管理されていない空き家であれば、植物が繁茂し、動物が住み着くことも、特に地方郊外や村落で人口が少ない地域では実際に起こります。建物の朽廃が景観を乱し、不衛生や、火災などのリスクが高まります。

3つめに、不動産価格の下落があります。空き家の多いエリアで、交通の便が悪ければ、都心とは桁違いに価格が低下します。住宅が100～200万円で販売されている地域も実際に多いのですが、それでも売れないケースもあるのです。基本的に不動産価格は、その需要と供給のバランスによって決まりますから、人口減少で需要がほぼない地方では、価格の低下は止まりません。

4つめは、所有者が誰かわからなくなっているケースです。都心でも起こることですが、地方はより所有権があいまいな所があるため、相続を繰り返すうちに誰のものかわからなくなる現象があります。相続人がその地域に住んでいない場合は、価値も乏しい不動産に残念ながら関心が持たれず、登記[※10・11]もされていないことがあります。地方郊外や村落では、そうした所有者またはその連絡先がわからない不明瞭

※10・11 登記
不動産登記法に規律されるが、不動産の所有権などの権利は、法務局が管理する登記簿に登記され、誰でも請求すれば閲覧ができる。しかし所有権の登記は義務ではないため、所有者不明の問題が起こる。それを防ぐため、2020年現在、不動産登記の義務化が検討されている。

な登記が2割[※10・12]を超えている可能性があります。所有者が名乗り出ず、連絡できない不動産は、ただ放置されるしかありません。

5つめに、不動産会社の撤退があります。その地域の不動産会社が徐々に減少し、新規開業が起こらなければ、次第にその地域の不動産流通が減少します。するとやはり不動産価値が低下する、という悪循環が起こり、地方や村落の衰退が加速する要因にもなるのです。なぜ不動産会社が減るのかというと、不動産価値が低下すると、それに比例する彼らの報酬[※10・13]も低下し、収益性が悪く会社を維持できなくなる構図があるのです。これを改善するためには、報酬の法規制を改正する方法が検討されるべきでしょう。

6つめに、ここまで述べた課題が複合的な要因となり、地方郊外や村落では、空き家がうまく流通しない、つまり不動産として売買や賃貸がされない、という現象が起きています。例えば都心から地方に移住を希望する人は多くいて、そこに空き家は多数存在するのですが、老朽化や劣化で住めない、また買ったり借りたりができないのです。不動産流通が起きず、空き家が減らない状況で、不動産価格はさらに低下するという、悪循環の中に、多くの地方郊外や村落は、いま立たされているのです。

※10・12　不明瞭な登記が2割
法制審議会第183回会議配布資料「民法及び不動産登記法の改正について」より筆者が推測。

※10・13　報酬
仲介手数料など。賃貸仲介取引であれば、家賃の1か月分が手数料上限と定められている。売買仲介取引であれば、物件価格の3％＋6万円＋消費税が上限となる（ただし売買価格400万円以下の場合は異なる）。

このいくつかを解決するには、建築学の知識と技術が大いに生きるのは、言うまでもありません。

10・5 空き家バンクシステム

地方のそうした流通不全の状況を補助するために、日本では2000年初頭から「空き家バンク」という仕組みが、地方自治体で始まりました。これは地方の市町村が、空き家や古民家の所有者から、賃貸や売却の希望を募集し掲載したウェブサイトのことです。

このサイトに問い合わせた移住や引っ越しを希望するユーザーに、自治体はさらに情報を提供し、マッチングを促す仕組みです。全国で763自治体[※10・14]ですから、約半数の自治体がこのシステムを導入しています。こうした行政サービスが生まれた理由は、前節で述べた、地方郊外や村落での不動産流通不全を解消し、移住を促し人口問題を解決するためです。

いくつかの地方で、空き家バンクシステムの運用の実態を確認していますが、これは実効力のある仕組みだと思います。ネーミングも秀逸で、瞬く間に日本中に広

※10・14 763自治体 2017年時点。

空き家バンクシステムの一般例

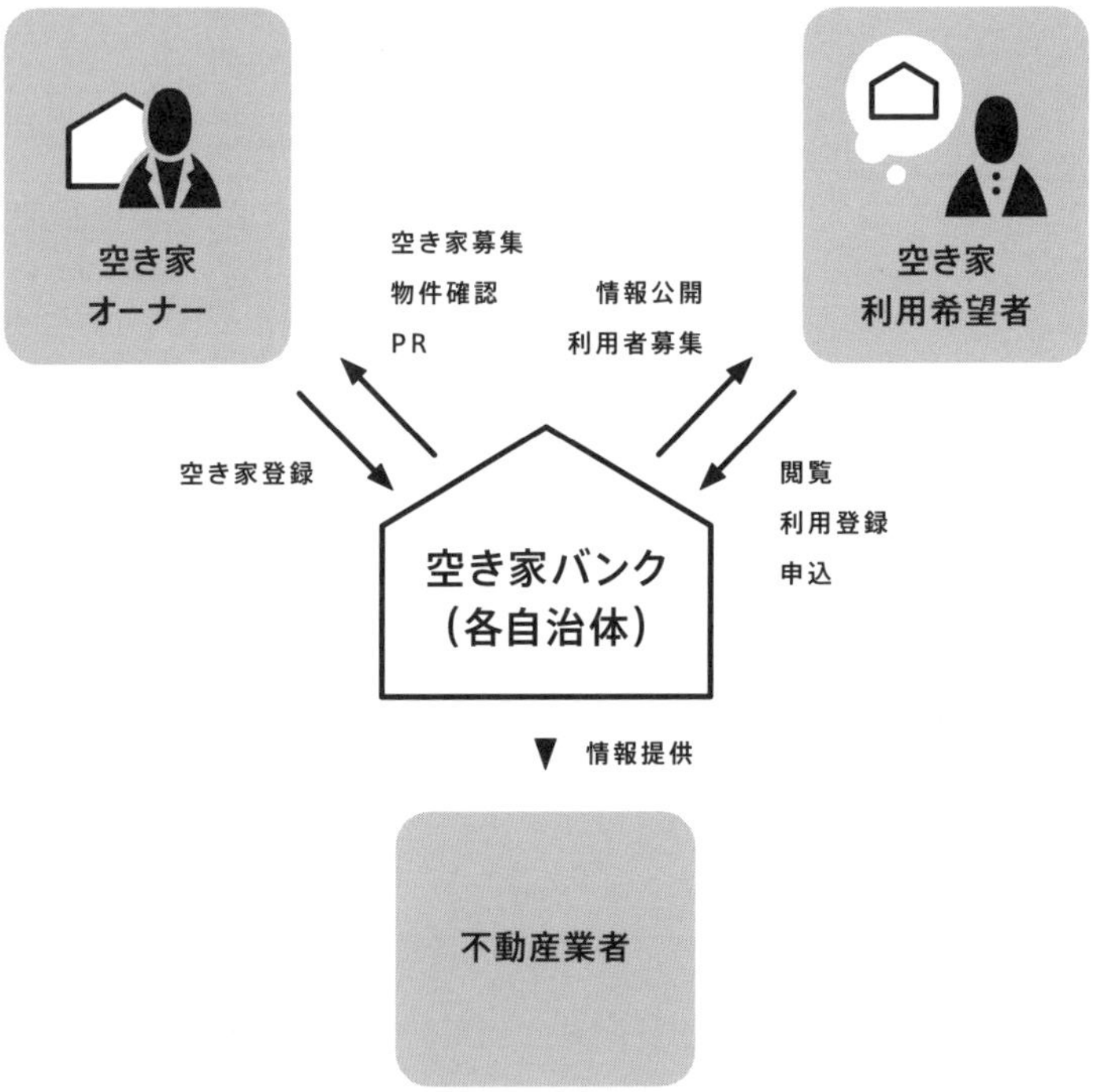

各自治体ごとに整備されている空き家バンクシステムの典型例。Googleで「空き家バンク」を画像検索してみると、タッチが異なれど、これに相似する多数の図がヒットします。つまり自治体ごとに空き家バンクが取り組まれていますが、その構造は酷似しています。これからの空き家バンクは、地域資源を評価できる不動産業者の発掘と育成がテーマの1つ。また不動産だけでなく、建築士や施工会社が参加できるようなプラットフォームを目指すべきです。

まったのでしょう。しかしその目的を達するために、さらに改善すべき点がありま
す。

まず横の連携です。空き家バンクシステムは、どの自治体でも図のような構造があるのですが、各自治体がバラバラに作成し運営しています。そのため、それぞれの空き家バンクサイトは独立しており、ユーザーからすると、ある町の空き家バンクを閲覧しても、隣町のサイトには移動できません。

次に、このチームワークです。空き家バンクは自治体が運営し、マッチングを行いますが、その後の不動産契約は、提携している地域の不動産業団体経由などで、民間不動産会社が行います。しかしここにも、建築と不動産のあいだの壁がありま
す。こうした各自治体ごとの空き家バンクシステムを運営するチームに、建築の専門家がほとんど参画していません。建築学はもっと地方でも貢献できます。古い木造家屋の性能や、修繕のポイントがわかり、アドバイスができるのは、建築を学ぶ私たちだからです。

そして、現在から将来に向けてのテーマは、この自治体ごとの空き家バンクシステムを、全国規模に横連携させることです。すでに民間企業によりそのポータルサイトは生まれています。しかしまだ、ほとんどの空き家が登録されていません。原

因は前節の通りですが、この空き家バンクが全国規模のネットワークとして機能すれば、けた違いの地方の不動産流通が起こる可能性があるのです。この成功の鍵を探して、国や自治体、企業やイノベーターが動き始めています。

空き家バンクシステムは、地方不動産学が取り組むべき大きな1つのテーマでしょう。

10・6 地方のまちづくりと不動産学

建築や都市計画だけでなく、政策や経済の分野においても、地方は「まちづくり」を実践的に学ぶフィールドと言えます。いま多くの大学が、地方に学びを求め進出しています。

都市部への人口流出、閑散としたシャッター通り商店街、前述したような空き家の増加、失われていくまちの活力といった社会課題に、自分ごととして向き合い、総合的な解決策を考え実行するトレーニングを行うためです。まちづくりとは、行政頼みではなく、住民が大学や企業とも連携し、試行錯誤しながら、自分たちが暮らし続けられるまちをつくる営みのことです。

まちづくりとお金と不動産の関係

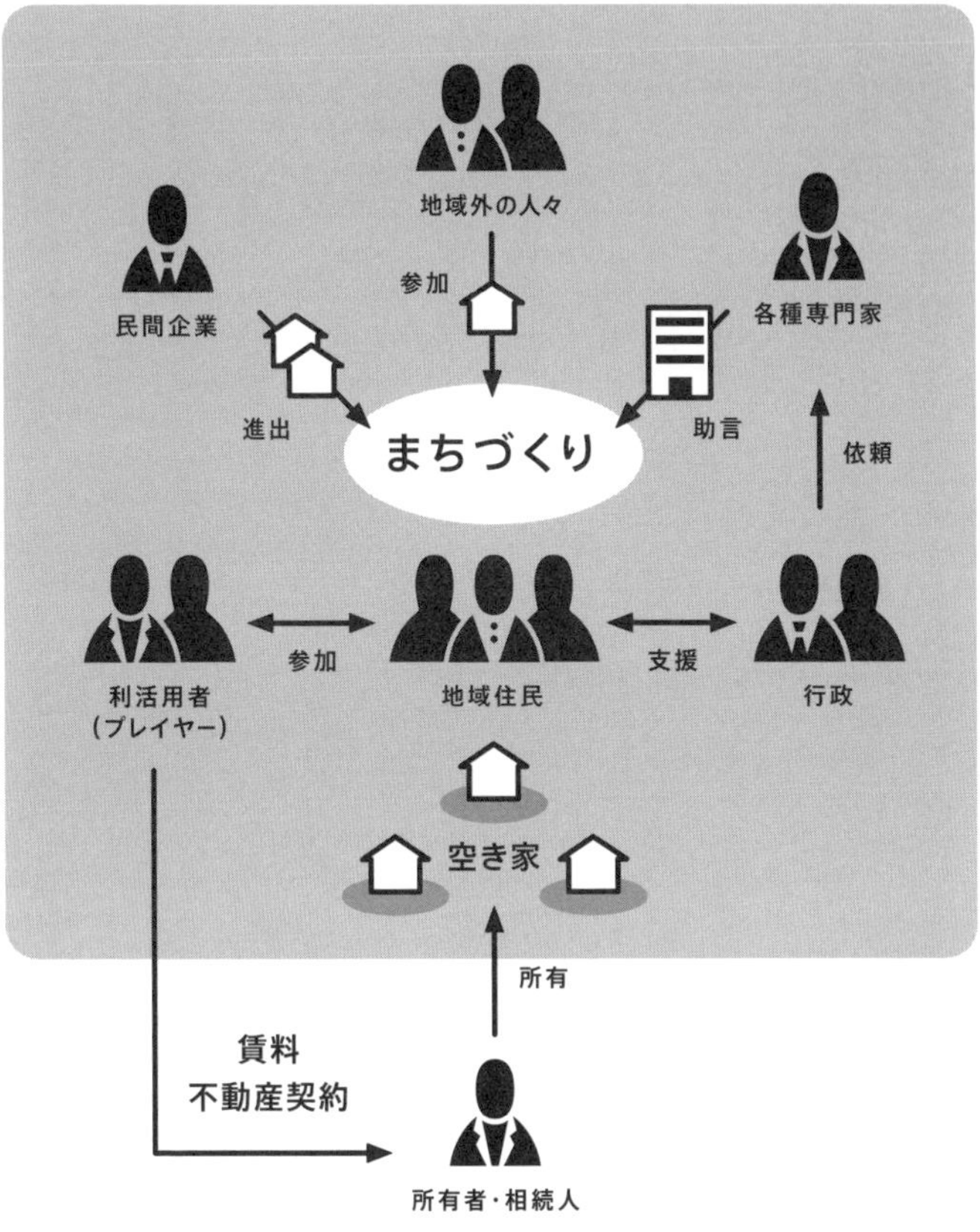

まちづくりは、建築学や都市計画学の一部として位置づけられますが、地域コミュニティが主体となって継続的に行われる営みです。図のように地域住民が中心となって、行政や大学、各種専門家や企業が参加するこれからの方法は、日本中で試行錯誤が行われているところです。まちづくりでは空き家活用が必然的に地域のテーマのひとつになることが多いため、建築学に期待される役割は大きいのですが、その背景にある建物所有者の利益や、利活用者が関わる仕組み(収支モデルや契約)を考え実行することが、不動産学に求められています。

まちづくりの分野は、建築学や都市計画学の一部として位置付けられていることが多く、私たちと無関係ではありません。その学びの事例※10・15は、注釈で数点示すに止めますが、本章では「不動産学はまちづくりにどのように生きるのか」を示します。地方郊外や村落をまちづくり課題演習のフィールドに選定している大学は少しずつ増え、フィールド調査による特徴の理解や、地域住民との交流やヒアリングによる課題やチャンスの把握、そしてそれに対する空き家活用の提案のアウトプットという3段階の演習構成になっているケースが多いと思います。

建築的な視点では、課題やチャンスを探すフィールドワークを通じて、地域コミュニティや、地域経済の支援、空き家活用を目的にしています。それを補助する不動産学的な視点とは、繰り返し述べられてきたように、次の視点を意識することです。それは所有権、賃料や売買価格の相場、不動産収支、家族構成、相続といった、これまでの章で述べて来たものをフル活用します。不動産の価値観で重視していることは何か。

アプローチする手段としては、地域をリサーチし、人に会い、ヒアリングやインタビューをする、5章の「不動産マーケティング概論」で垣間見たそのノウハウです。

※10・15 地方学習の事例
『都市をたたむ』（饗庭伸著・花伝社・２０１５年）による分析では、今後の都市縮小期に地域の空き家は、チーズの穴のように不均一に「スポンジ化」されつつ増加するという。中心部の商店街や郊外の戸建て住宅地など小さな敷地単位で起こる。
『神山進化論』（神田誠司著・学芸出版社・２０１７年）には、四国地方、徳島県の中部に位置する人口５千人の神山町の地方再生事業が多数紹介されている。過疎化が進む地域でありながらも、地域住民と移住者、民間企業と行政が連携し、暮らしや働き方の先進地域と言える。
『地方創生大全』（木下斉著・東洋経済新報社・２０１６年）では、地域活性化を「事業」として捉え、補助金に頼らず実践するべきという本質的な姿勢を軸に、多数の成功事例や失敗事例が紹介されている。また地方創生政策と民間事業の関係や、行政と地域住民による取り組みの陥りやすい罠などが、具体的かつ多面的に分析されている。

そしてまちづくりは「エリアマネジメント」へと、その意味の整理が進んでいます。エリアマネジメントとは、地域における良好な地域の価値を維持・向上させるための、住民・事業主・地権者による主体的な取り組みと定義されています。[※10・16]いずれも、民間主体または公民連携の思想がベースとなり、またソフト面からの活性化や賑わいの創出による、エリアの価値向上が目的とされています。このエリアマネジメントの大きな概念を、「商業地／住宅地」「開発連動／既成市街地」の二軸で分類した時、[※10・17]アクションとして地域イベント、防災、パブリックスペース、コミュニティ形成などが重要になり、不動産学にはそれらを支える役割もあります。

10・7 二地域居住とサテライトオフィスの不動産学

地方であれ都市部であれ、価格は需要と供給のバランスにより、常に変化を続けています。ほとんどの地方では、人口流出が止まらず、空き家は増え、従って不動産価格（賃料や売買価格）は下がり続けるでしょう。しかしある一定のラインまで降下すると、一部の地方では改めてその暮らしや自然の地域資源の価値が再評価され、また注目が集まります。

※10・16 エリアマネジメント　地域における良好な環境や地域の価値を維持・向上するための、住民・事業主・地権者などによる主体的な取り組みを指す。『「街を育てる」エリアマネジメント推進マニュアル』（国土交通省　土地・水資源局土地政策課監修、コムブレイン、２００８年）参照。

※10・17 エリアマネジメントの分類　総務省「地域自治組織のあり方に関する研究会」資料『エリアマネジメントの現状・課題そして展望』（法政大学・保井美樹教授作成・２０１９年１月）参照。

別荘を建てるか、定年後の移住を考える人も増加しています。現代的な動きとして、「二地域居住」も挙げられます。主に都市部と地方の両方に生活拠点を置き、それぞれの良さを得る新しいライフスタイルとして、ニーズが高まりつつあります。

しかし従来の不動産取引的に見ると、なかなか後押しになっていません。10・4の様々な課題のいくつかが関係しますが、不動産価格が低下している地域では、不動産取引が成立しづらいからです。そのため10・5の空き家バンクシステムを活用し、自治体が積極的に誘致もするでしょう。しかしいずれにしても、ユーザーからは使い勝手が悪く、不都合です。不動産的な改善が必ず必要になります。

またもう1つの現代的な動きとして、「サテライトオフィス」があります。企業が地方などに設けたオフィスのことです。支店とは異なり、規模は大き

サテライトオフィスとしてリノベーションされた古民家（千葉県いすみ市）
（改修設計：kurosawa kawara-ten（黒澤健一）　© 佐藤亮介）

くなく、働き方改革の一環でリモートワークを進める一手段として注目され始めています。現代は、ノートパソコンやスマホでも仕事ができる時代です。さらにネットがつながっていれば、大自然の中で世界とつながり仕事をすることもできます。これを実現するのがサテライトオフィスです。

民間企業が推進する場合もあれば、地方創生を推進する自治体によって開設される場合もあります。全国で取り組みが始まっていますが、不動産的に見ると、ユーザーのメリットや利用料、運営者や不動産所有者の提供価値のバランスに、成功法則は定まらず、まだまだ試行錯誤が必要です。少なくとも、ただ建物を用意しただけでは、機能しません。

何がサテライトオフィス成功の決め手になるのかを考える時、建築学は不動産学を通して、地方経営のイノベーションの機会を窺うこともできるはずです。

10・8 コンテンツ思考で生まれる新しい価値、新しい建築

町から人通りがなくなり、消滅する可能性すらある地方を復活させるために、賑わいの復活や地域創生に向けた可能性を、いくつか示してきました。実際に賑わい

を取り戻し、風景が変わる地方事例も多々あり、さらに前述した移住と空き家バンク、二地域居住、企業のサテライトオフィスと、可能性は確かにあります。

しかしこうした試みは、建築や不動産といった、手段としてのハードな分野だけではなく、そこで営まれる「企画や経営」といった、ソフト分野の重要度が増します。

これからは必然的に、都市や郊外といったエリアに関わらず、建築や不動産に限らず多様な分野において、企画や経営との横断的な理解がもとめられますが、特に地方においては、それが、顕著です。

例えばそこでカフェなどの飲食店をつくるにしても、その他の商品やサービスを提供するお店にチャレンジするにしても、企画や経営の試行錯誤を主軸において、そのために建築や不動産をどう活かすかという順序で考えるはずです。これをここでは「コンテンツ思考」と呼びましょう。このコンテンツ思考により、私たち建築・不動産関係者にも変化が起こります。

変化の1つは、都心よりもさらに、私たち自らが領域横断的な動きを起こすことです。建築や不動産のプレイヤーが自らお店を興すことも、珍しくはありません。地方はその訓練ができるフィールドでもあります。

※10・18 連携や協働
まちづくりや地域創生の成功要因の1つに、この連携や協働が機能しているかどうかがある。例えば『エリアリノベーション』（馬場正尊著、学芸出版社、2016年）参照。

※10・19 多様な専門の関わり
株式会社TATTA代表取締役で、日本大学と東京都立大

変化の2つめは、様々な専門家の存在を意識するようになり、彼らとの連携や協働が加速することです[※10・18][※10・19]。

これも地方では、人的ネットワークが階層化されていないためか、そのおおらかな雰囲気のためか、顕著です。例えばグラフィックやWEBなど各種デザイナー、ファシリテーションの専門家、法律家や税理士、挙げるときりがありません。それが単に外注や下請けという構造ではなく、フラットに多くの専門家が関わることができる枠組みをいかにつくるか[※10・20]を考えざるを得ません。

変化の3つめは、経営的思考の習得です。こうしたサービス創出やチームワークに関するスキルは、実は経営学にあります。地方での取り組みは私たちに、短期的な成果ではなく、より持続可能な仕組みを求めます。この経営思考の入り口は、12章で紹介されています。

そして2020年から猛威を振るう、新型コロナウイルスの感染拡大により、地方の不動産をめぐる構図にもさらに変化が起こります。最初にインバウンド需要[※10・21]は消え、県をまたぐ長距離移動は制限され、都市部と同様に多くの地方経済が打撃を受けました。

ここから回復とともに、こうした構造変化は、また新しい需要をつくります。前

学で非常勤講師を務め、属人的な評価になりやすい設計課題の評価を6つの能力に分解し、レーダーチャートで見える化する取り組みで知られている富永大毅先生は、学生のうちから異なる専門性のチーム設計の可能性を指摘する。オランダのデルフト工科大学にはそうした課題があるという。1つの課題に対し、意匠、構造、設備を専門にする学生がチームを組み、そこに不動産を専門とする学生も参画する。専門課程の縦割りを改善し、また不動産も建築学の中に専門コースがある。富永先生はいま社会が建築を評価する枠組みが圧倒的に足りないので、不動産学についてそうした評価軸を担う学問として建築学に隣接していて欲しい分野だ、と語る。

※10・20 フラットな専門家の関わり
『ブリッジング』(広瀬郁著、日経BP、2017年)では、クリエイターや専門家のチームワークを中心テーマとして、プロジェクトマネジメントが論じられている。

述した住み方、働き方だけでなく、余暇の過ごし方や旅行の形にも多数の概念[※10・22]が起こり続けるでしょう。このウイルス災害は、地方の不動産の新しい活用を加速させるのか、それとも影を落とすのか、これからのみなさんの取り組み次第です。地域を愛する人の増加とともに、不動産学のフロンティアを開拓していきましょう。

※10・21 インバウンド
2015年前後には流行語にもなった言葉で、海外観光客や海外からの働き手の需要や消費活動を指す観光用語。

※10・22 多数の概念
ウィズコロナ、アフターコロナの時代には、ワーケーションやマイクロツーリズムなど、感染からの回避に加え、新しい価値観の発見に結び付く試行錯誤が繰り返されるだろう。

演習問題10

田園風景が豊かな人口3万人のとある地方で、数多く見られる空き家。そのうちの1つ、街道に面した商店(築80年の木造家屋)を活用して、地域の賑わいに寄与する中心的な施設を計画する、という現地演習課題に取り組みます。まず何から着手しますか？　これまで経験した地域演習やまちづくり実習を踏まえ、自由に意見してください。それら実習経験がない場合は、経験者へのインタビューを行ってください。

解説は306頁へ

11章

補論1

デザインとお金の交差点にあるいくつかの知識

この章では、「デザインとお金」について取り上げるのですが、そもそも建築系学科の授業にお金の話はどの程度必要なのでしょうか？一般的には、設計演習課題において、その収支や将来的な維持費についての提案はもちろん、建設費や設計料といった「費用（コスト）」についても求められることは少ないでしょう。限られた時間の中で、学生も講師も、できることに限りはあります。しかし今後は、そもそも建築学科で学び、教える私たちに求められること自体が変わります。

ここでは、これまでの各章の補足的な理論として、幾つかのトピックを紹介します。どう儲けるかという話に終始しない、クリエイティビティのきっかけとなるお金の話です。

建築士・不動産コンサルタント

甲斐由紀

11・1　不動産を実学として扱うために

1章では、建築学から見た不動産学の位置付けを俯瞰しました。それらは、隣接する分野であるにも関わらず、それぞれの専門性の違いが顕著であるため、双方の提供価値が交わらないというマイナスの現象が起きています。

「建築学科のための不動産学基礎」の各章では、その壁を超え、建築を依頼する建て主や、その建物の利用者、そして地域や社会が求めているものを建築的に提案し、またその提案を実現するための考え方のガイダンスを目指して来ました。

さて、実際に不動産の理論を一通り俯瞰し終えた後で、もう一段階、このような異なる専門性を超えるために、「お金」のそもそもの知識について、慣れておきたいと思います。また「デザイン」全般と、「お金」に関わる分野の関係性を分析してみます。建築学と不動産学以上に、これら2つは、かなり性格の異なる分野であるのは確かです。

「デザイン」とは、美的な調和や目的に対する効果を意識した、計画や設計全般に関わる行為を言います。グラフィックやプロダクトをはじめ、映像や社会システムから電子システム、サービスデザインと、多岐にわたりますが、ここでは広義に建築もこのデザインという行為に含まれます。

そうした、創造的で、クリエイティブな行為、また定性的な世界を連想するのに対して、「お金」の分野は、広く金融、融資やファイナンス、企業の財務諸表、企業経営の戦略や、売上や利益、また家庭の家計簿や給与や貯蓄、保険や年金、投資や金融商品といった、ひたすら「数字」で表現される、定量的な世界観です。

建築と不動産のあいだの課題と同じように、これからは、こうした異なる2つの交点を見出すような横断的な知性が求められるのです。

11・2 なぜお金に関する授業がないのか

お金にイメージされるものとして、あなたのアルバイト代、実家からの仕送り、家賃、通帳の残高…と、手近なところから思い浮かべてみましょう。次に、服や食事、スマホ代など、生活に必要なお金、さらには消費税や旅行費、学費が気になる人もいるでしょう。

そして近い将来は就職し、給料、所得税、社会保険と、生活に関わるお金の範囲

お金の悩み

日経平均株価チャート

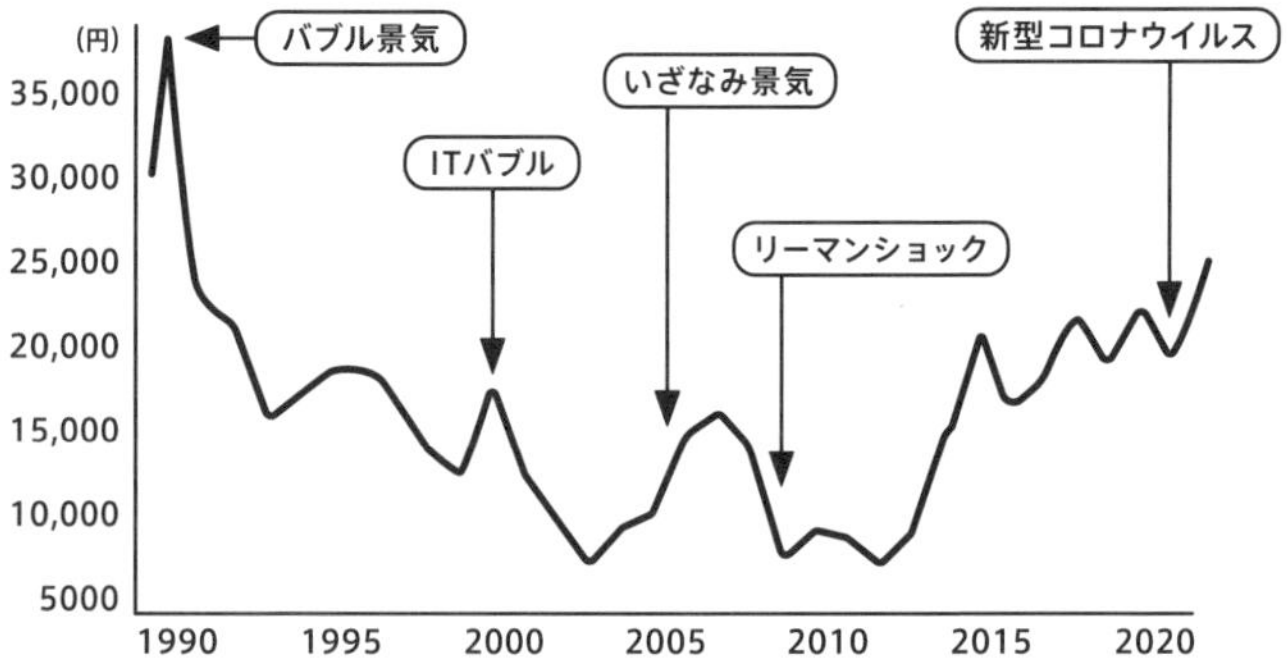

お金や経済についての考え方や知識は、すべての人に必要です。それはお金持ちになるためや、生活水準を高めるためよりも、まず将来の不安から自由になって、お金に縛られない選択をするためです。ここでは景気や投資、ローンや不動産をテーマに、話し合いましょう。それは建て主の気持ちや動機を学ぶことにもなるのです。

※月ごとの株価の平均値をグラフに表した。

は広がります。さらには結婚するか子供が生まれれば、家族のための広い家の家賃または住宅ローン[※11・1]、子供の生活費や学費も必要となります。独立起業をすれば、売上や経費、資本金や借入と、どこまで行ってもお金の話は付きまといます。

そしてほとんどすべての人が、お金が欲しいと思っています。だから、お金についての考え方や知識は、人生を通じて、絶対に必要です。それはたくさん貯金して安定的に暮らすためではなく、たくさん稼いで贅沢な生活を送るためでもなく、「将来の不安から自由になる」ためです。

多かれ少なかれ、誰しも将来が不安です。その不安には、やはりお金についての不安がつきまといます。そして多くの人が、日々の生活や、将来の大事な選択を、その「不安から逃れるため」に行っています。欲しい服を買うかどうか。必要な書籍が高価だったら。就職先の選定について。それらを、知らず知らずのうちに「不安から逃れるための理由」で選んでいることも多いのです。

つまり、より良いあなたの人生を送るために、お金の考え方や知識は必要なのです。それにも関わらず、あなたは家族から「人前でお金の話は控えなさい」と教えられたことがありませんでしたか？

かつて、「お金の話をするのは恥ずかしいこと」とされた世代がありました。

※11・1 住宅ローン
住宅購入、改築のために住宅を担保にして金融機関から借り入れるお金。1950年に住宅金融公庫が設けられたことにより本格的に広まる。国の景気政策と連動することが多い。4章4節94頁「住宅ローン手続きは不動産仲介の仕事」参照。

最近の小学校の一部の教科書からなくなった表現に、「士農工商」があります。かつて日本史の授業では、江戸時代の「士農工商」という身分制度を学びました。商人は力を蓄えていましたが、時の武士政権からは「お金を稼ぐから卑しい」という名目で、一番低い位に置かれたのだと学んだことのある一定の年齢以上の人は、しっかりその記憶が残っていることでしょう。この考え方に対するはっきりとしたスタンスを学ぶ場がないまま、私たちは義務教育を終えています。今でこそ国は、「貯蓄より投資」と勧めてはいますが、貯蓄や投資をしたその先についても、義務教育で教えることはありません。不可欠な知識であるにも関わらず、公の場で学ぶ機会は設けられていないのです。

他にも日本人のお金に対する関心の低さには、「源泉徴収システム」※11・2が影響しているという説もあります。全就業者の87・3％、６０２０万人はサラリーマン※11・3で、毎月役職で決められた給料を受け取る際、自動的に税金を引かれるのですが、これは世界でも珍しい制度なのです。よほどお金の仕組みに関心を持った人でないと、税金や社会保険料が何に使われているのか、意識を向けることは少ないでしょう。

そうした積み重ねがあって、お金を儲けることが正しくないとか、お金の話をしたり、お金を使うこと自体が後ろめたいことのようなイメージがつくり上げられて

※11・2 源泉徴収システム
１９４０（昭和15）年の税制改正で源泉徴収制度が導入され、町内会などが個人宅から回収したのが始まり。改正は軍事費用捻出の性質が大きいとされている。戦後も経済復興を促進するためそのまま制度として残った。国税庁ＨＰ参照。

※11・3 サラリーマン
人数は、２０１９年度総務省統計局労働力調査より。サラリーマンという言葉は、昭和に生まれた和製英語であり、会社に勤務する給与所得者を指す。「企業人」や「ビジネスマン」という言葉と比較して、企業に従属しているイメージが強いのは、ここでいう給与と納税のシステムも関係しているということもできる。

きました。特に、建築やデザインを学ぶクリエイティブな感性を養う学生にとっては、もしかしたらお金は「ものづくり」から遠く離れた軽視される場所に追いやられているのかもしれません。いずれにしても、お金についての知識は、他者とオープンにすることができない、プライベートに踏み込んだ部分にあるといえるのです。

ではさっそく、そのお金についての考え方を変化させていくために、そのコインの裏表の位置にある、「価値」という概念について考えてみましょう。

11・3　価値について考える

「お金」と対になる「価値」とはなんでしょうか?

例えば1万円札を印刷して製造するための原価は、たった約20円といわれています。それでも、その紙幣は20円ではなく、1万円としてお店で使うことができます。

ではその1万円紙幣と、子供銀行の1万円札とでは、何が違うのでしょうか?

貨幣が信頼あるものとして流通するためには、「これ(1万円札)にはそれだけ(1万円)の価値があると認識されている」という考え方を、社会全体が共有していなければなりません。そうなって初めて、お金はその他の価値を数字で表現する

「ものさし」として機能します。6章の冒頭でもあったように、「物々交換」はまさに価値の共有の結果として体現されるものなのです。

では、あなたは「一丁で千円の豆腐」があったとして、それを高いと思いますか、安いと思いますか？　それはその豆腐の中身や味といった機能と、それを判断する人それぞれの価値基準によって異なります。

スーパーなら100円以下で買える商品もありますが、千円の豆腐には、きっと特別な材料や新鮮さや、それを食べた人が幸せになる付加価値としての「何か」があるのでしょう。その価値はすべての人に同じように感じてもらえるかはわかりません。食べられさえすればいい、豆腐にそんな価値は必要ない、と思っている人だっているでしょう。

概ねすべての人が共通して信じている「貨幣」という価値のものさしがある一方で、それによって測られる商品やサービスの価値は、人によって異なります。価値とは、人それぞれに異なる現れ方をするのです。

ではその価値はどうやってお金に変換されるのでしょうか。

端的にいえば、ものさしをつくり（1000円の豆腐に価値があると定義）、需要（1000円の豆腐を食べたい人）と供給（1000円の豆腐をつくる人）を結びつけることがお金につながるのです。さらにいえば、需要者（1000円の豆腐を食べたい人）は、（購入した）満足感と（食べて幸せな）その時間を価値と捉えているのです。供給者は（1000円の豆腐を）つくるだけでなく、満足感と時間という付加価値をつけて提供しているのです。

既存にはなかった新しいものさしをつくることが、お金を生み出すことにつながるのです。そして私たちがお金についての話をする時は、ほぼ、このものさしを介した、価値の話をしています。だから、「お金」と「価値」は対になる概念であり、本書で繰り返し登場する「お金」の話とは、「価値」の話と置き換えることもできます。

11・4 なぜ経済は動くのか

生活からイメージされるお金の話を広げていくと、ついには、為替や、GDP、日経平均株価や、インフレ・デフレに関することになります。この大きな「経済[※11・4]」についても、お話していきたいと思います。「経済」と聞くと、生まれてからずっと不景気で、でもなんだかよくわからないもの、という印象がありませんか。

※11・4 経済
人が生活する上で必要となる、物やサービスに付帯する価値の需要と供給の交換システムの活動。また、その活動を貨幣価値で表した総計。景気と同義に用いられることも多い。

経済は一見つかみどころがありません。実際のところ、数字のみで表現されているので、これ以上、定量的なものは他にないのですが、それを説明しようとすると、途端にあやふやなものが出てきます。例えばニュースで日経平均株価が○○円と聞いたことがあると思います。株価は分刻みで価値が変わるためニュースになるのですが、様々な経済的な動きが絡み合うことが要因となっています。

また株や為替は、人気投票やオークションと同じで、人気がある株は高くなり、そうでない株は下がります。プロの投資家がしているのは、その会社の経営状態や様々な指標を見て、その企業の価値がどこにあるのかを理解することです。その価値に投資をするのですが、どれだけ経済に優れた人でも、その予測が当たるかどうかわかりません。突き詰めると合理的とは言えない部分があり、予測がとにかく難しいものです。

実は経済は、人間のあいまいな感情的な部分に左右されています。「明日は月曜だから憂鬱だ」「晴天が気持ちいい」とか、人は感情によって心を左右されます。行動経済学[※11・5]では、認知や判断に関して完全に合理的で意志は固く、自分の物質的利益のみを追求するような人を「経済人」といいます。

行動経済学は、人間がすべて経済人であるということを前提に成り立っているの

※11・5 行動経済学
2002年ダニエル・カーネマン教授らが「不確実性の下での人間の判断と意思決定に関する認知心理学からの基本的な洞察とそこから導かれる経済分析」の研究でノーベル経済学賞を受賞したことで日本でも話題となった。

です。それは常に合理的に判断する人間の集合体としての経済像です。しかしもちろん、そんな人間は存在しません。人間は感情で動く、あいまいで、誤りを繰り返す存在です。そういう人間がいるから、日々、経済が動いているのだ、ということもできるのです。つまり経済＝価値は人の意識の変化に合わせて動くものなのです。

次の節では、経済にも価値表現が必要という話をしていきます。

11・5 「デザイン経営」宣言

いま企業経営には、デザインが必要といわれています。「デザイン×経営」という考え方は、2000年前後から語られ始め、何度かの波が訪れた後、2018年、経済産業省と特許庁が『「デザイン経営」宣言』[※11・6]を公開しました。ここでいうデザインとは、クールな製品やかっこいいウェブサイトをつくるといった、狭義な意味でのデザインではありません。

『「デザイン経営」宣言』は、世界の有力企業が経営戦略の中心はデザインだと考えているのに対し、日本の企業はグローバル化が進む中、高品質を成功と捉え、世界に遅れ[※11・7]を取っていることに対し危機感を覚え、意識改革していこうという試みで

※11・6「デザイン経営」宣言
経済産業省・特許庁による産業競争力とデザインを考える研究会（2018年5月23日）での議論と、民間の有識者を委員に加え、デザインを活用したデザイン経営の手法や効果、そしてデザイン経営を推進するための政策提言をまとめている。経済産業省HP参照。

デザイン経営の役割

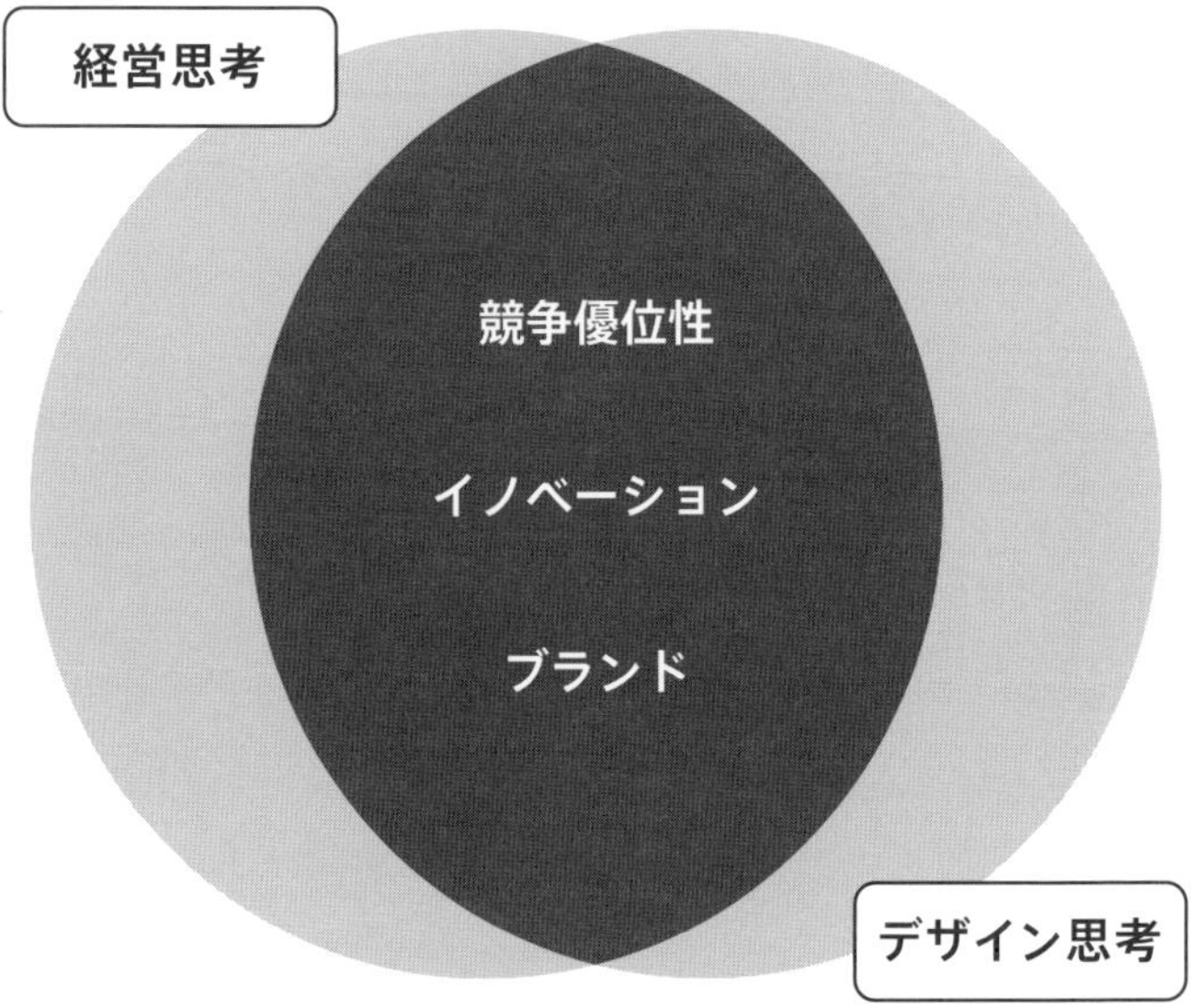

「デザイン経営」とは、デザインを活用した経営の考え方や手法を指します。いまや、企業の経営戦略策定の中心的位置に、デザイン思考が必要です。ここでいうデザインとは、商品やサービスのデザイン性についてだけではなく、社内外の課題を創造的に解決し、企業が大切にしている価値を表現する営み全般を指すと言ってよいでしょう。企業や大学では、そうしたデザインと経営を高度に理解し、実行できる人材の育成が求められています。

す。

ここでいう広義のデザインとは、後節でも述べるのですが、「デザイン思考」によるアプローチ全般を言います。それは「企業が大切にしている価値、それを実現しようとする意志を表現する営み」です。すなわちデザインとは、「企業が発するメッセージや真似することのできない独自性を示すために不可欠なもの」なのです。デザインにより、人々が自分では気付かない欲求を掘り起こし、新しい事業をつくり出すことも可能です。

宣言の中で、「デザイン思考はイノベーションには不可欠で、大小問わず世界の優良企業が経営戦略の中心に据えている」と言われています。今後、企業経営がデザイン思考を強く欲することになるでしょう。それはつまり、デザインに投資しようとする機運が高まっていることの表れなのです。

デザイン経営とは具体的には、経営チームにデザインの責任者を置き、デザイナーが事業の最上流から参加することが提言されています。そして、これからの時代、グローバルな競争激化や人口減少社会の到来を踏まえ、企業や大学では、事業課題を創造的に解決できる、つまりデザイン経営をできる人材を育てていかなければなりません。文科省は企業の高度な専門性を有する人材育成のため、経営大学院（ビ

※11・7 世界に遅れ
１９９０年代以降、日本では企業の意匠登録が低迷していることが盛んに言われているが、これに対し、国レベルで危機感を持っている。アメリカでもＳ＆Ｐ５００社（アメリカの主要株価指数）の時価総額のうち、特許や情報、知識など姿の見えない無形資産が生んだ価値の比率はここ40年で17％から84％に膨らんだというデータがある。

ジネスクール）に、産学連携の教育プログラム開発を求めるなど、スペシャリスト、ジェネラリスト※11・8の育成を求めています。では建築学科では、こうしたお金や経営に関係する分野で、これからの時代に必要とされるどんな人材を育成すべきなのでしょうか。

11・6　デザインとお金の異なる感性を身に着ける

最近は、1人暮らしをするにも昔よりハードルが下がりました。家電や家具を全部そろえるのは大変ですが、都会で生活するなら、シェアハウスの選択肢がありま す。

そして住宅に限らず、今ならば所有するよりもあえて他人と「シェア」をして、物や経験を人と共有することの方に価値を感じている方が多いのかもしれません。経験の共有に価値を見出す人が増えれば、当然、大量生産でつくられた製品はこれまでのようには売れなくなります。人はものに物語を求めています。経験を所有できるようなものが欲しいのです。決して高価でなくても、1点ものや手作りのもの、なぜ買ったのかを人に説明できるような、つまり価値をシェアできる特別なも

※11・8　ジェネラリスト
ジェネラリストは多方面に渡る知識・技術・経験を持ち、総合的な判断が必要とされる。スペシャリストは専門分野に深い知識や優れた技術を持ち、常にその専門性を高めることが要求される。

のが欲しいのです。所有者の価値観が変われば、そのデザインも変わります。

また、ものだけでなく、場も同様です。そこに共感を示して、人が集まってくるような機会や場所を人は求めているのです。シェアハウス、シェアオフィス、コワーキングスペース[※11・9]、サードプレイス[※11・10]などがそうです。やはり、建築やインテリアに求められるデザインは変わります。

さらに車、家事、旅先で使う宿などに広がる、この「シェア」という価値観やサービスの様々な展開は、「シェアリングエコノミー[※11・11]」と呼ばれ、世界の価値観やデザインを、変えつつあります。具体例は7章『不動産シェアリング概論』で挙げていますが、これはエコノミー（経済）と呼ばれるくらいですから、実はお金の概念と深く関係しています。

この所有する経済から、シェアする経済への移行を果たしたのは、「デザイン思考」の功績といえるでしょう。既存の仕組みを根本的に変えてしまったのです。

これまでの技術や市場を発展させていく考え方を「論理的思考（ロジカルシンキング）」といい、一般的な世界の企業やビジネスの考え方の中心となっています。それに対して、「デザイン思考（デザインシンキング）」とは、ユーザーを中心に置き、現状を把握・分析し、人の行動や考え方を取り込んで、総合的な解決案を考え

※11・9 コワーキングスペース
7章1節164頁「そもそもシェアリングエコノミーとは」参照。

※11・10 サードプレイス
第1が家、第2が職場、そして第3がそれ以外の心地良い居場所を指す。1989年に社会学者レイ・オルデンバーグが著書の中で提唱した。コミュニティの本体とその実行をすべて込みで提供する社交的な場所と定義している。『サードプレイス』（レイ・オルデンバーグ著・みすず書房・2013年）参照。

※11・11 シェアリングエコノミー
7章1節164頁「そもそもシェアリングエコノミーとは」参照。

る方法です。

海外の事例[※11・12]ですが、理学部の院生と、建築学部の4年生2つのグループに、色付きブロックで平屋の構造物をつくるよう指示をしました。結果は、理学部の院生はまずすべての可能性を洗い出し、その中から課題にあった最適解を求める方法を考えました。これは論理的思考です。一方、建築学部の学生は先に解決策を考え、問題が発生すればその都度見直しを行う、という作業を繰り返すやり方を選択しました。これがデザイン思考であり、デザイナーは解決志向、つまり共通するテーマに関する各種の解決策を提案する傾向があるといわれています。

解決策を先に考える手法は、統合的視点や、直観も含めて、仮説を先に立て、実験を繰り返し、仮説を解決策に帰結させる方法です。こんな考え方ができる人材が今求められています。

このように、ビジネスシーンでお金を考える時に、デザイン思考をとりいれることは、これからの時代に働く人すべてに必要になる能力といえるでしょう。ですから、デザイン思考を学ぶ建築学科の学生は、有利な立場にいると言えます。デザイン思考を日々トレーニングしているからです。それに加えて、お金の感性を身に着ければ、これからの時代を生き抜いていく、特殊な能力が得られると考えてくださ

※11・12 海外の事例
1972年に心理学者、建築家、デザイン研究家であるブライアン・ローソンが行った実験。

い。

お金は儲けようと思って稼ぐのではなく、新しい価値を生み出す能力にお金がついてくる、ということを覚えておいてください。

11・7　無料ビジネスでも利益が出せる

さて、話を「お金」と「価値」の関係に戻します。お金と価値は、ここではコインの裏表の一体の概念として説明しました。取引とは、お金と価値の交換であり、お金とは価値のものさしでした。そのはずなのに、最近はフリー（無料）のビジネスが氾濫しています。

「無料」と聞くと、ラッキーだと思う反面、その品質を疑ってみたことはありませんか？

「タダより高い物はない」という言葉もある通り、そこには何かしらのお金（＝価値）を生み出すテクニックがあるわけです。古くから、テレビなどはフリービジネスの典型でした。視聴者は民放は無料で見ることができますが、テレビ局は、多数の視聴者（ユーザー）への広告効果を期待する企業からの広告料を収益源としていました。インターネットでも、同様の現象[※11・13]が広がっています。

あなたが考える無料のサービスは何でしょうか？　様々なフリーペーパーが街やお店には置かれています。賃貸マンションの無料ルーターは家賃に上乗せされています。Ａｍａｚｏｎでは一定額以上買えば送料無料というものもありますね。アーキテクチャーフォト[※11・14]の建築情報は、ＷＥＢでどれだけ閲覧しても無料です。スマホゲームのほとんどは、課金サービスを避ければ無料です。

ある料理レシピサイトでは、人気レシピ以外は有料会員でなくても検索できるシステムになっています。最近ではＳＫＹＰＥやＺＯＯＭといったオンライン会議システムも無料で使えますね。

そして最も身近で、無料だと意識していないサービス、それはGoogleとYahoo、Facebookをはじめとする ＳＮＳ サービスです。Google、Yahooは共に検索ツールをメインのプラットフォームとして、基本的には広告収入をメインの収入源としているのはテレビと同じです。ＳＮＳ も広告収入で成り立っています。これら無料サービスは、質が悪いどころかシステムは日々改善されています。

この2社は無料であるシステムを基盤にして、様々なサービスを展開し顧客を確保するという収益モデルを構築しています。なぜこんなビジネスが生まれたか、そ

※11・13 同様の現象
『フリー〈無料〉からお金を生み出す新戦略』（クリス・アンダーソン著・NHK出版・２０００年）でアンダーソンはこう書いています。「デジタルのものは、遅かれ早かれ無料になるか、無料と競い合うことになる。」

※11・14 アーキテクチャーフォト
「建築と社会の関係を視覚化する」をコンセプトに情報発信する、建築デザイン系の情報サイト。歴史的な視点、理論的な視点、経営的な視点など、複眼的な価値観で建築に関する情報を提供している。２００７年に後藤連平氏が立ち上げ、月38～47万ビュー、ユニークユーザー数10～11万までに成長する。書籍の販売や物販、設計事務所の人材採用広告事業も行っている。

の仕組みをよく知れば、無料を怖がりすぎることもなくなるでしょう。だから、無料だから価値がないという訳ではないのです。

無料の動画や音楽配信サービスは人気があります。こういったサービスでしか音楽を聴かない人もいるでしょう。だからといって映画製作会社やミュージシャンが潰れることはありません。無料でそういった体験をした人は、本物を見たり、聞きたくなること＝ファンになることがほとんどだからです。無料で音楽や動画を公開したアーティストは、ライブチケットや関連商品を販売することで収入を得るのです。デジタル体験とライブ体験は共存し合えるどころか、相互扶助の関係にあるのです。例えば野外フェスが人気ですが、多くのファンとの共有体験を得ることで、さらに楽しさを感じることができるのです。

11・8　コミュニティのデザインとお金

いつからか、コミュニティをデザインする[※11・15]ことが盛んに行われるようになりました。経済社会の流れから外れつつある、小さな行政や企業が小さいが故に見過ごしてしまっている地域の問題を解決するための仕組み、またそれに関するビジネスの

※11・15　コミュニティデザイン
山崎亮氏が唱えた新しいまちづくりの提案。『コミュニティデザイン　人がつながるしくみをつくる』（山崎亮著・学芸出版社・２０１１年）参照。

ことを言います。

建築においては、伝統的には「まちづくり」という分野があり、最近では「エリアマネジメント」※11・16と呼称されるようになりました。地域の外部からの力を借りつつ、地域の自発的な力を育んでいくような活動が理想です。

エリアマネジメントもまちづくりも、地域の人と行政を取り巻くコミュニティの、あるいは地域に新たな価値を創出し、地域を活性化させることを目的としています。「まちづくり」を生業とする人にとって、地域の雇用機会を拡大したり、社会活動に参加することで自己実現を図る側面もありますが、根底には、地域の人に喜んでほしいという気持ちがあるのではないでしょうか。

一方で、やはりインターネットの拡大と共に、デジタル空間でのプラットフォームビジネス※11・17がますます増加しています。これはコミュニティビジネスとも言われ、人が集まるために価値をつくり、また集まることが価値になる、そんな現象です。

前節で紹介した料理レシピサイトも、投稿に対して反応が得られる双方向プラットフォームでした。同様に建築サイトも、人が集まることで、また別の価値※11・18が生まれます。オンラインに人が集まり、異なるユーザーグループが交流することが価値になり、そして繰り返し利用する、それがプラットフォームビジネスです。

※11・16　エリアマネジメント
地域における良好な環境や地域の価値を維持・向上するための、住民・事業主・地権者などによる主体的な取り組みを指す。『「街を育てる」エリアマネジメント推進マニュアル』（国土交通省　土地・水資源局土地政策課監修・コムブレイン・２００８年）参照。
※10章6節２５０頁「地方のまちづくりと不動産学」参照。

※11・17　プラットフォームビジネス
複数社（者）から提供される製品、サービス、情報が集まり、組み合わさるシステムを介し、利用者と提供者をマッチングさせるビジネス。プラットフォームで得た多くの情報を活用することで改良、また新たな事業を開拓できるメリットもある。

※11・18　建築サイトの別の価値
例えば※11・14のアーキテクチャーフォトで言えば、「情報について独自の意見をSNSなどで展開したいグループ」と「そうした素早い生の情報をキャッチしたいグル

コミュニティプラットフォームビジネスのしくみ

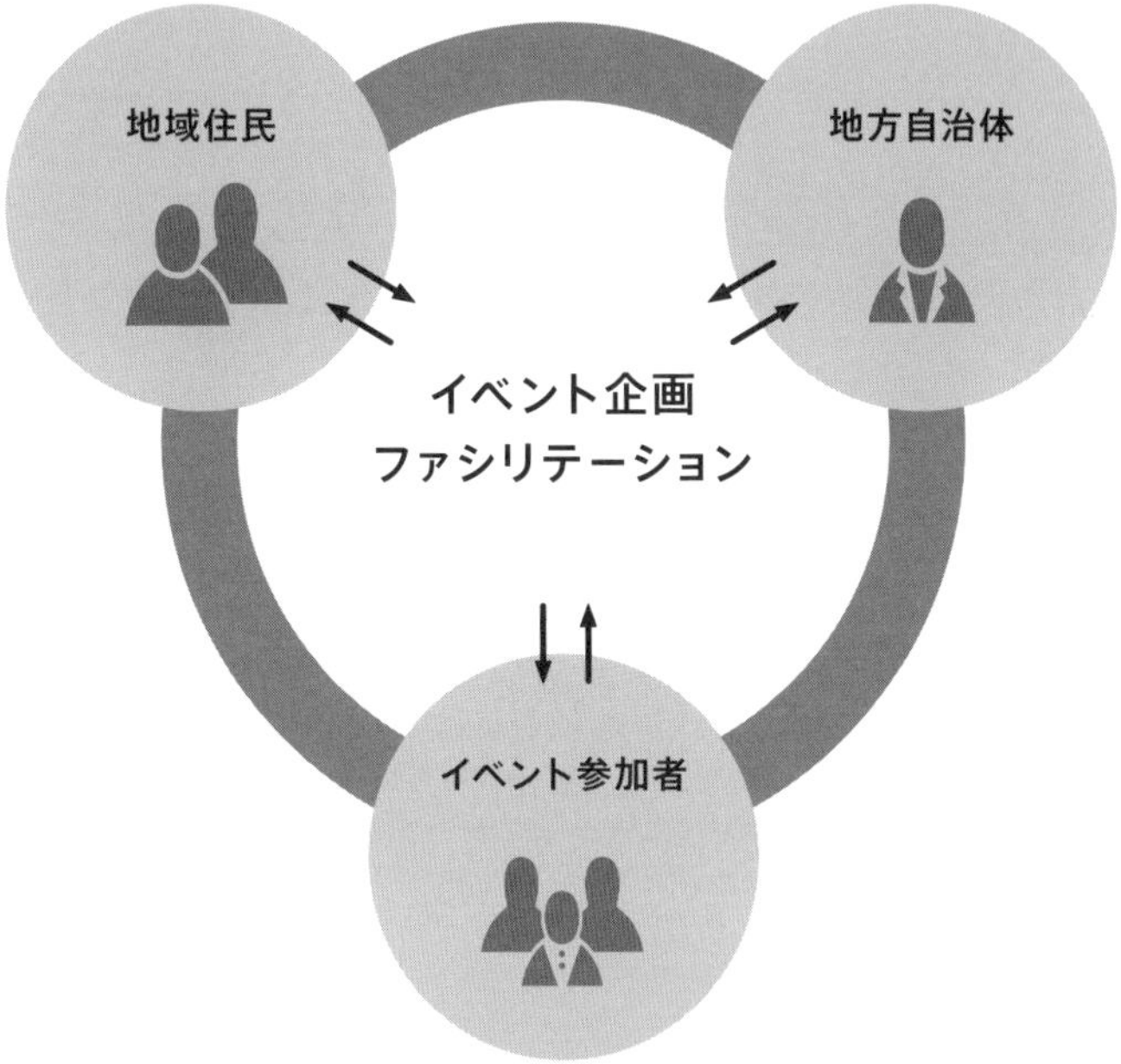

プラットフォームとは「周りよりも少し高い台地」を語源とし、転じて「基盤」や「環境」を指す言葉になりました。また「プラットフォームビジネス」という言葉は、近年のインターネットビジネスの一形式として、広く聞かれるようになりました。
プラットフォーム型のシステムの最大の特徴は、「異なるユーザーグループ」が存在し、交流することです。そういう意味では、それがインターネットやデジタル技術を用いた場か、アナログな実空間かは、原理的には関係なく、これからはデジタルとアナログを融合したプラットフォーム型システムが増加するでしょう。

FacebookやTwitterのようなSNS、AmazonのようなECサイト、さらに多数の教育ビジネスなどが8章のOMOのような、新しいプラットフォームビジネスとして生まれ変わろうとしています。価値提供と、お金の関係性が、また1つアップグレードされているのです。

投資と同じように、社会人になった時に大きく展開するために、学生のみなさんは新しいビジネスを今から考えてみてください。小さなところから始めて、いろいろお金とデザインを実験してみるのも面白いと思うのです。

ープ」、「事務所の新規スタッフを募集したい建築士グループ」と「就職や転職を考えているスタッフグループ」の交流など、異なるニーズを持つユーザーグループを交わらせることで新たな価値を生む。

12章

補論2

経営思考を養ういくつかの視点

不動産コンサルタント
本山哲也

ここまで11章を通じて、建築から近くて遠い不動産の世界に触れていただきました。建築学を主軸とするみなさんに不動産という技術・知識が備われば、その専門性をより活かせるはずです。そうなれば「建築学科のための不動産学」のねらいは十分に達成です。ここからは本書の締めくくりとして——ひいては皆さんが実社会で建築を取り扱う準備体操として——さらに先の概念に触れてもらえれば幸いです。その概念とは「経営≒ビジネス」です。

12・1 「経営」という言葉のイメージ

みなさんは、経営という言葉をどう捉えているでしょうか。

私は学生のころ、恥ずかしながら「経営」という言葉を意識したことはありませんでした。今も、学び続けながら仕事に活かしていくために試行錯誤しています。

ですが、みなさんの中には、経営学の一部であるファイナンスや会計についての講義を受けている方もいると思います。建築・不動産・経営を感覚的に結びつけて、すでに設計課題やコンペティションに活かしている方もいるでしょう。私の世代よりも自然に、経営の観点に親しんでいる方が多いのではないでしょうか。

一方でいまだに「経営」という言葉に得体のしれない印象を持っている方や、建築設計の自由度を奪うものとして、遠ざけている方もいるかもしれません。自分とは全く関係ない、別世界の出来事だと感じている方もいると思います。この章は、そんな様々な立ち位置のみなさんに役立つテキストを目指しています。

そのために、11章で触れたお金に対する姿勢、5章のマーケティングや6章のファイナンス、人やチームが働く仕組みへの理解など、多面的な技術と知識をベースにしながら、経営という言葉との付き合い方について大まかに記していこうと思います。

ここでお伝えするのは、あくまでも経営の観点です。私はみなさんが、今すぐに経営者としての能力を身に着ける必要があるとは思いません。むしろ、経営の観点に振り回されることなく、建築の技術を磨くことに集中できる環境が理想だと感じています。

だからこそ、今後避けて通れないその観点と、どんな距離感で付き合って行くのが良いのか、一度考えても良いのではないかと思います。その先で、経営の観点をどのように用いるかはみなさん次第です。

ここではまず、その入口に立ってみましょう。

12・2 なぜ経営の観点か

経営、という言葉の取り扱うものは広範囲にわたります。

実務的な側面からみると、おおまかに「経営戦略[※12・1]とマーケティング[※12・2]について」「会計[※12・3]やファイナンスについて」「組織と人について」という広がりがあります。多

※12・1 経営戦略
競合や市場分析を通じて、企業の中長期的な競争優位性の獲得に至るための具体的な方法論。一般的に全社戦略、事業戦略の2つのスケールで検討される。

※12・2 マーケティング
企業と顧客を結ぶ、情報や方法に関わる分野の総称であり、価値を生み出すための戦略や仕組みを指します。販路、営業、コミュニケーション、セールス、集客、PR、広報、流通といった分野を包括する視点。

※12・3 会計
企業の活動の状況を様々な関係者に説明する際の決まり事や技術のこと。財務会計、税務会計、管理会計といったように異なる会計手法があり、説明する相手が異なればルールや目的も異なる。

建築学と不動産学からみた経営学の世界

A：会計戦略・お金の仕組み

F：ファイナンス・キャッシュフロー

D：設計・建築計画

R：不動産コンサルティング

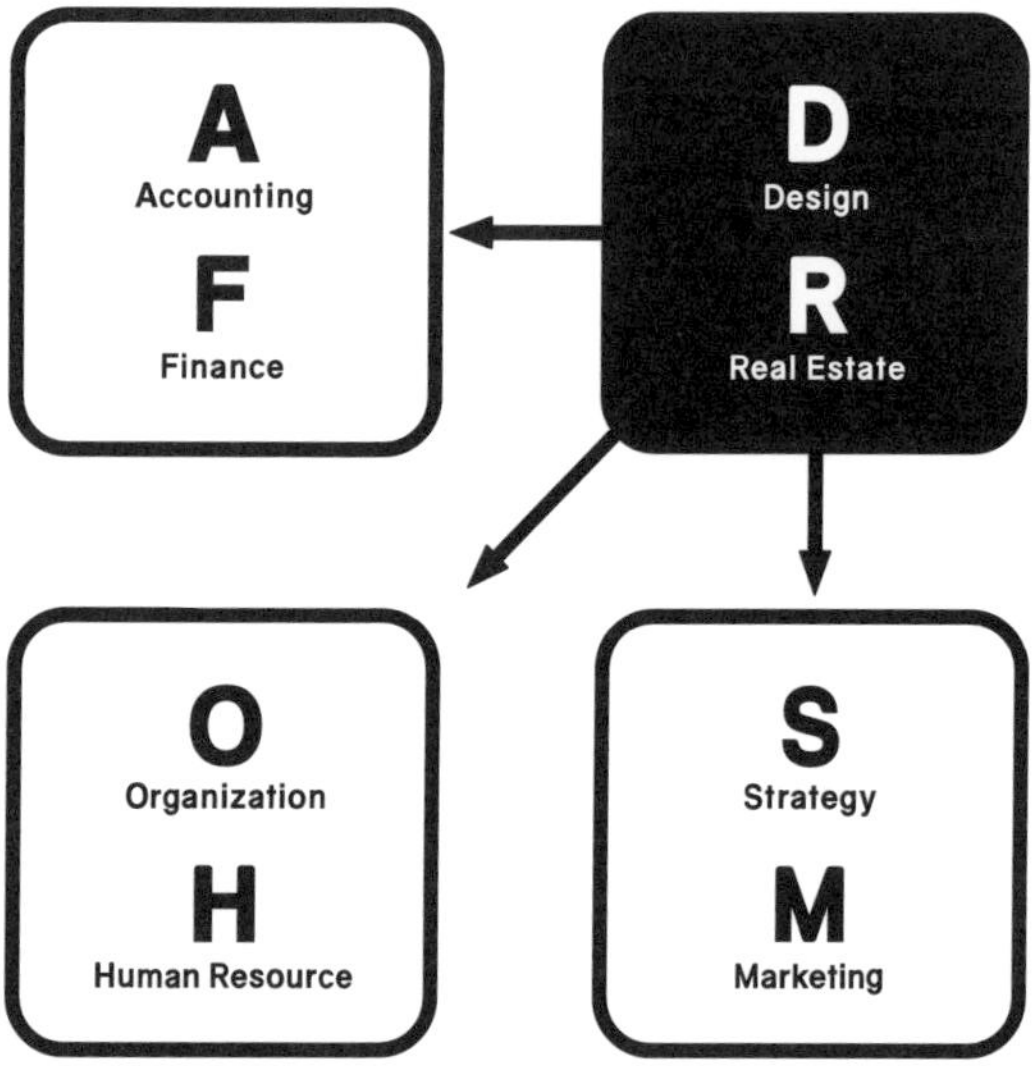

O：組織構造・企業文化

H：人材マネジメント・インセンティブ

S：経営戦略・市場分析

M：マーケティング・販路計画

建築学、そしてこれまで多面的に概観してきた不動産学をまとめて1つの領域としたとき、そこから経営学の領域を見ると、おおきく3つに分類できます。それはおおざっぱに言うと、市場・お金・ヒトについての学問です。建築や不動産をとりまく環境は大きく変化している最中、それを乗り越えるため、これからますます経営についての技術が有効になるでしょう。

くの研究分野の専門知識を統合して、様々な視点から、企業や人について深掘りしていく学問だと言えそうです。これは、みなさんが専門とされている建築学にも似た性質です。しかし経営学の一部は、建築学の範囲からは少し外れています。建築学科のカリキュラムでは専門科目になっておらず、一般教養の必修科目に組み込まれているケースも少ないでしょうから、みなさんが触れる機会が多くないのも当然かもしれません。

しかしこのままでは、みなさんが今後も建築に携わり続けるにあたって、いくつかの不具合が起きていく（もしくは、すでに起きている）のではないかと思います。数千年の歴史がある建築学の世界から見れば一瞬ですが、ここ数十年の短い間に建築業界全体が大きな市場環境の変化にさらされています。その変化の速度は目を見張るものがあります。世界的なウイルスの感染拡大を契機に２０２０年から始まる不景気の影響を受けて、それはさらに加速するでしょう。

明治時代、造家学[※12・4]に芸術・文化の側面が加わって日本の建築学の骨子ができた頃から比べると、設計者を取り巻く環境は大きく異なってきていることがわかります。報酬の基準も変わり、さらには、設計者へ求められる資質も変化しています。顧客から与えられた課題だけを解決していく提案では、建築事業が成功しにくい方向に

※12・4 造家学
現在の建築学の明治時代の旧称。当初は実務的な教育体系だったと言われている。学科名称も造家学科と呼ばれていた。明治30（１８９７）年には、学会名称も造家学会から建築学会と改められた。

進んでいます。

そんな変化の影響で、培ってきたその英知や研鑽した技術を次の時代に託すことができないとすれば、もったいないことだと感じます。私たちが経営への観点に親しむことは、そういった事態を乗り越える方法の1つなのではないでしょうか。

これが、不動産についての本書であえて経営の視点について記す理由です。

12・3　経営への観点が可能にすること

それでは、経営の観点に親しむことで何ができるのでしょうか。

それは、建て主（所有者）により近い場所から建築の企画を、さらに深く検討・アドバイスすることだと思います。提案以前に必要な「建て主に共感する能力」が高まるイメージです。

建て主や利用者にとって、その建築がどういう影響を持つかは、建築に関わる誰もが常に意識しているはずです。建築をつくりあげるには利用者に共感する能力が必須であり、建築士のみなさんはその能力を研鑽されています。しかし、経営の観点で建て主とともに建築を捉えなおす機会は、なかなか持ちにくいのではないでしょうか。

私自身もそうです。学生時代を思い返せば、経営者と会い、実際にその思いを聞く機会は何度もありました。設計課題や学生向けコンペティションだけでなく、建築設計事務所のバイト・インターンや研究室で取り組む実施プロジェクトへの参加など、実社会にも接する機会はみなさんにもあるのではないでしょうか。

しかし、直接会話していても、経営者としての建て主の悩みは、私にとってはまったく別の世界の出来事でした。

その悩みはあくまで、建て主自身が解決すれば良いこと、でした。その時の思考パターンを無理やり言葉にしてみるなら、「求められているのは、建て主について考えることではなく、もらった課題にこたえること」というものだと思います。この思考パターンでは、大きな見落としや、手戻りが発生します。

実際に設計するべきなのは「建て主にとっての課題」を解決するものです。「建て主から渡された課題」を解決するものを提示しても、建て主には少なからず不満が残ります。そして多くの場合、建て主から明確に言語化された課題が提示されることはありません。すると、建て主自体の困りごとを理解していくプロセスがとても大事になります。そのために、建て主の価値観だけではなく、経営観も把握することが大切なのです。

なぜなら、建て主に文化的・芸術的価値観の面だけでなく、さらに深く寄り添っていくことが、経営の視点に親しむことで可能になるからです。

もちろん、世の中には経営の視点を体系的に、意識的に用いている建て主ばかりではありません。実際の建て主にはもっとさまざまな価値観が混在し、混沌としています。ですが——だからこそ、と言うべきでしょうか——経営の視点を体系的に習得することは、建て主の中で整理されていない要望を読み解き、共感するための補助線になります。

12・4 課題の与条件をみなおす

さて、次に具体的なやり方を考えていきましょう。それを考えるうえで、経営学の研究分野の分類がヒントになります。

建築の研究分野は、意匠・生産・計画・構造・法規というように分かれていて、それぞれの分野に専門的な掘り下げがなされていますね。それは、実務上でも有用な分類の枠組みだと思います。それを、経営の場合に置き換えて考えてみます。そうすると、建て主の課題をどのように特定していくか、その枠組みがイメージできてきます。

ここでは、有名なハーバード・ビジネススクールの研究科を参照してみます。すると、次頁のように分類されていることがわかります。企業や組織の経営の実用的な分類にも近しく、参考になると思います。

制限のない潤沢な予算が与えられることがないのと同じくらい、完璧な設計の条件が整理されていることもあり得ませんから、様々な場面でこれらの枠組みを思い出すことになるでしょう。

建て主は建築事業を行う経験はほとんどない場合が多く、これから実現していく建築がどのようなものであるべきか、手探りです。そのため、完璧な与条件は存在しません。どのプロジェクトにおいても、建築士が一歩踏み込んで与条件を見出していくことになります。

表にある観点を大まかに理解したうえで、それぞれの建て主と建築事業に相応しい枠組みを設定できると理想的です。少人数で、起業したばかりのクライアントであれば、戦略に整合した規模感であること、マーケティングに活用できること、そして、アントレプレナーシップ[※12・5]を引き出す設えが優先的に意識され、さらに会計・

※12・5 アントレプレナーシップ
起業家精神と訳されることが多く、事業創造や挑戦する際の姿勢・能力のことを指す。それは生来的なものではなく「原理と方法は、誰でも学ぶことができる」という考え方が主流である。

ビジネススクールの体系

	ユニット名	内容
1	経営戦略	企業の基本的な経営戦略論。競合や市場分析を通じて、企業の中長期的な競争優位性の獲得に至る理論を扱う。 戦略思考の教育と研究を行う。
2	マーケティング	企業と顧客の接点に関わるマーケティング全般を扱う。 顧客ニーズを理解し、提供価値を創造、伝達する。 近年は、ブランディングに関わる研究も含まれる。
3	会計戦略	企業の会計全般に関わる研究を行う。特に財務会計や管理会計についての理解を深め、ビジネスの共通言語を用いた、課題発見や意思決定を知る。
4	ファイナンス	企業の事業投資や資金調達、企業価値を分析する分野。 ファイナンス視点での経営判断力や意思決定の理論の実践的教育を行う。
5	組織行動論	個人と組織の関係性、すなわち企業の「人」の分野。 人の動機づけや、集団行動の特徴を扱う。またリーダーシップとマネジメントのあり方についての理解を深める。
6	起業家 マネジメント	変革の時代に活躍する起業家に注目し、その人的資質や起業家精神の分析を行う。それらの企業価値や文化への影響について、学術的な知見を高める。
7	総合管理論	組織経営方針やそのプロセス、人や情報の管理技術論を通じ、企業の社会的責任や企業哲学に至る関係性を扱う。 企業の成功と社会意義の関係性を研究する。
8	政治と国際経済	ビジネスを取り巻く経済・政治・社会・法的環境に関する教育・研究を行う。特に複雑化するグローバルビジネスについて、先進的な研究を行う
9	交渉論	人が意思決定を行うシステムに関係する、交渉の意義や構造を理解する。組織論や市場分析をベースに、価値創造の設計や管理を行う。
10	オペレーション 戦略	様々な戦略を実行するための、システムの設計や管理に関する理論を扱う。現場でのオペレーションの、企業に及ぼす影響や、企業理念や戦略との関係性を教育・研究する。

ビジネススクールの学科や教科を見ると、経営理論の多岐に渡る広がりを知ることができる。上記は一例であるが、これらの多くはp.286の図の「経営戦略とマーケティング」「会計戦略とファイナンス」「組織と人材マネジメント」のいずれかに分類される。表中のユニット名は、ハーバードビジネススクールの研究学科を参考し、内容はその一般的な解説を筆者が加えている。

参考：https://www.hbs.edu/faculty/units/Pages/default.aspx

ファイナンスにどのように影響するかが検討される、という順番だと思います。一方で、成熟した企業がクライアントの場合は、まずは組織行動・オペレーション・採用の枠組みから課題を設定することが増えると思います。

経営の一般的な枠組みから、どこに課題があるかを探る。それがプロジェクトの全体像を把握し、建築学と不動産学を、現実の建築に活かすための入り口です。

12・5 課題のインタビュー

一方で、経営の枠組みから考えた課題が、あくまで一般論でしかないことも意識し、バイアス[※12・6]に陥らないよう気をつけましょう。建て主に固有の与条件を見出すには、5章のマーケティングに詳しく書かれている通り、クライアント企業の経営の仕組みに深くわけ入って理解すると共に、建て主の生の声に耳を傾けていくことも必要となります。

企業全体となると、どんな課題を持っているのか、簡単にはイメージしにくいかもしれません。まずは、最小の建築プロジェクトである個人住宅の建て主を、建築プロジェクトの発注者と見立てて考えてみます。

※12・6 バイアス
傾向、偏向といった意味で用いられる語。本文においては、人間の判断・認知・意思決定などにおける「早とちり」「勘違い」「思い込み」といった恣意的な傾向のこと。

設計依頼が来て初めての打ち合わせで、建て主のやりたいことを聞いていくうちに、あなたの中に「これは聞いておかなければ」ということが浮かぶと思います。

建て主は何歳で、どんな家族構成で、どのくらいの貯金がある方か。今どんな暮らしをしたいのか。そして、老後はどういった暮らしをしたいのか。そのためには、何才までに、いくら貯金が必要なのか。そうすると、ローンはどれくらいの金額を組むのが良いか。どういったタイミングでローンを返済していくのが良いか。

住宅ローンはどうやって借りるのか、といったような、知識があれば答えられる質問には、調べれば誰でも答えることができます。それよりも、「そもそも今の時代に、この建て主が家を建てていいのか」というようなぼんやりとした重要な疑問に答えるために掘り下げることこそが重要です。

企業の場合でも、個人住宅の場合と同じで、建て主にとってこの建築事業がどのような意味を持つかに共感できれば、掘り下げていくことは難しくないと思います。法人、という言葉が表す通り、企業も人です。

クライアント企業は設立から何年で、売上、粗利など、毎年どういった状況でしょうか。今後の売上予測はどうでしょうか。建築することで、どれくらいの資金を使うことになるでしょうか。そして、その投資はどういった形で回収できるでしょうか。

他にも、こんな質問があると思います。

・今の経営課題は、社内と社外でどこにありますか。

・会社の最もすぐれている点はどこでしょうか。

・他社と違った点はどういったところでしょうか。

以上のような質問をしていくと、経営者としての建て主の悩みに気づけるはずです。

12・6 お金の組み立て方を整理する

一般的な枠組みでの課題整理と、建て主への課題のインタビューから、だんだんと条件が浮き彫りになってきたと思います。最後に、建築がお金の面で建て主に与える影響を整理していきます。

建て主であるクライアント企業が建築を通じて、達成しようとしていること（ビジネス、プロジェクト、イベント）を理解するために、クライアント企業のお金の流れに着目しましょう。

クライアント企業のお金の流れは、以下の3つに分けて考えると、理解しやすいです。お金を集め、投資して、売上をつくるという3段階の流れです。

①お金を集める：自己資金や金融機関からの借入もしくは投資家・投資会社から出資を受け、経営のための資金を調達します。

②投資する：設備を揃え、社員を雇い、営業活動を行うための準備を行います。

③売上をつくる：社外に出て、営業活動を行い、顧客に貢献し、売上を立て、利益をつくります。

企業活動のお金の流れは、基本的にこの3つの循環により起こります。良い企業経営とは、この流れが好循環を生み、顧客や社会、そして社員や経営者の満足度が高い状態だと言われます。

そしてクライアント企業にとって、「建築をする」という行為は、「投資する」段階に当たり、目的は「その他の投資を促す」か、「売上をつくる」ためにあるのです。

12・7 ビジネス環境と与条件のあいだにギャップを発見する

「売上をつくる」段階では、営業活動を通じて企業と顧客が、価値とお金を交換しています。

特に建築事業に関わる価値とお金の交換を単純化すると次頁の図のようになります。クライアント企業が営んでいる経営を、ある側面からわかりやすく整理したものを「ビジネスモデル」と呼ぶとすれば、ビジネスモデルは建て主をお金の面で理解するガイドラインとなり、建築によって建て主がどのような影響を受けるかを考える指標にもなります。

この図はあくまでビジネスモデルの1ピースです。顧客への価値とビジネスモデルを図化するフレームワークはたくさんありますから、あくまで一例としてご覧ください。

ビジネスモデルを図化する方法は、様々であり、その企業の現時点のスナップショットを撮ることに特化した図化の仕方から、ある程度、時間軸をとりいれた方法もあります。ビジネスモデルに着目し、クライアント企業のビジネス環境と与条件にギャップを発見できるようになると、お金の面と建築計画が整合するようになります。

逆に、そのギャップに気づかないと、大きな手戻りが発生したり、必要なものとは異なる空間設計が進んでいったりします。建て主自身が認識している課題と、実

建築事業のお金と価値提供の流れ

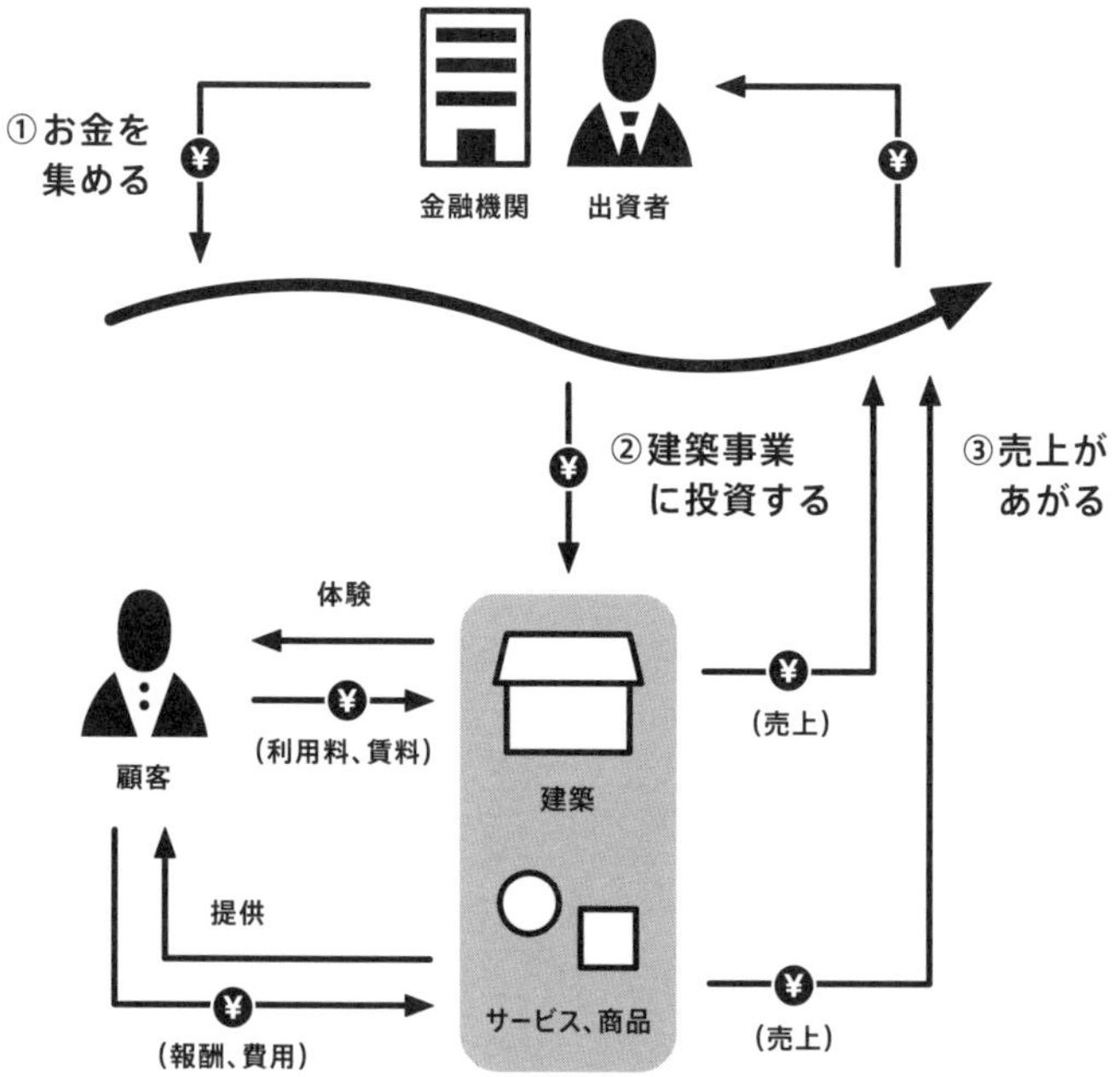

ビジネスモデルとは、表現方法は多々ありますが、企業の営みを「提供価値」と「収益構造」に単純化して表現したものと言えます。ここではさらに簡潔に、企業と顧客が「価値」と「お金」を交換するという視点で描かれています(下段)。さらにそのビジネスモデルと建築事業の接続点を確認できます(上段)。

際の課題が異なることもあります。例えば、戦略やマーケティングの視点にこだわるあまり、設備投資を増やすことの会計的なインパクトを、クライアントは見落としているかもしれません。建築設計の専門家であり、経営の観点も備えたあなたからみれば、建築は完成したら終わりではなく、長期的なメンテナンスコストの影響が大きく、設備が躯体と比べて短期間で交換が必要であり事前の修繕計画が重要なこと、そして建物の減価償却費が企業の会計に大きなインパクトをもたらすことがわかっています。これら1つ1つを、クライアントにフィードバックすることで、ビジネス環境と与条件のギャップが埋められていきます。

12・8 みずからの、新しい経営に向けて

経営学の枠組みによる整理のうえで、経営者の生の声に触れ、ビジネス環境と与条件のギャップを埋める。

建築学にこうした観点をあわせることで、あなたが設計する建築と、クライアントへ提供する価値の相乗効果が期待できます。それは、自分たちのビジネスである建築という分野を、より良いかたちで将来へ継承していくことにもつながると思い

ます。最後にその視点に触れて、本章を終わります。

建築設計は、基本的に建て主からの依頼を受け、建築設計を行い、設計料を受け取るビジネスモデルです。いわゆるクライアントワークと呼ばれるビジネスの形態ですが、これからも建築設計という分野は、それを続けることができるのでしょうか。

ここまでの文章が、なぜクライアントワーク前提で書かれているのだろうと、勘の良い方は気付いていると思います。この章は暗黙の前提として、あくまで伝統的な建築設計のビジネスモデルの中で、いかにして建築の技術を活かすか、という所に特化して整理されています。しかしこれからは状況が大きく変わるでしょう。

まだまだ、建築業界における顧客満足のためのサービス提供には、改善の余地はあります。今でも業界全体に、「安心・安全」であることをアピールすることが顧客の最大の関心事である事実があり、それ以上の価値提供については発展途上の業界だといえます。

しかし、みなさん自身が建築を生み出す際には、ここで述べた経営の視点の向こう側に、これまでとは異なる価値観も付け加えられていくでしょう。直線的な経済発展、利回りなどの指標といった経済合理性だけではなく、あるいは大規模な駅前再開発一辺倒でもないようなものです。

※12・7 建築と経営の視点
東京藝術大学で非常勤講師を務める宮崎晃吉先生は、「コミュニケーションが起こる場

一方で、建築設計事務所自体の経営的要素も無視してはいられません。それを経営者やマネージャーになるまで意識できないのは、問題です。経営の能力をいきなり手に入れることは大変ですが、いずれは経営についての視点を持った上で、自ら建築士としての立ち位置を決めることが当たり前になっていくと思います。[*12・7]

すでに、改善思考ではなく、課題解決の思考が当たり前になり、それを超えて、課題創出型の思考も求められるようになっています。クライアントワークに限らず、いろんな活躍の方法があると思います。

独創的な起業に限らず組織を改善していき、より面白いものを実現していくことにも必ず役立ちます。

このテキストが、持続的に建築学を社会へとつなげていく方法を、みなさんそれぞれで考え、実現させていくきっかけになれば幸いです。

もし、さらに経営の観点を深掘りしたくなった方は、まずは巻末の参考文献にあたってみてください。そして、[※12・8]同じ学び舎で経営学を学ぶ仲間や、身近な経営者に直接、話を聞いてみてください。まったく別の世界の出来事ではなく、目の前の人が人生をかけて取り組んでいる世界が見えてくると思います。

その世界で建築がどうあるべきかを提示できるのはみなさんです。

をどうすれば創り出せるかを、学生の頃から探求している。そのために必要なスキルはたくさんあるが、重要なものは建築設計だ」とインタビューで語った。宮崎先生の取り組みは、建築設計事務所を主軸に、自ら経営者として飲食業・ギャラリー運営（HAGISO）、宿泊（hanare）、商業不動産管理運営（西日暮里スクランブル）など、矢継ぎ早に様々な事業展開を果たし、建築と経営の相乗効果の可能性を押し広げた稀有な事例である。

※12・8　建築の会話

オンラインプラットフォーム『建築と経営のあいだ研究所（あいだけん）』では、建築の専門家たちに向けた動画配信やオンラインイベントを行っている。建築経営者・企業人・フリーランス、何れであっても、継続的な学習や対話によって、経営的な思考を習慣化し定着させることができる。

参考文献

［総論］

・石原舜介・丸山英気・田中啓一『不動産学概論―不動産学の確立と21世紀への視点』リクルート出版、１９８７年
・森島義博『実践 不動産学教科書』東洋経済新報社、２０１１年
・高橋寿太郎『建築と不動産のあいだ―そこにある価値を見つける不動産思考術』学芸出版社、２０１５年
・高橋寿太郎『建築と経営のあいだ―設計事務所の経営戦略をデザインする』学芸出版社、２０２０年
・齊藤広子・中城康彦『住まい・建築のための不動産学入門』市ヶ谷出版社、２００９年
・田村誠邦・甲田珠子『世界で一番くわしい建築・不動産企画５』エクスナレッジ、２０１１年
・松村秀一『建築再生学―考え方・進め方・実践例』市ヶ谷出版社、２０１６年

［各論］

・加藤雅信『「所有権」の誕生』三省堂、２００１年
・ｃｏｎｆｏｒｔ増刊『図説日本の「間取り」』建築資料研究社、２００１年
・友野典男『行動経済学―経済は「感情」で動いている』光文社、２００６年
・蒲池紀生『図解不動産業 不動産業の歴史入門』住宅新報社、２０１０年
・クリス・アンダーソン『フリー〈無料〉からお金を生みだす新戦略』ＮＨＫ出版、２００９年
・マッテオ・モッテルリーニ 泉典子：訳『世界は感情で動く―行動経済学からみる脳のトラップ』紀伊國屋書店、２００９年
・新雅史『商店街はなぜ滅びるのか―社会・政治・経済史から探る再生の道』光文社、２０１２年
・広瀬郁『建築プロデュース学入門―おカネの仕組みとヒトを動かす企画』彰国社、２０１２年
・猪熊純・成瀬友梨・門脇耕三『シェアをデザインする 変わるコミュニティ、ビジネス、クリエイションの現場』学芸出版社、２０１３年
・東京証券取引所『Jリートがわかる本―不動産投資信託の基礎知識から最新の市場動向まで』東急エージェンシー、２０１３年
・清水義次『リノベーションまちづくり 不動産事業でまちを再生する方法』学芸出版社、２０１４年
・長嶋修『「空き家」が蝕む日本』ポプラ社、２０１４年
・牧野知弘『空き家問題―１０００万戸の衝撃』祥伝社、２０１４年
・饗庭伸『都市をたたむ 人口減少時代をデザインする都市計画』花伝社、２０１５年

・北山恒『都市のエージェントはだれなのか』TOTO出版、2015年
・中川寛子『解決！空き家問題』筑摩書房、2015年
・名和高司『CSV経営戦略―本業での高収益と、社会の課題を同時に解決する』東洋経済新報社、2015年
・山根格『建築・都市のプロジェクトマネジメント―クリエイティブな企画と運営』学芸出版社、2015年
・木下斉『地方創生大全』東洋経済新報社、2016年
・馬場正尊＋OpenA『エリアリノベーション―変化の構造とローカライズ』学芸出版社、2016年
・加藤耕一『時がつくる建築―リノベーションの西洋建築史』東京大学出版会、2017年
・斉藤徹『ショッピングモールの社会史』彩流社、2017年
・西本孔昭『図解不動産業　不動産境界入門』住宅新報社、2017年
・馬場正尊ほか『CREATIVE LOCAL　エリアリノベーション海外編』学芸出版社、2017年
・上野俊秀『第3版 不動産有効活用のための建築プロジェクトの企画設計・事業収支計画と投資採算評価の実務』プログレス、2018年
・小林重敬・一般財団法人森記念財団『まちの価値を高めるエリアマネジメント』学芸出版社、2018年
・中谷ノボル＋アートアンドクラフト『不動産リノベーションの企画術』学芸出版社、2018年
・青木茂『未来へつなぐリファイニング建築―ポイントとすすめ』建築資料研究社、2019年
・安藤優一郎『江戸の不動産』文藝春秋、2019年
・五十嵐明彦『図解　子どもに迷惑かけたくなければ相続の準備は自分でしなさい』ディスカヴァー・トゥエンティワン、2019年
・入山章栄『世界標準の経営理論』ダイヤモンド社、2019年
・大島芳彦＋ブルースタジオ『なぜ僕らは今、リノベーションを考えるのか』学芸出版社、2019年
・岸本千佳『不動産プランナー流建築リノベーション』学芸出版社、2019年
・佐宗邦威『直感と論理をつなぐ思考法 VISION DRIVEN』ダイヤモンド社、2019年
・日本建築学会『まちの居場所　ささえる／まもる／そだてる／つなぐ』鹿島出版会、2019年
・藤井保文・尾原和啓『アフターデジタル』日経BP、2019年
・中村陽一・高宮知数・五十嵐太郎・槻橋修『新しい空間と社会のデザインがわかる ビルディングタイプ学入門』誠文堂新光社、2020年

演習問題解説

【演習問題1】

不動産学は、建築学を補完するものの1つとして、必要性が増していきます。従来の設計演習課題の用途は、美術館、図書館、学校、コミュニティ施設など、公共建築が占める割合が多かったと思いますが、今後はより民間企業や個人の事業による建物用途が増加するでしょう。そして福祉施設も同様です。そもそも福祉事業を行う事業者や、不動産の所有者はどんな人々なのか、なぜ福祉事業を行うのか、そこから調査や議論は始まると思います。

福祉事業の内容や目的によって、その福祉施設の規模や周辺環境や利用者へと不動産学的視点は広がります。

【演習問題2】

不動産の実務で中古住宅の仲介を扱う場合には、相当の建築の知識や経験が必要になり、不動産業を行うための国家資格である宅地建物取引士の資格試験の知識では十分ではありません。同様に、金融業界でも中古住宅の売買のための住宅ローンは、建築についての知識が十分に浸透しておらず、未整備になっています。これらも中古住宅の流通量に影響しているのですが、改善のためには、建築・不動産・金融の分野が協力するために、まず建築側からその他の業界構造や改善点の把握に努めることだと思います。

【演習問題3】

3章に限らず、本書を通じて中心的なテーマとなる所有者。その不動産学的な探求の先には、建築の創造性を制限する建て主の現実的なリクエストがあるのではなく、すべての所有者は個別の創造性を有しているという前提に立つことができることです。所有者の収入や貯蓄といった資産背景は当然ですが、それ以外の年齢、家族構成、資産背景、趣味趣向、思想に及んで空想することで、言葉にされていない複数の目的まで踏み込みましょう。

【演習問題4】

飛躍的な成長を見せるインターネットビジネスのほとんどは仲介業である、と言えますが、不動産仲介業でも同様です。正解のないその将来像を、積極的に考えて欲しいのです。また合わせてイメージして欲しいのが、隣接領域である建築（計画・意匠・保存再生・住居・まちづくり）が、それに関連してどう変化するか、すべきかです。やはり正解はありませんが、それを考え、実現していくのが、みなさんの近い将来です。

【演習問題5】

賃料調査は、単なる収益性を計るための前提条件ではなく、敷地周辺の経済活動や環境を把握するためのリサーチです。特殊でユニークな外観や間取りの物件だけではなく、一般的な物件も調査対象に含めると良いでしょう。また課題の地域だけではなく、異なるエリア（より都心、逆により郊外）の調査を行い、敷地周辺との比較を行うことも、その特徴を知るうえで有効です。

【演習問題6】

オーナーの立場になり、木造賃貸アパートをつくるメリットを考えてみてください。なぜ鉄筋コンクリート造、鉄骨造ではなく、木造でつくった方が良いのでしょうか。不動産キャッシュフローの中の、借入金返済額、減価償却といった項目がヒントになってきます。同様にオーナーの立場になり、借入を行い、アパートやマンションをつくるメリットを考えてみてください。相続や資産管理という視点が鍵になります。

【演習問題7】

「自社オフィス」と「賃貸オフィス」は、その収益モデルが異なります（172頁の図を参照）。また7章本文中で述べられていますが、自社オフィスのメリットは、従業員の自社へのロイヤルティ（忠誠や愛着）を高め、顧客に対して自社のブランドを広めていく効果が期待できます。賃貸オフィスのメリットは、好立地であれば従業員に対して交通の便の良さとステータスを提供し、顧客に対しては信用度を高められるでしょう。しかし「シェア」や「テレワーク」の概念の登場により、この2つに分類できないオフィスの在り方も生まれています。みなさんが働きたいオフィスはどのような場所ですか？　それが未来のオフィスを考える第一歩になるかもしれません。

【演習問題8】

普段何気なく利用している店舗にも、その不動産のオーナーと経営者は必ず存在します。また、それぞれが同一人物の場合もあれば、別人の場合もあります（192頁の図を参照）。商業施設の建築設計においては、まちや利用者にとって魅力的な店構えや空間をデザインする前に、不動産オーナーや経営者といったクライアント側のそもそもの目的を理解することが重要です。

【演習問題9】

建築物の保存や活用は、国や自治体からの補助金で行われることもあります。しかし行政の資金も潤沢ではありません。また必ずしも継続的に支援が受けられるとは限りません。まず個別の所有者を意識して、建築自体からの収益（家賃など）と、その建築を活用することが、利用者のプロモーションやまちのブランディングになる時の、別の利益を想像してみましょう。その建物を魅力的に感じる相手は誰なのか、その人がどんな価値にお金を使うのか、考えてみましょう。

【演習問題10】

こうした地域演習課題は、にぎわい活用の企画から、リノベーションのデザインまで、幅広い企画が求められます。みなさんにとって得難い成果とは、そこに至るまでの、地域の人々への直接の交流です。地図などからの敷地分析、周辺施設の整理、地域の歴史や伝統をまとめつつ、まずは積極的に直接話を聞くことができる協力者を募りましょう。本章でも紹介した地域課題（少子高齢化、空き家問題など）は、どの地方にもあります。それらを再確認しつつも、それに依らない個別の意見を集めましょう。

エピローグ

未来の建築界を担う人たちのために

建築と不動産の業界のあいだには、壁がある。そのように分析された2015年から、わずか5年後の2020年。12名の著者たちによって、その壁を乗り越えるための1つのガイダンスとして、この『建築学科のための不動産学基礎』は執筆されました。近い将来には大学建築教育でも課題となると思われたからです。

2020年とは、新型コロナウイルスの感染拡大が世界的に起こり、東京オリンピックが行われず、そして大学での講義がいっせいにオンラインとなった、歴史に残る大混乱の年でした。しかしその混迷と逆境に促された決意がなければ、この教科書は生まれなかったかもしれません。

歴史と伝統ある建築学は、時代ごとの社会的要請や、最前線からの声に耳を傾け、マイナーチェンジを繰り返してきた学問です。変わり続けることは、とても勇気がいることです。建築学から見た不動産学の必要性、そしてそれらの2つの領域の境界線は、これから来るべき社会に合わせて変化を続けるでしょう。

しかし価値基準の違いは、そう簡単に2つの領域の融合を認めません。異なる知識体系や文化は、どちらが正しいわけでもありませんが、それらが重なり合う部分や矛盾に対して、お互いが譲らない現象もまた、教育現場では起こり続けると思います。

未来の建築界を担う若者たちのために、その都度、真摯にその課題解決に向き合う。私たちは、いつかその壁が忘れ去られるまで、この立場に責任を持つことを決意し、本書を上梓したいと思います。


最後に、本書の執筆に際し多くの方のご協力を頂きました。ここで御礼に代えさせていただきます。

本書を作成するにあたって、ご意見を頂いた20名を超える建築系学科で教鞭をとる先生方に、建築学における不動産学の位置付けや可能性についてインタビューさせて頂きました。それらの一部を関係する各章の注釈に掲載させていただきましたが、本書に大きな示唆を与えて頂きました。

創造系不動産のインターンとして参加した、東京大学の服部充紘さん、東京藝術大学の日下あかさんとは、各章の図案と注釈についても議論を重ね、執筆者と同様に中心的な存在として、本書の実現のためにサポート頂きました。

エイトブランディングデザインの西澤明洋さんと、渡部孝彦さん、饗庭夏実さんには、本書の表紙デザインからすべての図版制作に至るまで、丁寧にご協力を賜りました。

創造系不動産の税務コンサルティングを担当する小澄健士郎税理士には、特に6章「不動産ファイナンス概論」のお金や税務について、専門的なご意見を頂きました。

また学芸出版社の井口夏実さんは、新しい領域へ果敢に進む私たちの考え方にいつもご理解を頂き、本書をまとめてくださいました。

そして、これからの建築学と不動産学のために尽力されるすべての人たちに、心から敬意と御礼を申しあげます。

２０２０年11月

高橋寿太郎

索引

著者紹介

1章

不動産コンサルタント

須永則明

建築家とタッグを組む、不動産売買仲介業務のスペシャリスト。2015年より創造系不動産勤務。2020年チームリーダーに就任。宅地建物取引士。2013～2015年、建築設計事務所KINO ARCHITECTS勤務。日本大学生産工学部建築工学科（岩田研究室）卒業。

2章

建築士
建築コンサルタント

廣瀬武士

2018年より廣瀬建築設計事務所代表。建築設計業務を専門にする傍ら、2019年には創造系不動産にも参加し、設計業務と不動産業務の実務を実践。いすみラーニングセンターの運営にも携わる。一級建築士。2012～2017年株式会社アアル建築計画、2005～2012年アーキシップ一級建築士事務所勤務。国士舘大学工学部建築学科（伊藤研究室）卒業。

3章

不動産コンサルタント

野々垣賢人

瀬戸市で建築と不動産の双方を実践する株式会社きんつぎの代表取締役。2020年より東京都立大学非常勤講師。2016～2021年、創造系不動産でリーダー・マネージャーとして多くの建築PJの不動産コンサルティングに従事。2014～2016年、CO2WORKS一級建築士事務所勤務。東海工業専門学校卒業。

4章

建築士
不動産コンサルタント

安藤美香

建築家による住宅の不動産売買サイト『建築家住宅手帖』の編集に携わる。2019年より創造系不動産勤務。二級建築士。2011～2019年、株式会社本間総合建築にて設計業務に従事。2010～2011年、神奈川県立横須賀大津高等学校にて数学非常勤講師。関東学院大学工学部建築学科（関（小形徹）研究室）卒業。

5章

不動産コンサルタント

前田凌児

建築家とタッグを組む不動産売買仲介業務と、不動産コンサルティング業務を専門とする。2020～2021年、創造系不動産勤務。2017～2020年長谷川逸子・建築計画工房勤務。広島大学大学院（岡河貢研究室）修了。

6章

不動産コンサルタント

藤谷幹

不動産とファイナンスのスペシャリスト。2020年より東京都立大学非常勤講師。2017年より創造系不動産勤務。2019年チームリーダーに就任。宅地建物取引士、ファイナンシャルプランナー。2015～2017年、市浦ハウジング＆プランニング勤務。首都大学東京大学院（饗庭研究室）修了。

建築学科のための不動産学基礎

7章

建築士
不動産コンサルタント

佐竹雄太

株式会社Around Architecture代表。東京理科大学理工学部研究科建築学専攻修了後、アトリエ設計事務所等を経て、2016～2021年、創造系不動産でリーダー・マネージャーとして多くの建築PJの不動産コンサルティングに従事。一級建築士、宅地建物取引士、経営学修士（MBA）、建築家住宅手帖編集長。

8章

建築士
不動産コンサルタント

山岸亮太

建築家とタッグを組む不動産仲介業務と、不動産コンサルティング業務を専門とする。一級建築士、2020年より創造系不動産勤務。2021年にチームリーダーに就任。2015～2020年、株式会社SNARKにて設計業務に従事。横浜国立大学理工学部建築都市・環境系学科建築EP（都市計画研究室）卒業。

9章

建築士
不動産コンサルタント

川原聡史

建築や不動産の保存や再生を専門とする不動産コンサルタント。2019年より創造系不動産勤務。2021年チームリーダーに就任。二級建築士、宅地建物取引士。株式会社建文・建築文化研究所にて、歴史的建造物の保存に係る調査及び修理設計業務に従事。芝浦工業大学大学院修了。

10章

建築士
不動産コンサルタント

高橋寿太郎

創造系不動産・代表取締役。神奈川大学建築学部教授。（公財）不動産流通推進センター講師。2012年より創造系不動産スクール、2019年よりいすみラーニングセンター、2021年より建築と経営のあいだ研究所（あいだけん）を運営。一級建築士、宅地建物取引士、経営学修士（MBA）。京都工芸繊維大学大学院（岸和郎研究室）修了。

11章

建築士
不動産コンサルタント

甲斐由紀

企業経理業務に従事した後、建築設計業界にコンバートした経歴を持つ。不動産リサーチやコンサルティング業務を専門とする。二級建築士、宅地建物取引士。ハウスメーカーの設計担当を経て、2019～2021年、創造系不動産勤務。

12章

不動産コンサルタント

本山哲也

建築家とタッグを組む不動産売買仲介業務と、不動産コンサルティング業務を専門とする。2017年より創造系不動産勤務。宅地建物取引士。2017～2019年、ビジネス図解研究所に参画。2020年、創造系不動産チームリーダーに就任。工学院大学大学院（木下庸子研究室）修了。

建築学科のための不動産学基礎

2021年1月1日　第1版第1刷発行
2022年2月20日　第1版第2刷発行

著　者　高橋寿太郎・須永則明・廣瀬武士・野々垣賢人・
安藤美香・前田凌児・藤谷幹・佐竹雄太・
山岸亮太・川原聡史・甲斐由紀・本山哲也

発行者　井口夏実
発行所　株式会社 学芸出版社
〒600-8216　京都市下京区木津屋橋通西洞院東入
電話 075-343-0811
http://www.gakugei-pub.jp/
E-mail info@gakugei-pub.jp
編集担当　井口夏実

装丁・図版制作　エイトブランディングデザイン／
西澤明洋・渡部孝彦・饗庭夏実
DTP　KOTO DESIGN Inc.　山本剛史・萩野克美
印　刷　イチダ写真製版
製　本　山崎紙工

Printed in Japan
ISBN 978-4-7615-2763-1

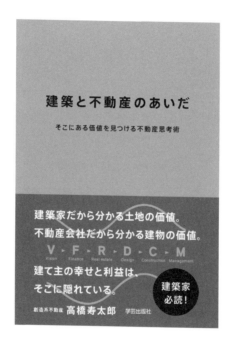